WANDERFÜHRER

Andere Wege gehen.

VON MICHAEL SCHNELLE

WEIT-WANDERN HESSEN

Die 10 schönsten Trekkingtouren Mit Einkehr, Unterkunft & Bahntransfer

DURCH DAS MÄRCHENLAND REINHARDSWALD

BEIDERSEITS DER WERRA

AUF DEM URWALDSTEIG UM DEN EDERSEE

DURCH DAS ROTKÄPPCHENLAND KNÜLL-SCHWALM

UNTERWEGS AUF DEN LAHNHÖHENWEGEN

DURCH DIE VULKANLANDSCHAFT VOGELSBERG

VON DER DOMSTADT FULDA IN DIE HOCHRHÖN

DURCH DAS RHEINGAUGEBIRGE NACH LORCH

AUF DEN GROSSEN FELDBERG UND ZUR SAALBURG IM TAUNUS

DIE SCHÖNSTEN SEITEN DES ODENWALDS

INHALT

Übersicht über die Kartenschnitte

www.PeterMeyerVerlag.de

© Annette Sievers

ZUM GELEIT

Nicht zuletzt Hape Kerkelings Buch über seine Begehung des Spanischen Jakobsweges hat das Weitwandern bekannt gemacht. Trekking, die trendige Bezeichnung für das Zurücklegen einer weiten Strecke mit Gepäck, hat man ursprünglich mit Regionen in Verbindung gebracht, die spärlich besiedelt sind.

Doch in erster Linie geht es um das Weitwandern durch schöne Naturlandschaft, und die findet man auch in Hessen reichlich. Die zahlreichen Europäischen Fernwander- und Jakobswege sowie andere Routen wie beispielsweise die Hessenwege sind ein Beleg, dass Weitwandern auch bei uns möglich ist. Und dass man nicht in die Ferne reisen muss, um wunderbare Landschaften und attraktive Wege zu erleben, entdecken immer mehr Menschen für ihre hessische Heimat.

Die zehn in diesem Buch beschriebenen Mehrtagestouren sind eine Auswahl aus den verschiedenen Regionen Hessens, wobei einige Touren auch abschnittsweise durch benachbarte Bundesländer, aber immer durch attraktive Naturlandschaften, oft auch zu interessanten Kulturdenkmälern führen. Während die meisten Wanderführer überwiegend Rundwanderungen und Spaziergänge zum Inhalt haben, bietet dieses Buch mehrtägige Streckenwanderungen an und unterscheidet sich damit von den meisten anderen Wanderbüchern.

Wenngleich alle Touren durch Mittelgebirge führen und hochalpine Anforderungen nicht erfüllt werden müssen, ist eine vernünftige Kondition erforderlich. Durch die Einkehr- und Unterkunftsmöglichkeiten kann stets mit leichtem Gepäck gewandert werden. Start und Ziel sind immer mit Bahn und/oder Bus zu erreichen, sodass umweltfreundlich das Auto zu Hause bleiben kann. Zu jeder Tour finden Sie alle praktischen Angaben, die für die Tourenplanung unerlässlich sind. Zwar wendet sich das Buch in erster Linie an Wanderer, die zwei oder mehrere Tage am Stück unterwegs sein wollen, dennoch kann jeder Tagesabschnitt auch als eine einzelne Tagestour unternommen werden.

Viel Spaß und schöne Wandererlebnisse auf den Touren zwischen Weser und Neckar sowie Rhein und Werra wünscht allen Lesern der Autor

Michael Schnelle

Eine Bitte in eigener Sache: Anschriften, Öffnungszeiten, Telefon- und Faxnummern sowie Internet-Adressen, Verkehrsverbindungen und Wegverläufe können sich ändern. Autor und Verlag sind für Lesertipps und Änderungshinweise dankbar.

Post bitte an:
Peter Meyer Verlag
– Redaktion –
Schopenhauerstraße 11
60316 Frankfurt a.M.
info@pmv-Verlag.de
www.PeterMeyerVerlag.de

Über den Autor

Bereits als Kind unternahm der Autor mit seinen Eltern erste Wandertouren in der Umgebung seiner Geburtsstadt Hannover oder auf Urlauben im Schwarzwald und den Alpen. Die Begeisterung für das Wandern wurde ihm somit in die Wiege gelegt und hat ihn seither in die verschiedensten Teile der Welt gebracht. Es gibt für ihn nicht die Top-Wanderregion, denn Wandern im Himalaya, auf Madeira, in der Toskana, in den Alpen oder im norddeutschen Flachland ist nicht vergleichbar, aber immer einzigartig!
Auf vielen der Wandertouren wird der Autor von Freunden und Bekannten begleitet und natürlich ganz oft von seiner Lebenspartnerin.

RUCKSACK PACKEN & SCHUHE SCHNÜREN

Zwar sind auch für Mehrtageswanderungen keine großartigen Vorbereitungen erforderlich, aber eine falsch geplante, nicht an den eigenen Bedürfnissen orientierte Tour, ein verpasster Zug oder Bus oder ein geschlossenes Gasthaus können das Wandervergnügen empfindlich stören. Einige Dinge sollten Sie deshalb unbedingt im Voraus planen. Folgende wichtige Tipps und Informationen werden Ihre Tourenplanung erleichtern. Danach heißt es nur noch: Schuhe schnüren, Rucksack schultern und schon kann es los gehen in die herrliche Naturlandschaft Hessens.

Reisezeit

Das **Klima** Hessens wird durch den Gegensatz vieler Becken und Gebirge bestimmt, ist also regional sehr unterschiedlich. Klimatisch begünstigt ist das gesamte Rhein-Main-Gebiet. Während das jährliche Temperaturmittel in Kassel 8,5 Grad beträgt, liegt dieser Wert in Frankfurt gut 2 Grad höher. Kälteste Regionen, in denen es auch noch längere Perioden mit Schnee geben kann, sind dagegen Rhön, Vogelsberg und das Sauerland. Auch bei den **Niederschlägen** gibt es deutliche Unterschiede. In weiten Teilen Hessens fallen im Jahr 600 bis 800 mm Niederschlag, während es im Vogelsberg oder in der Rhön bis zu 1200 mm sein können. Während die Sommermonate im Trend immer trockener werden, steigen die Niederschläge in der übrigen Jahreszeit.

Wandern ist im Prinzip zu jeder Jahreszeit möglich, wenngleich einige Wege im Winter bei Schnee nicht begangen werden können. **Ideale Wanderperioden** sind das Frühjahr und der Herbst, insbesondere Mai und September. In den Sommermonaten kann es an einzelnen Tagen möglicherweise zu hohen Temperaturen kommen, die die Kondition schwächen. Trotzdem wird die Sommerhitze wirklich selten ein Problem sein, denn die Wege verlaufen oftmals in kühleren Höhenlagen und durch Wälder. Der September gilt als der Monat mit der klarsten Sicht. Einige Ziele, die von den nachfolgenden Touren berührt werden, sind auch beliebte Ausflugsziele und dann

Ich bin dann mal weg: Meine Reise auf dem Jakobsweg, Hape Kerkeling, Piper Verlag, 368 Seiten, 9,95 € (broschierte Ausgabe). Humorvolle Beschreibung über seine Erfahrungen als einer von tausenden Wanderpilgern auf dem Spanischen Jakobsweg. Gut zur Einstimmung zum Thema Weitwandern und für unterwegs.

besonders am Wochenende oder während der Schulferien überlaufen. Aber in der Regel sind Sie schon wenige Meter abseits davon wieder allein in der wunderschönen Natur!

Gehen Sie den vielen Tagesausflüglern an Sonntagen aus dem Weg! Wanderungen unter der Woche garantieren ein ungestörtes Naturerlebnis ohne jeglichen Rummel.

An- und Abreise per Bahn & Bus

Entgegen der weit verbreiteten Meinung ist unser Land und somit auch Hessen durch öffentliche Verkehrsmittel gut erschlossen. Lediglich am Wochenende gibt es teilweise Einschränkungen. Die größeren Städte sind sogar an das ICE-Netz der **Deutschen Bahn** angeschlossen, sodass selbst längere An- oder Abreisen am ersten und letzten Tag möglich sind. Das alles ermöglicht eine umweltfreundliche Planung aller 10 Touren.

Die Verkehrsverbünde

Der **Nordhessische Verkehrsverbund,** Rainer-Dierichs-Platz 1, 34117 Kassel, umfasst den gesamten nördlichen Landesteil. In seinem Bereich liegen die Touren 1 – 4. Infos unter www.nvv.de oder T 0180/2340180.
Der **Rhein-Main-Verkehrsverbund,** Alte Bleiche 5, 65719 Hofheim am Taunus, deckt Mittel- und fast ganz Südhessen ab. In seinem Bereich liegen die Touren 6 – 9 sowie zum Teil die Wanderungen 5 und 10. Infos unter www.rmv.de oder T 01805/7684636.
Die Tour 5 verläuft teilweise im Bereich vom **Verkehrsverbund Rhein-Mosel,** Schlossstraße 18 – 20, 56068 Koblenz, Infos unter www.vrm-info.de oder T 01805/986986.
Die Tour 10 führt teilweise durch das Gebiet vom **Verkehrsverbund Rhein-Neckar,** B1, 3 – 5, 68159 Mannheim, Infos unter www.vrn.de oder T 01805/8764636.

www.nvv.de, T 0180/2340180
www.rmv.de, T 01805/7684636
www.vrminfo.de, T 01805/986986
www.vrn.de, T 01805/8764636

www.bahn.de, T 0800/1507090 (kostenlose Auskunft im Sprachdialogsystem) bzw. T 11861 (gebührenpflichtige persönliche Auskunft). Über die Bahn-Internetseite lassen sich nicht nur die Bahnfahrpläne abrufen, sondern auch die meisten Busverbindungen.

Hessenticket: Gültig 9 – 4 Uhr des Folgetages, Sa, So und Fei ganztags, für beliebig viele Fahrten mit Bahn (ohne IC, EC, ICE), Bus und AST für max 5 Pers, 31 €. Da es auch in den Verkehrsverbünden RMV, NVV und VRN gilt, gilt es u.a. noch in Hann. Münden (Nds) und Eberbach (BaWü); www.dashessenticket.de.

RMV-Gruppentageskarte: Für gemeinsame Fahrten für max 5 Pers. Verbundticket des RMV (ohne IC, EC, ICE) je nach Zone 6, 7,80, 9,50, 14,70, 25, 30,80 oder 40 €.

Schönes-Wochenende-Ticket der DB: 40 € für max 5 Pers, gültig für S-Bahn, RB, IRE, RE und viele Nahverkehrsverbünde. Sa und So ab 0 Uhr. Eigene Kinder unter 15 Jahre fahren kostenlos mit.

Start und Ziel sind immer so gewählt, dass sie gut per Bahn oder Bus erreichbar sind. Lassen Sie also das Auto einfach zu Hause, genießen Sie ein naturnahes Wandervergnügen und lassen Sie sich am Ende der Mehrtagestour entspannt im Zug nieder, anstatt hinterm Steuer gegen die Müdigkeit anzukämpfen. Fast alle Wanderungen können unterwegs an einer Bahnstation abgebrochen und somit abgekürzt werden. Auch ist es teilweise möglich, die Gesamtstrecke in mehrere kürzere Tagestouren mit mehr Tagen aufzuteilen. Das ist insbesondere auch dann sinnvoll, wenn Sie neben der Wanderung noch viele Sehenswürdigkeiten besichtigen möchten.

Soweit nicht Fernzüge benutzt werden, erhalten Sie alle Verbindungen und Preise bei den jeweiligen Verkehrsverbünden.

Etappen, Gehzeiten & Schwierigkeiten

Die einzelnen **Tagesetappen** sehen Entfernungen bis maximal 27 km vor. Ein durchschnittlich trainierter Wanderer schafft ohne Pause im flachen Gelände 4 km in der Stunde, bei Steigungen entsprechend weniger. Hier gelten pro Stunde 300 bis 400 Hm im Anstieg und 500 bis 800 Hm im Abstieg. Die angegebenen Gehzeiten sind somit nur als Richtwert anzusehen.

Planen Sie in jedem Fall zu den reinen **Gehzeiten** Ruhepausen (stündlich, alle 2 Std eine längere Pause), Fotostopps und Zeit für eventuelle Besichtigungen ein. Haben Sie eine lange Tagesetappe hinter sich, fehlt oft abends die Kraft, sich noch Sehenswürdigkeiten am Ziel anzusehen. Überlegen Sie deshalb, ob Sie an schönen Orten einen zusätzlichen Ruhetag einplanen wollen.

Die Strecken folgen fast immer markierten Wegen. Beachten Sie jedoch, dass die **Markierungen** ehrenamtlich vorgenommen werden und mangelhaft sein können. Da der Autor alle Wege persönlich abgelaufen ist, sollten Sie sich an die hier beschriebenen Routen halten. Besondere Schwierigkeiten bereitet keine der Touren.

Die meisten Tagesetappen bieten auch die Gelegenheit zur mittäglichen **Einkehr.** Jedoch sollten Sie sich dann nicht den Magen vollschlagen, weil sonst die Lust weiterzuwandern, schwindet. Viele werden deshalb ein Picknick bevorzugen. In fast allen größeren Orten gibt es Supermärkte, wo Sie noch vor dem Tourenstart einkaufen können. Abends erwartet Sie ein Gasthof, Pension oder auch Jugendherberge. Die hier genannten Unterkünfte erheben keinen Anspruch auf Vollständigkeit. Für alle, die am Tourenbeginn schon am Vortag anreisen bzw. am Ende erst am Folgetag zurückfahren möchten, gibt es in diesem Wanderführer entsprechende **Unterkunftsvorschläge.**

Unter den einzelnen Tagesetappen wird auf Einkehr- und Unterkunftsmöglichkeiten mit allen weiteren notwendigen praktischen Informationen hingewiesen.

Zur Ausrüstung

Die Ausstattung während einer mehrtägigen Wanderung richtet sich im Wesentlichen nach den persönlichen Bedürfnissen und auch danach, was Sie bereit und in der Lage sind, zu tragen. Zur Mindestausstattung gehören:

Wanderschuhe und -socken: Einige Outdoor-Ausrüster empfehlen für Mittelgebirgstouren nur leichte Trekkingschuhe. Dabei ist das Schuhwerk das A und O! Genieren Sie sich also nicht, hohe und schwere Wanderschuhe mit guter Profilsohle zu tragen. Die Füße danken es Ihnen und dem Fußgelenk ist es gleich, ob es im Hochgebirge oder auf einer Tour in Hessen umknickt. Rechnen Sie auch mit feuchten Wiesen und Regentagen. Imprägnieren Sie deshalb vor Tourenbeginn Ihre Schuhe. Ebenso wichtig sind die richtigen Wandersocken. Tragen Sie nicht irgendwelche Sportso-

*Das **Zwiebelschalenprinzip:** In der Übergangszeit, wenn es morgens oder abends kalt ist, aber tagsüber die Sonne noch Wärme bringt, sowie bei schweißtreibenden Anstiegen hat sich das Zwiebelschalenprinzip bewährt: Über einem T-Shirt tragen Sie Baumwollhemd bzw. -bluse, dann Fleecepullover und/oder atmungsaktive Jacke. Sie können dann jederzeit etwas ausziehen und sich ohne großen Aufwand der Witterung anpassen.*

cken. Im Fachhandel bekommen Sie spezielle Wandersocken, die Sie mehrere Tage hintereinander tragen können, ohne sie waschen zu müssen.

Regen- und Wärmeschutz: Eine atmungsaktive Jacke und eine dünne Überziehhose haben sich bei Regen bewährt. Dennoch werden Sie damit ins Schwitzen kommen und vielleicht einen Taschenschirm bevorzugen, auch wenn dieser nicht soviel Regenschutz bietet. In regenreichen Monaten ist auch ein Poncho, der über den Rucksack reicht, in Kombination mit einer Regenhose eine gute Wahl. An windigen Tagen bietet eine Fleecejacke guten Schutz. In der kälteren Jahreszeit sollte neben einer dicken Jacke auch ein Pullover nicht fehlen. Schutz gegen Regen für Brillenträger, aber auch bei Sonne, bietet eine Kappe mit Schild.

Für den Notfall: Pflaster und eine elastische Binde sollten in jedem Fall mitgeführt werden, denn verletzten kann man sich überall. Auch ein Handy kann sich als sehr nützlich erweisen, um telefonisch Hilfe herbeizurufen.

Verpflegung und Trinkwasser: Sie sollten immer ausreichend Flüssigkeit mitführen. Pro Tag sollte man 2 Liter Flüssigkeit einkalkulieren (Kräutertee, Saftschorlen, Wasser). Wenn man Wasser mitnimmt, kann man seine Trinkflasche oftmals an einer Quelle oder auch in einem Gasthof nach-

Da es vor allem wichtig ist, nicht an Brust und Rücken auszukühlen, man an den Armen beim Laufen kaum friert, bewährt sich statt eines Pullovers auch eine Weste mit Zwei-Wege-Reißverschluss.

Sparen Sie nicht beim **Rucksack** und lassen Sie sich im Fachhandel beraten. Gerade bei Mehrtagestouren werden Sie ein gutes Tragesystem schnell schätzen lernen. Andernfalls sind leicht Schulterschmerzen die Folge.

Notruf: Die Polizei 110, Feuerwehr und Rettungsdienst 112. Im Notfall heißt es kühlen Kopf bewahren und an die **fünf W** zu denken:

Wo geschah der Notfall?

Was passierte?

Wie viele Personen sind betroffen?

Welche Art von Notfall liegt vor?

Warten auf Rückfragen!

füllen und so das Gewicht des Rucksacks reduzieren. Gasthöfe, die in diesem Buch aufgeführt sind, können geschlossen sein. Deshalb sollte man immer eine Alternative haben. Ein Hungergefühl kann unangenehm sein. Will man kein Picknick mitnehmen, so sollte man doch zumindest Früchte- und Müsliriegel, Nüsse oder Trockenfrüchte dabei haben.

Orientierungsmittel

Wenngleich die beschriebenen Wegstrecken durchgängig markiert sind, sollten dieses Buch und passende **Wanderkarten** mitgenommen werden. Die vom *Hessischen Landesamt für Bodenmanagement und Geoinformation* herausgegebenen Wanderkarten bzw. topografischen Freizeitkarten im Maßstab 1:50.000 decken mit einer Ausnahme alle Touren ab. Die benötigten Karten sind unter jeder Tour angegeben. Sie können im Internet bestellt werden und sind natürlich auch im Buchhandel erhältlich.

Ist der Wegverlauf nicht eindeutig, z.B. durch gefällte Bäume oder weil er zugewachsen ist, hilft natürlich zunächst die Karte, wo man sich an markanten Punkten und dem Gelände orientiere. Zusätzlich kann zur Bestimmung der Himmelsrichtung auch ein **Kompass** hilfreich sein, den man für wenig Geld im Fachhandel erhält.

Mit simplem Wandern in der Natur hat das **GPS** (Global Positionierung System) nichts gemein. Trotzdem hat es bei Wanderern und Bergsteigern einige Anhänger gefunden. Das GPS bekommt seine Signale von Satelliten und kann daraus blitzschnell den Standort, die aktuelle Höhe, Richtung und Entfernung zum Ziel errechnen. Um zum Ziel zu finden, benötigt man jedoch die Koordinaten seines Zieles. Deshalb finden sich hier im Buch die GPS-Daten der Zielorte, um evtl. auch dorthin zurückzufinden. Der Umgang erfordert al-

Das Landkartenhaus in der Buchhandlung Angermann, Mauergasse 21, 65183 Wiesbaden, T 0611/ 993090, Fax 300385. www.landkartenhaus.de, info@landkartenhaus. Mo – Fr 10 – 19, Sa 10 – 16 Uhr.

Achten Sie beim **Kompass-Kauf** darauf, dass die Kompassnadel durch eine Flüssigkeit gedämpft wird, sonst verkantet sie leicht, und dass der Kompass eine gerade Anlegekante hat. Ein guter Kompass ist bereits für 15 € erhältlich.

Orientierung mit Karte, Kompass, GPS, Wolfgang Linke, Delius Klasing Verlag, 232 Seiten, 16,90 €. Trockene, aber praxisnahe Einführung im Umgang mit Karte, Kompass und GPS.

*Die annähernde **Richtung** kann man auch mit der Uhr bestimmen. Richten Sie den kleinen Zeiger auf die Sonne und fällen Sie das Lot zwischen kleinem Zeiger und der Zwölf. Dort befindet sich Süden, gegenüber naturgemäß Norden. Wenn Sie dann Richtung Norden schauen, ist rechts von Ihnen Osten und links Westen.*

Adressen zu Unterkünften und Campingplätzen finden Sie in den jeweiligen Tourenbeschreibungen.

Alle im Buch angegebenen **Preise** gelten für eine Person.

lerdings ein Mindestmaß an Kenntnis mit geografischen Graden, Minuten und Sekunden.

Einkehr und Unterkunft

Wo immer ein **Gasthaus** an einer der beschriebenen Routen liegt, wird darauf hingewiesen. Oftmals sind aber auch Dorfkneipen die einzige Einkehrmöglichkeit und bieten manchmal auch nur Getränke an. Gasthäuser können Ruhetage haben, außerhalb der Saison generell geschlossen sein oder nur abends oder am Wochenende geöffnet haben. Informieren Sie sich also im Voraus, wenn Sie in einem der genannten Gasthäuser einkehren möchten, um nicht vor verschlossener Tür zu stehen. Immer sollten Sie jedoch auch eine Notration dabei haben!

Übernachten unterwegs

Die aufgeführten Unterkünfte erheben keinen Anspruch auf Vollständigkeit. Bevorzugt wurden Häuser mit moderaten Preisen. Für die Aufnahme in diesem Buch war auch die Lage entscheidend. So liegen die Unterkünfte entweder direkt am Weg oder nicht weit davon. In einzelnen Fällen wird eine etwas weiter entfernte Ersatzunterkunft genannt. Die aufgeführten **Preise** sind als Minimum zu verstehen und ermittelt für eine Nacht mit Frühstück pro Person. Bitte beachten Sie, dass sich diese Angaben schnell verändern können. Da sich **Jugendherbergen** großer Beliebtheit erfreuen, sind diese ebenfalls aufgeführt. Hier ist eine Mitgliedschaft erforderlich, die vor Ort erworben werden kann. Hinweise gibt es auch zu am Weg liegenden **Campingplätzen.** Ferienwohnungen oder Privatunterkünfte werden dagegen nicht genannt, da erstere kaum für eine Nacht erhältlich und letztere bei beschränktem Bettenangebot schnell ausgebucht sind.

CHECKLISTE AUSRÜSTUNG

Muss-Liste

- ❑ Rucksack
- ❑ imprägnierte Wanderschuhe
- ❑ schweißsaugende Wandersocken, 2 Paar
- ❑ Wanderhose
- ❑ 2 Baumwollhemden/-blusen
- ❑ Kappe/Kopfbedeckung
- ❑ Fleecejacke oder -pulli
- ❑ atmungsaktive Regenhose oder Regenschirm oder Poncho
- ❑ atmungsaktive, wasserdichte Jacke
- ❑ Sportunterwäsche und Körperpflegeartikel nach persönlichem Bedarf
- ❑ Plastiktüten/Regenschutz für den Rucksack
- ❑ Uhr
- ❑ Taschenmesser
- ❑ Proviant
- ❑ Ein-Liter-Trinkflasche
- ❑ Erste-Hilfe-Set, min. Pflaster und elastische Binde mit Rettungsdecke
- ❑ Wanderkarte(n)
- ❑ dieses Buch

Kann-Liste

- ❑ Kompass
- ❑ GPS-Gerät
- ❑ Fernglas
- ❑ Fotoapparat, Ersatz Akku-Batterien
- ❑ Handy mit Ladegerät
- ❑ Zelt, Isomatte, Schlafsack
- ❑ Badesachen
- ❑ Handschuhe, Schal (in der kälteren Jahreszeit)
- ❑ leichte Schuhe für abends
- ❑ Sonnenbrille
- ❑ Taschenlampe
- ❑ ...

Achtung Gewicht!

Beim Packen des Rucksackes sollten Sie die Waage bereitstellen. Zu schweres Gepäck wird schnell zur Qual! Ein Rucksack, dessen Gesamtgewicht (inklusive Tagesverpflegung und Wasser) 8 kg nicht überschreitet, wird auch einem ungeübten Wanderer keine Probleme bereiten. Bei 10 oder gar 12 kg wird jedoch die Wohlfühlzone meist überschritten sein.

Nehmen Sie zur Sicherheit immer eine **Karte** mit auf die Wanderung und übertragen Sie vor Abmarsch den beschriebenen Tourenverlauf in diese. So läuft es sich einfacher.

Touristische Informationsquellen

Die regionalen und lokalen Fremdenverkehrsbüros sowie Naturpark-Informationsstellen sind unter den jeweiligen Touren aufgeführt. Überregionale Informationen bekommen Sie bei der ℹ *Hessen Agentur.*

ℹ **HA Hessen Agentur,** Abraham-Lincoln-Straße 38-42, 65189 Wiesbaden, T 0611/7748091, Fax 7748415. www.hessen-agentur.de, info@hessen-agentur.de.

Abkürzungen in diesem Buch

Tourenbeschreibungen:

Hm = Höhenmeter
km = Kilometer
N, O, S, W = Norden, Osten, Süden, Westen
K, L, B, A = Kreis-, Land-, Bundesstraße, Autobahn
P = Parkplatz
NSG = Naturschutzgebiet
HLBG = Hessisches Landesamt für Bodenmanagement und Geoinformation

Verkehr:

ÖPNV = Öffentlicher Personennahverkehr
ZOB = Zentraler Omnibusbahnhof
Bhf = Bahnhof
VV = Nordhessischer Verkehrsverbund
RMV = Rhein-Main-Verkehrverbund
VRM = Verkehrsverbund Rhein-Mosel
VRN = Verkehrsverbund Rhein-Neckar
HLB = Hessische Landesbahn

Einkehr, Unterkunft, Camping:

C = Campingplatz
JH = Jugendherberge
EZ, DZ = Einzel-, Doppelzimmer
DBZ, MBZ = Dreibett-, Mehrbettzimmer
FeWo = Ferienwohnung
Ü = Übernachtung
ÜpP = Übernachtung pro Person
VP = Vollpension
Du = Dusche
Mo, Di, Mi, Do, Fr, Sa, So = Montag, Dienstag usw.
Fei = Feiertag

DURCH DAS MÄRCHENLAND REINHARDSWALD

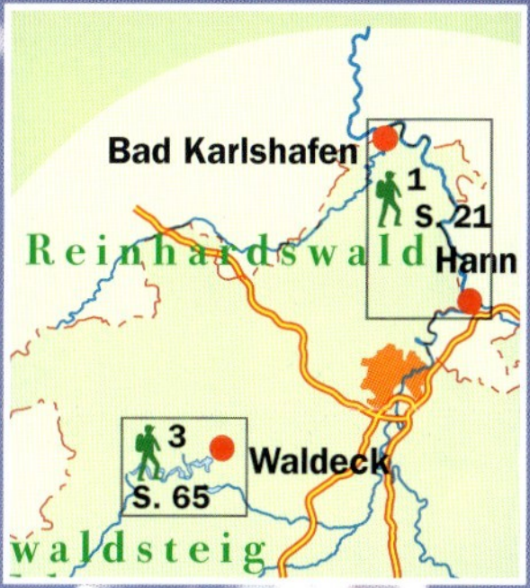

DURCH DAS MÄRCHENLAND REINHARDSWALD

BEIDERSEITS DER WERRA

AUF DEM URWALDSTEIG UM DEN EDERSEE

DURCH DAS ROTKÄPPCHENLAND KNÜLL-SCHWALM

UNTERWEGS AUF DEN LAHNHÖHENWEGEN

DURCH DIE VULKANLANDSCHAFT VOGELSBERG

VON DER DOMSTADT FULDA IN DIE HOCHRHÖN

DURCH DAS RHEINGAUGEBIRGE NACH LORCH

AUF DEN GROSSEN FELDBERG UND ZUR SAALBURG IM TAUNUS

DIE SCHÖNSTEN SEITEN DES ODENWALDS

DURCH DAS MÄRCHENLAND REINHARDSWALD

Die erste Zweitagestour in diesem Buch beginnt ganz im Norden Hessens. Dort liegt beiderseits der Weser die kleine Barockstadt Bad Karlshafen, die mit ihren Sehenswürdigkeiten und der Weser-Therme allein einen Ausflug wert ist.

Südlich von *Bad Karlshafen* erstreckt sich der **Reinhardswald,** ein bis zu 472 m hohes Mittelgebirge. Mit mehr als 200 qkm Fläche ist es gleichzeitig das größte zusammenhängende Waldgebiet Hessens, das Sie auf dieser Tour durchqueren. Charakteristisch sind hier Eichen- und Buchenwälder, die an die Zeiten des ↗ *Hutewalds* erinnern. Einmalig ist auch die Vielfalt der Tierwelt. Am Ende des ersten Tages erwartet Sie die **Sababurg,** die mit dem Märchen *Dornröschen* der Brüder Grimm in Verbindung steht. Neben der Burg sind hier der Tiergarten und der Urwald sehenswert. Mein Tipp: Kommen Sie dort früh genug an, aber meiden Sie, wenn es geht, das Wochenende!

Der zweite Wandertag führt durch unendliche Waldgebiete und erreicht dann die **Tillyschanze** direkt an der Grenze zwischen Hessen und Niedersachsen. Dieser Aussichtsturm bietet einen prachtvollen Blick auf **Hann. Münden,** mit über 700 Fachwerkhäusern aus sechs Jahrhunderten in der Altstadt ein Fachwerkjuwel und Endpunkt der Zweitagestour. Die hier beschriebene Route führt direkt durch die Altstadt und berührt noch etliche Sehenswürdigkeiten.

Die zweitägige Durchquerung des Reinhardswalds eignet sich gut als **Einstiegstour** und zum Test für weitere Mehrtagestouren. Nur der erste Tag ist mit einem Aufstieg verbunden, denn überwiegend geht es eben oder im leichten Auf und Ab in Nord-Süd-Richtung durch den Reinhardswald. Die Strecke ist fast das ganze Jahr begehbar und weist keine besonderen Schwierigkeiten auf. Gibt es am ersten Tag noch Abschnitte ohne Wald, so geht es am Folgetag ununterbrochen durch Wald-

Abwechslungsreiche Tour: Durch Wald und Wiesen zu hübschen Orten wie hier das versteckt liegende Gottsbüren

Naturpark Habichtswald Reinhardswald, TF50-HR, Freizeitkarte 1:50.000 vom HLBG, ISBN 978-3-89446-319-9.

Deutsches Hugenotten-Museum, Hafenplatz 9a, T 05672/1410, Fax 925072. www.hugenotten-museum.de, j.desel@t-online.de. Di – Fr 10 – 17, Sa, So und Fei 11 – 18 Uhr. Geschlossen Jan – Mitte März. 4 €, Schüler 2 €, Kinder unter 10 Jahre frei.

gebiete, oftmals aber auf breiten an Sonnentagen keinen Schatten bietenden breiten Forstwegen. Die Wanderung eignet sich für die ganze Familie und ist gut mit Kindern machbar.

Start in Bad Karlshafen

Die alte Barockstadt wurde vom Landgrafen Carl von Hessen-Kassel 1699 gegründet. Ihm ist es auch zu verdanken, dass aus Frankreich geflohene Hugenotten, die als besonders arbeitswillig bekannt waren, hier eine neue Heimat fanden. Daran erinnert heute das M **Deutsche Hugenotten-Museum,** das in einer ehemaligen Tabakfabrik untergebracht ist.

Stadtzentrum ist ein Hafenbecken an der Weser, das von weißen Barockfassaden umgeben ist. Viele Gebäude haben hier als hugenottische Eigenart zur Straßenseite je Etage fünf Fenster. Auf der Hafensüdseite liegt das **Rathaus** mit Glo-

Die Wanderung in Kürze

2 Tage | 40 km | 445 Hm Aufstieg

Schwierigkeitsgrad: Keine besondere Schwierigkeiten aufweisende Tour, gut als Eingehtour!

Start: Bhf Bad Karlshafen.

Ziel: Bhf Hann. Münden.

1. Tag: Bad Karlshafen – Sababurg 17 km

2. Tag: Sababurg – Hann. Münden 23 km

Höchster Punkt: Wegkreuzung im südlichen Reinhardswald, 408 m.

Anfahrt: RB Göttingen – Ottbergen bis Bad Karlshafen (stündlich, außerhalb des NVV-Tarifgebiets) oder RE Kassel – Hamm oder RT Kassel – Hümme bis Hofgeismar, dann Bus 180 nach Bad Karlshafen.

Rückfahrt: Ab Hann. Münden mit RT, RE Kassel – Eichenberg – Göttingen.

ÖPNV unterwegs: Bus 188 (Gottsbüren – Trendelburg), Bus 190 (Hofgeismar – Sababurg – Hann. Münden).

Unterkunft: In Bad Karlshafen, Gottsbüren, Sababurg und Hann. Münden.

Beste Jahreszeit: Ganzjährig möglich, außer bei Schnee.

DURCH DAS MÄRCHENLAND REINHARDSWALD

1

ckenspiel, 1715 – 1718 als Packhaus und gräfliche Residenz erbaut. Heute beherbergt es zudem die **Kur- und Touristikinformation.** Eine weitere Sehenswürdigkeit ist das **Invalidenhaus** mit prächtigem Wappen, 1705 – 1710 als Altersruhesitz für Angehörige der hessischen Armee erbaut. Als Kurstadt bietet Bad Karlshafen verschiedene Kureinrichtungen, darunter die **Weser-Therme.**

Weser-Therme, Kurpromenade 1, T 05672/9211-0. www.wesertherme.de, info@wesertherme.de. Mo – Fr 9 – 22, Sa – So 9 – 23 Uhr. Therme/Therme & Sauna 3 Std 9,50/13, 5 Std 11/15, Tageskarte 14/17 €, Kinder 4 – 14 Jahre Tageskarte 6/9 €, bis 4 Jahre frei.

In 34385 Bad Karlshafen:

Hotel am Kurpark, Brückenstraße 1, T 05672/185-0, Fax 185-10, www.hotel-am-kurpark.com, info@hotel-am-kurpark.com. 12 EZ à 43 €, 23 DZ à 38 €, 2 MBZ, geschlossen Ende Okt – Ende März.

Landgraf Carl, Hafenplatz 2, T 05672/373, Fax 2052. www.hotel-landgraf-carl.de. 4 DZ, 33 €.

Helmarshausen, Gottsbürener Straße 15, T 05672/1027, Fax 2976. www.helmarshausen.jugendherberge.de, helmarshausen@djh-hessen.de. 185 Betten in 2- und MBZ, 19 €.

Campingplatz Bad Karlshafen, Am Rechten Weserufer 2, T 05672/710, Fax 1350. www.campingplatz-bad-karlshafen.de, j.m.camping-bad-karlshafen@t-online.de. 300 Stellplätze. Pers 4,50/Kinder bis 14 Jahre 3 €. Stellplätze Auto 2 €, Wohnwagen 4 €, Wohnmobil 6 €, kleines Zelt 3 €, großes Zelt 4€, Müllgebühren 0,40 €. Alle Preise pro Tag, zuzüglich Stromanschluss 1€, Strom je kW/h 0,50 €.

Kur- und Touristik-Information Bad Karlshafen, Hafenplatz 8, T 05672/9999-22, Fax 9999-25. www.bad-karlshafen.de, stadtverwaltung@bad-karlshafen.de.

Schmuckstück am Binnenhafen: Das Rathaus von Bad Karlshafen

© pixelio, Klaus M

Von der alten Barockstadt durchs Märchenland zum Dornröschenschloss

Bad Karlshafen (108 m) → K76 (190 m) 4 km → Gottsbüren (220 m) 11,5 km → Große Beckersseite (281 m) → Sababurger Mühle (245 m) 15,5 km → Sababurg (318 m) 17 km.

Über den Aussichtspunkt Falkenhorst zur Schutzhütte Königsberg (4 km)

Die Wanderung beginnt am **Bahnhof** auf der Nordseite der *Weser.* Vom Bahnhofsgebäude halten Sie sich links auf der Straße An der Saline. Schon bald zweigt rechts eine Stichstraße ab, an der zwei Supermärkte und am Ende der **Campingplatz** liegen. Kurz danach gabelt sich die Straße und Sie folgen rechts der Brückenstraße. Am anderen Ende der Weserbrücke liegt links das **Hotel am Kurpark,** danach treffen Sie auf die Weserstraße (B80). Dieser folgen Sie nach rechts Richtung Hafenplatz. Nach der Bushaltestelle biegen Sie hinter dem Hafenbecken links von der Weserstraße ab. Hier liegt das **Hotel Landgraf Carl,** gleichzeitig das älteste Haus der Stadt von 1699/1700. Nun folgen Sie immer der **Markierung X3.**

Nach dem Passieren des Rathauses verlassen Sie das Zentrum. Am Ende des Hafenplatzes geht es über eine Fußgängerbrücke zur Conradistraße. Nach links versetzt auf der Lutherstraße weiter, dann über Treppen hinauf zu einer Querstraße. Nach ihrer Überquerung gegenüber auf der Schützenallee weiter. Am Stadtrand geht die Straße dann in einen Schotterweg über.

Der bisher breite Weg wird schmaler und steigt im Reinhardswald etwas an. Sie erreichen eine kleine Aussichtsloge mit Bänken, bekannt auch als **Falkenhorst,** weil hier einst Falken brüteten. Von hier aus bietet sich ein wunderschöner Blick

1. Tag

Gehzeit: 5 Std.

Schwierigkeitsgrad: Nach Überwindung der kurzen Anfangssteigung eine unschwierige Wanderung auf abwechslungsreichen Wegen.

Höchster Punkt: Sababurg, 318 m.

Markierung: X3.

Ausgangspunkt: Bhf Bad Karlshafen.

Einkehr: In Gottsbüren.

GPS Sababurg:
N 51°32'76"
O 009°32'30"

auf die Krukenberg-Ruine oberhalb des Stadtteils Helmarshausen. Der Weg verläuft dann am oberen Steilabfall des Diemeltals weiter. Bei einer Gabelung folgen Sie der **Markierung X3** und erreichen bei der Einmündung in einen Fahrweg die **Schutzhütte Königsberg.** Von dort folgen Sie zunächst dem Fahrweg etwas abwärts, bis die Markierung wieder links als Fußweg abzweigt, über einen breiten Querweg und dann als Pfad zur **K76** unweit von einem Parkplatz führt.

Auf einsamen Weg nach Gottsbüren (11,5 km)

Nach Überquerung der **K76** führt der Pfad gegenüber in bisheriger Richtung zu einer Kreuzung. Hier kommt von rechts ein Weg von Helmarshausen (1,5 km) herauf, den man benutzen kann, wenn man in der Jugendherberge übernachtet hat. Von der Kreuzung aus geradeaus durch den Wald weiter gehen. Die Markierung folgt halblinks einem etwas breiteren Waldweg. Bei einer Gabelung geht es zunächst geradeaus zu einer weiteren Wegverzweigung. Hier links ab, und bald etwas abwärts in die Senke vom **Finkenbruchsgraben.** Halb links aus dem Graben wieder heraus, geradeaus über eine Kreuzung, dann bei einer Gabelung halb rechts weiter. In der Folge geht es über weitere Querwege in die Senke der Landbecke, immer auf schönen Waldwegen im abwechslungsreichen Mischwald. Aus der Bachsenke bergan und über eine Kreuzung zur K75. Hier kurz links, dann rechts auf

Ziel der Pilger: Die Wallfahrtskirche von Gottsbüren beeindruckt durch ihre Massivität

© pmv, Foto M. Schnelle

einem Forstweg ab zu einer Kreuzung. Dort links zum Waldrand, wo Sie ein Wildgatter passieren. Auf einem Asphaltsweg hinauf zu einer Anhöhe mit Sicht Richtung Gottsbüren. Nun in bisheriger Richtung auf dem **Helmarshäuser Weg** leicht abwärts zum Ortsrand. In **Gottsbüren** gibt es noch Fachwerkhäuser, die bis ins 17. Jahrhundert zurückreichen. Bekannt ist vor allen Dingen die 1330/31 erbaute ↗ *Wallfahrtskirche,* die heutige dreischiffige, dem »heiligen Leichnam« geweihte Hallenkirche. Angeblich hatte man bei Gottsbüren 1329 den unverwesten Leichnam Christi gefunden. Dieses Wunder lockte alsbald Scharen von Pilgern an.

Vom Ortsrand von Gottsbüren gehen Sie zunächst geradeaus weiter, dann folgt die **Markierung X3** rechts der Straße Schöneberger Hof. An ihrem Ende links auf der Querstraße, dem Deiseler Weg, weiter. Dieser trifft schließlich beim Dorfplatz auf die Abzweigung der Sababurger Straße (K55). Folgen Sie hier rechts der Hofgeismarer Straße (L763), kommen Sie bald zum **Gasthaus Anker.**

Gasthaus Zum Anker, Hofgeismarer Straße 21, 34388 Trendelburg-Gottsbüren, T 05675/261, Fax 6131, 1 EZ, 6 DZ, 1 DBZ, ab 25 €.

Ansonsten geht es auf der Sababurger Straße (K55) weiter. Sie kommen an einer Bushaltestelle und schließlich der **Wallfahrtskirche** vorbei. Bald danach zweigt rechts eine Nebenstraße mit dem Namen Lehmkuhle ab und führt Sie aus Gottsbüren heraus.

Über die Große Beckerseite und Sababurger Mühle zur Sababurg (17 km)

Am anderen Ortsrand von **Gottsbüren** biegt der Fahrweg nach links ab und führt zu einem Waldstück hinauf. Unterwegs haben Sie einen schönen Rückblick auf den Ort. Am Waldstück gabelt sich der Weg und Sie folgen dem, der rechts am Waldrand entlang führt. Ein Stück weiter oberhalb folgt die **Markierung X3** dann einem Feldweg nach links. Dieser kreuzt später einen Asphaltweg und verläuft oberhalb der Höfegruppe *Auf dem Gleichen.* Dort, wo von links ein Feldweg heraufkommt, geht die Markierung etwas nach rechts versetzt in bisheriger Richtung weiter. Links von einem Schuppen wandern Sie auf dem Grasweg über die luftige Höhe der **Großen Beckerseite** (281 m) und genießen eine weite Aussicht. Von dort geht's zum Waldrand weiter, wo Sie auf einen Querweg treffen. Nach rechts in den Wald hinein und etwas abwärts ins Tal vom *Donnebach.* Dort liegt auf der anderen Bachseite die Häusergruppe *Sababurger Mühle* mit der einfachen **Pension Dörbaum.** Von einer Kreuzung auf einem schmalen Fußweg hinauf zur K55. Auf dieser nun nach rechts bis zu einer Straßengabelung.

Hier können Sie rechts einen Abstecher zum nahen **Tierpark** mit **Gasthaus** machen. Ihr **Wanderweg X3** folgt dagegen links der Mauer vom Tierpark und führt als Asphalt-Fußweg zum Zufahrtsweg der Sababurg, auf dem Sie rechts zum Burgtor gelangen.

Die sagenhafte Sababurg

Sie können die als *Dornröschenschloss* bekannte Sababurg besichtigen, den Rosengarten bewundern oder auch das Sababurg-Theater besuchen. Die heutige Burganlage entstand auf den Ruinen der 1334 erbauten Zapfenburg, die dem Schutz des Wallfahrtortes Gottsbüren diente. Das zu Beginn des 16. Jahrhunderts errichtete Jagdschloss verfiel später und 1826 wurden drei Flügel abgerissen. 1959 wurde die Ruine dann zu einem Hotel umgebaut. Erhalten sind heute die Wallgräben, der östliche Treppenturm und Teile der Ringmauern.

Unterhalb der Burg liegt der weithin bekannte **Tierpark Sababurg,** der auf 1571 zurückgeht. Hier leben heute etwa 650 Tiere in 80 verschiede-

Exoten im Reinhardswald: Pinguin-Mutter mit Küken im Sababurg-Tierpark

© Tierpark Sababurg

© Tierpark Sababurg

nen Arten. Dazu gehört auch ein *Forst- und Jagdmuseum* sowie eine *Greifvogelanlage* mit Flugvorführungen (April – Okt). Erwähnenswert ist auch der Urwald bei der Sababurg, ein Naturschutzgebiet mit alten Eichen- und Buchenbeständen und einst Hutewald.

Märchen trifft Wildwest: Zu Füßen des Dornröschenschlosses Sababurg weiden Bisons des Tierparks

Praktische Infos für Sababurg, 34369 Hofgeismar

Pension Dörbaum, Sababurger Mühle 3, T 05671/40061, 4 DZ (einfach), 20 €.

Dornröschenschloss Sababurg, T 05671/808-0, Fax 808-200. www.sababurg.de, dornroeschenschloss@sababurg.de. 1 EZ, 17 DZ, ab 78 € (die nach Tieren benannten 17 Kemenaten und Gemächer der Burg haben eine sehr differenzierte Preisstruktur je nach Saison und Kategorie).

Tourist-Information Märchenland Reinhardswald, Markt 5, 34369 Hofgeismar, T 05671/5070400, Fax 500839. www.reinhardswald.de, reinhardswald-info@gmx.de.

Tierpark Sababurg, Sababurg 1, 34369 Hofgeismar, T 05671/8001-2251, Fax -2250, www.tierpark-sababurg.de, info@tierpark-sababurg.de. Jan – Feb 10 – 16, März 9 – 17, April – Sep 8 – 19, Okt 9 – 18, Nov – Dez 10 – 16 Uhr. Tageskarte 6 €, Kinder 4 – 15 Jahre 3,50 €.

2. Tag

Gehzeit: 6 ½ Std.

Schwierigkeitsgrad: Aufgrund der Länge Ausdauer erforderlich, aber keinerlei technische Schwierigkeiten.

Höchster Punkt: Waldkreuzung, 408 m.

Markierung: X3.

Ausgangspunkt: Sababurg.

Einkehr: Tillyschanze.

GPS Hann. Münden:
N 51°24'75"
O 009°39'49"

Von der Sababurg nach Hann. Münden

Sababurg (318 m) → Udenhausener Stock (387 m) 8 km → Hemerbachbrücke (300 m) 9,5 km → Waldkreuzung (408 m) 11,5 km → Schutzhütte Gahrenberg (376 m) 13,5 km → Tillyschanze (216 m) 21 km → Hann. Münden Altstadt (123 m) 22 km → Hann. Münden Bhf (145 m) 23 km.

Am zweiten Wandertag wechseln sich breite Fahrwege und Pfade ab. Auf langer Strecke geht es nur durch Wald, unterbrochen von kleinen Wiesenstücken. Zum Schluss erwartet Sie von der Tillyschanze ein fantastischer Ausblick, dann führt der Weg über die Fulda durch die Altstadt von Hann. Münden, die mit ihren vielen Fachwerkhäusern ein wahres Kleinod ist.

Kasseler Schneise zum Udenhausener Stock (8 km)

Vom Zufahrtsweg zur Sababurg zweigt auf ihrer Ostseite ein Schotterweg mit der **Markierung X3** ab. Entlang der Tierparkmauer geht es vorbei an einem Waldteich. Dann rechts vom Fahrweg ab, weiter am Tierparkgelände entlang, über den Donnebach und dann bis zum Kasseler Tor. Dort von der Mauer weg und auf dem Grasweg zu einer Kreuzung. Hier treffen Sie auf einen breiten Sandweg, der schnurgerade Richtung Süden führt und der Kasseler Schneise folgt. So kommen Sie wenig abwärts in das *NSG Urwald* mit Wiesengelände auf der rechten Seite und Wald auf der linken, ein ehemaliges **Hutewaldgebiet.** Nach Überquerung der *Holzape* geht es langsam wieder bergan auf dem breiten Weg, der an Sonnentagen keinen Schatten bietet. Schließlich treffen Sie auf einen Querweg. Hier nicht geradeaus auf dem Grasweg entlang, sondern rechts auf dem Fahrweg, der bald einen Linksbogen macht, weitergehen. Bei der folgenden Weggabelung geradeaus weiter,

Hutewald: Ein als Waldweide genutzter Wald, bei dem sich das Vieh von Baumfrüchten, den Trieben junger Bäume sowie Wildobst, Pilzen und Wildkräutern ernährt.

durch lichten Hochwald und schließlich links umbiegend zur L3232 beim **Udenhausener Stock** (387 m), wo am **Parkplatz** eine 🚌 **Bushaltestelle** liegt.

© pmv, Foto M. Schnelle

Kreuz und quer: Gut, dass es Wegweiser zum Udenhausener Stock gibt

Hemerbachtal und Schutzhütte Gahrenberg (13,5 km)

Nach Überquerung der Landstraße geht es rechts auf einem Waldpfad leicht abwärts, dann geradeaus über einen breiten Querweg. Danach auf einem Grasweg weiter abwärts und in einem Linksbogen durch lichten Wald in das **Hemerbachtal.** Schließlich auf Pfadspuren zu einem breiten Weg

© GrimmHeimat Nordhessen

Im Hutewald bei der Sababurg: Jahrhundertealte knorrige Eichen sind die Zeugen jener Zeiten, als das Vieh zur Mast in den Wald getrieben wurde

und nach rechts über eine Brücke über den Hemerbach. Auf dem oberhalb vom Bach verlaufenden Fahrweg rechts weiter und wieder leicht bergan. Bei einer Weggabelung links aufwärts und vom Bach weg. Der Weg biegt dann immer mehr nach links und steigt stärker zu einer Kreuzung an. Hier weiter Richtung Gahrenberg, dann links auf einem breiten Weg ab. Es folgt ein kürzeres Wegstück, das durch Holzeinschlag in Mitleidenschaft gezogen wurde und voll groben Gesteins ist. Achten Sie hier immer auf die **Markierung X3,** da mehrfach die Richtung geändert wird, bis Sie im Tal der Nassen Ahle auf einen Querweg treffen. Hier rechts weiter, dann in einem Linksbogen auf der anderen Talseite zurück und in einem Rechtsbogen am Wiesenrand bergauf zur großen **Schutzhütte Gahrenberg** wandern.

Zur Tillyschanze (21 km)

Von der Schutzhütte geht's auf einem Fahrweg in eine Senke, danach wieder bergan und geradeaus über einen Querweg. Bald danach von einem Buckel wenig abwärts zum **Mündener Eck.** Hier geradeaus auf dem Schotterweg mit der **Markierung X3** weiter. Die sogenannte **Kohlenstraße** biegt immer mehr nach rechts und setzt sich als Betonplattenweg fort. Geradeaus über einen breiten Querweg. Dann geht der

66 Schönste Aussichten Hessen. Burgen, Türme, Berge, Wandern, Radeln, Einkehren. 256 Seiten, ISBN 978-3-89859-317-5, 14,95 €.

© pmv, Foto M. Schnelle

Verspricht tolle Aussichten: Der Turm der Tillyschanze

© pixelio, Foto: Dirk Schmidt

Nicht zu viel versprochen: Blick auf Hann. Münden von der Tillyschanze

Wanderweg vorübergehend in einen Asphaltweg über und macht eine Rechtskurve. Sie erreichen eine Weggabelung und nehmen dort die linke Verzweigung. Es folgt eine Linkskurve, danach schlängelt sich der Weg in kleineren Kurven weiter abwärts. Vorbei an einem Rastplatz kommen Sie zu einer Kreuzung. Hier geradeaus weiter und steiler auf einem Waldweg abwärts laufen. Nochmals über eine Kreuzung zu einem Fahrweg, der nach rechts in Kürze zur **Tillyschanze mit Aussichtsturm und Ausflugsgaststätte** führt.

Der 27 m hohe Turm überragt die Dächer von Hann. Münden um 90 m und bietet den schönsten Blick auf die Stadt. Aussicht hat man aber auch von seiner Terrasse. Wenngleich der Turm an den *Grafen Tilly* erinnert, der 1626 während des Dreißigjährigen Krieges die Stadt belagerte, geht der Turmbau auf die Idee dreier Bürger zurück. So wurde der Turm auch erst 1881 – 85 erbaut. Unmittelbar am Turm verläuft die Landesgrenze zwischen Hessen und Niedersachsen. Die Ausflugs-

Waldgaststätte Tillyschanze,
Forstgutbezirk Reinhardswald, Postfach 1146, 34331 Hann. Münden, T 05541/1890, Fax 73995. www.tillyschanze.de, tillyschanze@t-online.de. Ab 11 Uhr, Ostern – Okt Di – So, Nov – Ostern Fr – So, für Gruppen auch nach Absprache geöffnet.

gaststätte liegt noch in Hessen im *Forstgutbezirk Reinhardswald,* der flächenmäßig zweitgrößten Gemeinde Hessens, die nur 2 Einwohner, nämlich das Wirtshauspaar, hat, aber keinen Bürgermeister und auch keine eigene Postleitzahl! Post bekommt die Ausflugsgaststätte über das Postfach im niedersächsischen Hann. Münden, Probleme bereiten aber Paketzustellungen ...

In die Altstadt von Hann. Münden (23 km)

Vom Turm führt links ein **Fußweg X3** hinab Richtung Altstadt. Am Waldrand treffen Sie auf einen Parkplatz und steigen rechts auf schmalem Fußweg, zuletzt über eine kleine Treppe, zur Veckerhäger Straße (B3) hinab. Kurz nach links zur Fußgängerampel, und nach Überquerung der B3 gegenüber auf dem Fischerweg weiter. Schon bald erreichen Sie die Fulda. Dort geht es per Hängebrücke hinüber zur **Insel Tanzwerder,** links liegt der **Weserstein.** Sie folgen jedoch rechts dem Gustav-Blume-Weg, dann geht es links auf der überdachten Mühlenbrücke über den zweiten Fuldaarm zum Rand der Altstadt von Hann. Münden. Dort über die Querstraße und geradeaus auf der Mühlenstraße direkt in die **Altstadt,** wo Sie am rechts liegenden Rathaus vorbei kommen und unzählige Einkehrmöglichkeiten haben. Unweit des Rathauses liegt auch die erwähnte **Alte Rathausschänke,** die **Schlossschänke** dann am Weg zum Bahnhof.

*Wo Werra sich und Fulda küssen,
Sie ihre Namen büßen müssen,
Und hier entsteht durch diesen Kuss,
Deutsch bis zum Meer der Weser-Fluss.
Inschrift des Wesersteins*

Das Ziel: Hann. Münden

Schon der Forschungsreisende *Alexander von Humboldt* (1769 – 1859) nannte Hann. Münden als eine der sieben schönst gelegenen Städte der Welt. Zweifelsohne profitiert die Stadt am Zusammenfluss von *Fulda* und *Werra* zur *Weser* von dieser verkehrsgünstigen Lage und früher zudem vom 1247 bis 1823 geltenden Stapelrecht, wo-

*Hann. Münden bietet eine Fülle von **Sehenswürdigkeiten.** Sie sollten überlegen, ob Sie nicht noch für eine Nacht bleiben!*

nach Waren, die hier ankamen, zunächst den Mündenern zum Kauf angeboten werden mussten.

Mehr als 700 Fachwerkhäuser aus sechs Jahrhunderten tragen dazu bei, dass die Stadt ein einzigartiges Fachwerkjuwel ist. Von der alten Stadtmauer sind noch Reste erhalten, darunter 11 alte Stadttürme. Zu den Sehenswürdigkeiten zählt das **Rathaus,** dessen Vorgängerbau aus dem 13./14. Jahrhundert 1603 – 18 zu einem großartigen Weserrenaissance-Gebäude umgebaut und erweitert wurde. Besonders prächtig ist die Nordseite mit ihren drei Giebeln, dem zweigeschossigen Standerker mit Glockenspiel und dem prunkvollen Portal. Hier findet sonntags in der Saison das **Doktor-Eisenbart-Spiel** statt, ein Theaterstück, das an den legendären Wanderarzt erinnert, der 1727

Herrliche Fachwerkbauten und ein beeindruckendes Rathaus: Am Marktplatz von Hann. Münden

*Johann Andreas **Eisenbarth,** 1663 in der Oberpfalz geboren, war ein erfolgreicher Okulist (Augenarzt) und Bruch- und Steinschneider (Chirurg, vornehmlich für Blasensteinoperationen). Eisenbarth erhielt 1716 das Privileg in Preußen zu praktizieren. So zog er durch Gaukler und Trommler angekündigt von Stadt zu Stadt. 1727 verstarb er in Hann. Münden.*

Öffentliche **Stadtführungen** durch die Altstadt: Dauer 70 Min, Mai – Sep 10 und 14 Uhr, So um 14 Uhr als Kostümführung, einzelne Termine auch im Okt. Treffpunkt Tourist-Info/ Rathaus. 4,50 bzw. 6 € für eine Kostümführung. 2 Kinder in Begleitung eines voll zahlenden Erwachsenen frei.

hier verstarb. Weitere Sehenswürdigkeiten sind u.a. die *St. Blasiuskirche,* eine dreischiffige gotische Hallenkirche, der *Fährenpfortenturm* mit dem *Museum für Arbeit* und das im Nordosten der Altstadt gelegenen *Welfenschloss* mit dem *Städtischen Museum.*

Praktische Infos für 34346 Hann. Münden

Hotel Alte Rathausschänke, Ziegelstraße 12, T 05541/8866, Fax 12005. www.hotel-rathausschaenke.de, info@hotel-rathausschaenke.de. 7 DZ à 29,50 €, DZ als EZ 45 €, 3 MBZ.

Hotel Schlossschänke, Vor der Burg 3 – 5, T 05541/7094-0, Fax 7094-40. www.hotel-schlossschaenke.de, info@hotel-schlosschaenke.de. 1 EZ, 15 DZ à 48,50 €, DZ als EZ 62 €, 1 MBZ.

Jugendherberge, Professor-Oelkers-Straße 10 (Bus 190 vom Bhf), T 05541/8853, Fax 73439. www.djh-niedersachsen.de/jh/hann-muenden, jh-hann-muenden@djh-hannover.de. 129 Betten in 2- bis MBZ, 19,40 €.

Campingplatz Grüne Insel Tanzwerder, Tanzwerder 1, T 05541/12257, Fax 05541/660778. www.busch-freizeit.de, info@busch-freizeit.de.

Tourist-Information Touristik Naturpark Münden e.V., Lotzestraße 2 (Rathaus), T 05541/75-313, Fax 75-404. www.hann.muenden-tourismus.de, info@hann.muenden.de.

Zum Bahnhof: Vom Rathaus in bisheriger Richtung auf der Marktstraße weiter, bis diese auf die rechts abzweigende Burgstraße trifft. Hier sehen Sie links das nahe Schloss mit dem Hotel Schlossschänke. Sie folgen jedoch der Burgstraße, bis links die Bahnhofstraße abzweigt. An ihrem Ende halten Sie sich vor der Bahnlinie rechts und erreichen das Bahnhofsgebäude und den davor liegenden ZOB, von dem u.a. auch die Linie 190 Richtung Jugendherberge und Sababurg abfährt.

BEIDERSEITS DER WERRA

AUF DEM WERRA-BURGEN-STEIG

Die dreitägige Tour durch das Werratal bietet viel Abwechslung. Dazu tragen vier Kleinstädte bei, die mit ihren Fachwerkbauten um die Gunst der Besucher buhlen, etliche Burgen und fantastische Aussichten. Daneben gibt es auf dieser Tour auch Momente der Besinnung auf alten Grenzwegen, denn die Werra und ihr Hinterland bildeten hier früher abschnittsweise die Grenze zur DDR.

So führt der erste Tag ein Stück durch das heutige Bundesland Thüringen, und der zweite Tag bringt Sie noch einmal zur früheren innerdeutschen Grenze. Die Burg Ludwigstein mit ihrer Jugendherberge kannte ich schon von meiner Schulzeit. Witzenhausen war mir nicht nur als Stadt der Kirschen in Erinnerung. Schon früher führte mich eine Wanderung hierher, und nach Öffnung der DDR-Grenze machte ich hier meinen ersten Tagesausflug in die DDR, die ich vorher nur durch Verwandtenbesuche kannte. Da zu meiner Kindheit die Haupteisenbahnlinie durch das Werratal verlief, wir immer mit der Bahn in den Urlaub fuhren und man während der Zugfahrt teilweise die Grenze sehen konnte, war ich gespannt wie es hier heute aussieht. Und ich wurde nicht enttäuscht! Wie auch in anderen ehemaligen Grenzregionen erwartet Sie auch hier ein unvergessliches und abwechslungsreiches Naturerlebnis auf wunderschönen Wanderstrecken abseits vom Verkehr. Das mehrmalige Auf und Ab mit teils steilen Anstiegen und die Länge der Tagesetappen verlangen eine gute Kondition. Sollten Ihre Kräfte versagen oder Ihre Füße arg gelitten haben, besuchen Sie einfach das Thermalbad in Bad Sooden-Allendorf!

Meißner-Kaufunger Wald, TF50-MK, Freizeitkarte 1:50.000 vom HLBG, ISBN 978-3-89446-318-2.

Start in Witzenhausen

Witzenhausen ist das Zentrum eines der größten und ältesten Kirschenanbaugebiete Deutschlands. Deshalb sind die *Kesper* (mundartlich für Kirsche) und ihr Fest, die Kesperkirmes im Juli mit Wahl der Kirschenkönigin und den Meisterschaf-

Durchblick: Wenn sich der Wald öffnet, hat man am Tag 3 einen schönen Blick vom Lotzenkopf auf Langenhain

M Völkerkundliches Museum Witzenhausen, Steinstraße 19, T 05542/60721 oder 502629, Fax 60739. www.ditsl.org/de/sammlung.html, museum@ditsl.de. Mi und So 15–17 Uhr, weitere Besuchszeiten für Gruppen nach Absprache möglich.

ten im Kirschen-Weitspucken ihr Markenzeichen. In der Altstadt findet der Besucher auch heute noch etliche bedeutende Fachwerkbauten, Zeugnis mittelalterlicher Kultur und Baukunst. Außerdem bietet Witzenhausen ein breites Freizeit- und Sportangebot.

Bereits 1225 erhielt Witzenhausen Stadtrecht, war bis 1974 Kreisstadt und ist heute das Zentrum für 16 weitere ländliche Ortsteile. 1898 wurde hier die M **Deutsche Kolonialschule** (Tropenschule) gegründet, deren Einrichtung heute Ne-

Die Wanderung in Kürze

3 Tage | 66 km | 1400 Hm Aufstieg

Schwierigkeitsgrad: Viel Abwechslung bietende Tour auf schönen Wanderwegen, mehrere teils anstrengende Auf- und entsprechende Abstiege. Ein Wegabschnitt ist unmarkiert, zwei andere erfordern absolute Trittsicherheit. Auch aufgrund der Länge der einzelnen Tagesetappen gute Kondition erforderlich!

Start: Bhf Witzenhausen.

Ziel: Wanfried Bushaltestelle Bahnhofstraße.

1. Tag: Witzenhausen – Bad Sooden-Allendorf 24,5 km

2. Tag: Bad Sooden-Allendorf – Eschwege 21,5 km

3. Tag: Eschwege – Wanfried 20 km

Höchster Punkt: Aussichtspunkt Hohestein, 569 m.

Anfahrt: Mit der Bahn nach Witzenhausen (cantus, Kassel – Eichenberg – Göttingen) oder mit Bus/Straßenbahn (diverse Linien aus dem Umland).

Rückfahrt: Mit Bus ab Haltestelle Wanfried Bahnhofstraße, u.a. Linie 200 zum Stadtbahnhof Eschwege und nach Hess. Lichtenau, von dort Anschluss an die Tram 4 nach Kassel.

ÖPNV unterwegs: Bahnhöfe in Bad Sooden-Allendorf und Eschwege (cantus, Göttingen – Eichenberg – Bebra). Bus 220 Witzenhausen – Wendershausen – Werleshausen – Bad Sooden-Allendorf – Eschwege. Bus 235 Erschwege – Neuerode – Hitzelrode.

Unterkunft: In Witzenhausen, Rimbach, Bad Sooden-Allendorf, Hitzelrode, Eschwege und Wanfried.

Beste Jahreszeit: Ganzjährig, jedoch nicht bei Nässe oder Schnee!

benstandort der Universität Kassel ist. Dazu gehört auch ein *Gewächshaus* für tropische und subtropische Nutzpflanzen, das Besuchern offen steht. In einem stilvollen Fachwerkhaus befindet sich auf dem gleichen Gelände zudem ein *Völkerkundemuseum* mit Exponaten aus vielen Kulturen. Weiterhin gibt es eine *Lehranstalt für Umwelt und*

Fachwerkromantik: In der Altstadt von Witzenhausen

© pmv, Foto: M. Schnelle

Gewächshaus für tropische Nutzpflanzen, Universität Kassel, Steinstraße 19, T 05542/981231, Fax 981230. www.nordhessen.de/de/tropengewaechshaus-witzenhausen, tropengewaechs haus@uni-kassel.de. Mi, Fr – So, Fei 14 – 16 Uhr, Eintritt frei. Führungen Sa 14 –15 Uhr, 1 Std 2,50, Kinder 2 €.

Technologie, Landwirtschaft, Garten- und Landschaftsbau. Überregional kam Witzenhausen 1983 in die Schlagzeilen durch die Erfindung der Biotonne.

Praktische Infos für 37213 Witzenhausen

Einkehr: Diverse Lokalitäten in der Altstadt.

Pension VeloLogis, Kniegasse 30, T 05542/ 5072231, Fax 910125. www.velologis.com, info@velologis.com. 3 DZ à 21,50 €, DZ als EZ 25 €.

Pension Fischer, Kniegasse 18, T 05542/936050, Fax 936018. www.fewo-fischer.com, info@fewo-fischer.com. EZ 40 €, DZ 28,50 €.

Campingplatz Werratal, Am Sande 11, T 05542/ 1465. www.campingplatz-werratal.de, info@campingplatz-werratal.de. 4,90 €, Kinder 3,80 €, Strom 2,30, Stellplatz 5,30 – 7,50 €.

Tourist-Information Pro Witzenhausen, Ermschwerder Straße 2, 37213 Witzenhausen, T 05542/6001-0, Fax 6001-23. www.kirschenland.de, info@kirschenland.de. Mo 10 – 16, Di – Fr 9 – 13, Sa 9 – 13, So 11 – 15 Uhr.

Durchs Kirschenland nach Bad Sooden-Allendorf

Witzenhausen (192 m) → Wendershausen (140 m) 6 km → Burg Ludwigstein (235 m) 10 km → Werleshausen (140 m) 11 km → Rimbach (380 m) 14,5 km → Teufelskanzel (452 m) 17,5 km → Wahlhausen (151 m) 21,5 km → Bad Sooden-Allendorf (160 m) 24,5 km.

Sie beginnen die Wanderung am Bahnhof und folgen der Straße nach rechts bis zu einer Linkskurve. Aus dieser zweigt rechts ein Fußweg ab, der Nordbahnhofsweg, welcher später als Straße abwärts führt. Am Ende dieser Straße über die Nordbahnstraße und gegenüber auf einem Fußweg zu einer Fußgängerampel hinab. Nach Überquerung der Mündener Straße kurz nach links, dann rechts auf der Straße An der Bohlenbrücke Richtung Zentrum. An dieser Straße befindet sich auch ein Supermarkt. Über einen Kreisel und dann über die Werrabrücke zum Rand der Altstadt. Hier durch einen Fußgängertunnel, dann auf der Brückenstraße weiter. Am Beginn dieser Straße liegt rechts die Kniegasse, an der die zwei aufgeführten **Pensionen** liegen. Sie folgen der Brückenstraße bis zum Marktplatz mit **Tourist-Information** und Rathaus. Halten Sie sich dort links, kommen Sie über die Stuben- zur Steinstraße und dann zur Straße Am Sande, falls Sie auf dem **Campingplatz** übernachten möchten.

Durch das Kirschenland (6 km)

Vom **Marktplatz** in bisheriger Richtung auf der Marktgasse weiter, bis zur rechts liegenden Liebfrauenkirche. An deren Ende rechts auf der Straße Am Brauhaus weiter, bis links der Philosophenweg abzweigt. Auf diesem durch den Stadtpark bis zum ZOB Hinter den Teichhöfen (B451). Hier links, bis diese auf die Walburger Straße trifft, der Sie nach rechts folgen. Bald kommen Sie zu einer

1. Tag

Gehzeit: 7 Std.

Schwierigkeitsgrad: Anstrengende Tour mit etlichen kräftezehrenden Auf- und Abstiegen, davon über 600 Hm Aufstieg.

Höchster Punkt: Teufelskanzel, 452 m.

Markierungen: X5, T.

Ausgangspunkt: Bhf Witzenhausen.

Einkehr: In Wendershausen, Burg Ludwigsstein, Werleshausen, Rimbach, in der Berghütte Teufelskanzel und in Wendershausen.

GPS Bad Sooden-Allendorf:
N 51°16'27"
O 009°58'46"

Sie können die Tour um 6 bzw. 11 km abkürzen, wenn Sie mit dem Bus 220 von Witzenhausen nach Wendershausen bzw. Werleshausen fahren.

Straßengabel und folgen links der Straße Am Stieg (L3464) zunächst über die *Geister,* wenig später über eine Bahnlinie.

Kurz danach zweigt rechts ein Fahrweg mit etlichen **Markierungen** ab, darunter **X5,** dem **Werra-Burgen-Steig,** dem Sie folgen. Dieser verläuft anfangs oberhalb der Autostraße, steigt dann südwärts durch Kirschenplantagen in mehreren Kehren an. Beim Aufstieg zum **Sulzberg** (298 m) bieten sich immer wieder schöne Aussichten. Später geht es auch durch Waldstücke, Sie passieren eine Schutzhütte und erreichen am südlichen Abhang vom Sulzberg eine Kreuzung. Hier nun links abwärts Richtung Wendershausen. Vorbei an einer weiteren Schutzhütte öffnet sich bald ein weiter Blick auf Wendershausen bis hin zur Burg Ludwigstein. Am Ortseingang von Wenderhausen am Beginn der Straße Am Salzbach erreichen Sie einen **Wanderrastplatz.** Für eine Einkehr oder sogar Übernachtung ist ein Abstecher von 0,5 km nötig: Vom Rastplatz biegen Sie links ab (Vor der Schinderwiese) und folgen am nördlichen Ortsrand der Straße Am Gewende. Diese führt zur Eschweger Straße (L 3464) mit dem **Landgasthof Zur Krone.**

Landgasthaus Zur Krone, Eschweger Straße 14, im OT Wendershausen, 37215 Witzenhausen, T 05542/1506, Fax 71043, reiner-apel@t-online.de. 5 Zimmer, EZ 40 €, DZ 30 €, DBZ 25 €.

Zur Burg Ludwigstein (10 km)

Vom **Wanderrastplatz** am Ortsrand rechts zum Berghang, dann links auf einem Feldweg oberhalb von Wendershausen erneut durch Kirschenplantagen. Der Weg steigt ständig etwas an, biegt dann rechts ins *Flachsbachtal* ab und führt wieder in den Wald. Dann zweigt die **Markierung X5** links vom Hauptweg ab und führt als Pfad in Serpentinen steil ins Flachsbachtal hinab, das Sie beim **Parkplatz Öhrchen** erreichen.

Sie überqueren die K63 und biegen am gegenüberliegenden Waldrand links ab. Ein Waldweg führt aus dem Flachsbachtal heraus bis kurz vor die L3464. Hier haben Sie nochmals einen schönen Blick Richtung Burg Ludwigstein. Der Wanderweg verläuft nun als Pfad oberhalb der Autostraße und unterhalb vom Waldrand. Ein Schild weist auf die Absturzgefahr hin, denn dieser Wegabschnitt erfordert Trittsicherheit und ist bei Nässe nicht zu empfehlen! Der Pfad führt später wieder in den Wald und hinab zu einem Parkplatz an der L3464.

Am anderen Ende des Parkplatzes (dort auch die *Bushaltestelle Burg Ludwigstein,* Linie 220), zweigen rechts ein Fahrweg und der **Eselspfad** ab. Sie folgen dem Eselspfad, der durch Wald oder offenes Gelände in einem Linksbogen ständig aufwärts führt und schließlich die Zufahrtsstraße zur Burg erreicht, davor noch ein Rastplatz. Auf der Autostraße nach links zum Parkplatz unterhalb der Burg. Die 1415 erbaute **Burg Ludwigstein** war lange Zeit Sitz des Amtes Witzenhausen und wurde später von landwirtschaftlichen Pächtern bewohnt. Dann begann ihr Verfall, bevor Wandervögel die Burg entdeckten. Heute wird sie als Jugendburg und für regelmäßige Veranstaltungen genutzt. Burgführungen am So in der Saison, Turmbesteigungen zwischen 8 und 22 Uhr.

Jugendburg Ludwigstein, 37214 Witzenhausen, T 05542/5017-10, Fax -12. www.burgludwigstein.de, info@burgludwigstein.de. 175 Betten, 18,50 €, außerdem Zeltmöglichkeit 4,50 €. Speisesaal mit kleiner Auswahl einfacher Gerichte aus der Region.

Ins Fachwerkdorf Werleshausen (11 km)

Unterhalb der Burg rechts über den Parkplatz, dann über Wiesen mit Grillplätzen, im Wald auf einem Fußweg teils steil bergab, zuletzt über eine längere Holztreppe zur B27 bei der Bushaltestelle (Linie 220). Nach Überquerung der B27 per Brücke über die Werra bis zu einer Querstraße am Rande von Werleshausen. Hier liegt auch ein alter **Gutshof** der *Familie von Hanstein* aus der Mitte des 16. Jahrhunderts mit Herrenhaus und großen Wirtschaftsgebäuden. Links auf der Straße Am Rasen vorbei an einer Bushaltestelle (Linie 220) bis zur Bornhagener Straße, die Sie beim **Lindenhof** erreichen. Das Fachwerkdorf wurde

Lindenhof, Bornhagener Straße 13, 37214 Werleshausen, T 05542/9371-0, Fax -71. www.lindenhof-werleshausen.de, info@lindenhof-werleshausen.de. Pension mit 1 EZ à 30 €, 8 DZ à 25 €, Restaurant Mo Ruhetag, Mittagstisch ab 12 Uhr, bis ca. 20 – 21 Uhr geöffnet.

© pixelio, Foto: Matthias Starke

Zweiburgenblick: Burg Ludwigstein und Burg Hanstein

erstmals 876 urkundlich erwähnt und gehörte bis 1945 zu Thüringen. Wegen der Eisenbahnlinie erfolgte damals ein Gebietsaustausch.

Mögen Sie es gemütlich? Dann übernachten Sie doch vis à vis der Burg Hanstein in Rimbach. Dann haben Sie auch Zeit, Richtung Bad Sooden-Allendorf über den Lindewerrablick zur Teufelskanzel zu laufen.

Zur Burg Hanstein (14,5 km)

Vom **Lindenhof** rechts auf der Bornhagener Straße durch den Ort bergan, an der Kirche vorbei bis zum Ortsende. Dort rechts beim Dorfgemeinschaftshaus auf der Straße Schulviertel ab und bergan. Bald nach den letzten Häusern auf einer Brücke über die Bahnlinie. Hier hat man einen schönen Rückblick und hinüber zur Burg Ludwigstein. Nach der Brücke halb links auf einem guten Pflasterweg weiter. Dann erreichen Sie einen Asphalt-Querweg, dem Sie links abwärts zur K67 folgen, dort **Rastplatz.** Auf der kaum befahrenen Kreisstraße rechts weiter und im Wiesental wieder bergan mit Blick zur Burg Hanstein. Dann macht die Straße zunächst eine Rechtskurve und erreicht in einer Linkskurve den Landkreis Eichsfeld in Thüringen. Ein **Gedenkstein** erinnert hier an die frühere innerdeutsche Grenze. Kurz danach zweigt rechts der alte Kolonnenweg in den Wald ab. Sie folgen diesem bis zu einer Gabelung mit überdachtem Wanderpavillon bei einem Teich. Hier nun links zu den Häusern **Rimbachs** hinauf. Der Fußweg trifft im Weiler auf einen Querweg, der nach links zur Burg und zur Kirche führt. Rimbach wird von der auf einem Buntsandsteinfelsen liegenden M **Burg Hanstein** überragt, eine der wichtigsten mittelalterlichen Burganlagen Deutschlands überhaupt, die urkundlich erstmals 1070 erwähnt wurde und eine weite Aussicht bietet.

Am ersten August-Wochenende ist sie Schauplatz mittelalterlicher Ritterspiele, die sich großer Beliebtheit erfreuen. Daneben ist die katholische Kirche mit einem spätgotischen Flügelalter von 1407 aus der ehemaligen Burgkapelle erwähnenswert.

M **Burgruine Hanstein,** T 036081/67856, www.burgruine-hanstein.de, info@burgruine-hanstein.de. März – Okt 10 – 18, Nov 10 – 16 Uhr, in der übrigen Zeit Sa, So und Fei 10 – 16 Uhr. 2,50, Kinder ab 6 Jahre 1 €, Führungen bis 25 Pers 25 €.

Zur Teufelskanzel (17,5 km)

Von der Einmündung des Fußweges in den Querweg in Rimbach kurz nach rechts zu einer Gabelung. Von dort rechts Richtung Teufelskanzel. Vorbei am **Zweiburgenblick** zum Parkplatz von Rimbach. Da der Weg jetzt auf dem Kamm verläuft, hat man nach allen Seiten eine weite Aussicht. Sie gehen in Richtung Waldrand weiter bergauf, bis halb rechts ein Weg zum Lindewerrablick abzweigt. Hier halten Sie sich links und folgen weiter dem Forstweg mit der **Markierung X5.** Im Wald geht es zunächst weiter bergan. Schließlich erreichen Sie eine weitere Gabelung. Hier folgen Sie nun dem rechten Weg, der wenig später eine Linkskurve macht und bis vor den Steilabfall führt. Hier kommt von rechts ein schmaler Fußweg vom Lindewerrablick. Sie folgen jedoch links dem Weg neben dem Steilabfall, der am Kammrand oder knapp unterhalb bis zur **Teufelskanzel** führt. Von dort haben Sie einen imposanten

Zweiburgenblick, Hansteinstraße 2, 37318 Bornhagen-Rimbach, T 036081/67001, Fax 67609. hotel-zweiburgenblick@t-online.de. 7 Zimmer, EZ 40 €, DZ 35 €. Mit Restaurant.

Berghütte Teufelskanzel, 37318 Gerbershausen, T 036081/61237, Fax 68787. www.teufelskanzel.de, teufelskanzel@gmx.de. April – Okt 11 – 18 Uhr, in der übrigen Zeit Sa, So und Fei 11 – 17 Uhr oder nach Vereinbarung.

Blick auf die Werraschleife, Lindewerra und bis zum Hohen Meissner.

Abstieg nach Wahlhausen (21,5 km)

Von der Teufelskanzel nach links vom Steilabfall weg und hinab zu einer Kreuzung unterhalb der Gaststätte. Hier nehmen Sie rechts den mit **T** bezeichneten Weg. Er führt ziemlich gradlinig und ständig den Bergkamm hinab, teils als Hohlweg. Unten am Waldrand treffen Sie auf einen Querweg, dem Sie links zu einem Forellenteich folgen. Von dort rechts außen am Waldrand entlang nochmals bergauf. Dann lädt die **Pfeilliethen-Blockhütte** zu einer Rast ein. Nochmals ein kurzes Stück durch Wald abwärts, dann durch die Felder zur von Lindewerra kommenden Autostraße. Auf dieser links Richtung **Wahlhausen** weiter. Im Ortszentrum erreichen Sie eine Straßengabel mit Busstation. Der kleine thüringische Ort wurde erstmals 1243 als *Waldesa* erwähnt. Sehenswert ist die 1718 erbaute ursprüngliche Patronatskirche des Rittergeschlechts von Hanstein. Im Inneren sind zahlreiche Holzmalereien zu sehen.

Camping-Oase Wahlhausen, Kreisstraße 32, T und Fax 036087/98671. www.camping-oase.de, camping-oase@web.de. Zelt 5,50 €, ÜpP 4 €, unter 18 Jahre 2 €.

Zum Tagesziel Bad Sooden-Allendorf (24,5 km)

Von der Straßengabel in **Wahlhausen** geradeaus weiter und vorbei an der erwähnten Dorfkirche. Am Ortsende kommen Sie am erwähnten **Campingplatz** mit **Gaststätte** vorbei. Bald danach überqueren Sie die thüringisch-hessische Landesgrenze und folgen noch ein Stück der Autostraße. Dann zweigt rechts ein Asphaltweg ab, dem Sie folgen. Er führt bis kurz vor die Werra und biegt dann nach links ab. Bei einer Ruhebank folgen Sie nicht mehr dem Asphaltweg mit diversen Radrouten, sondern folgen einem links abzweigenden Feldweg, der Sie an den Rand von Allendorf bringt. Dort in bisheriger Richtung bergab, bis Sie wieder auf die Wahlhauser Straße treffen. Auf ihr kurz nach rechts zu einer Kreuzung, die Sie geradeaus überqueren und ihr dann in bisheriger Richtung zum Rand der Altstadt weiter folgen. Dort ohne Richtungsänderung auf der Kirchstraße zum **Marktplatz** des Stadtteils **Allendorf,** der mit seinen vielen Fachwerkbauten mittelalterliches Flair ausstrahlt.

Bad Sooden-Allendorf

Der Kurort wird nicht zu Unrecht als »Perle des Werratals« bezeichnet. Im westlich der Werra gelegenen Stadtteil *Bad Sooden* findet der Besucher alle notwenigen Kureinrichtungen und die Werratal-Therme, während das auf der Ostseite liegende *Allendorf* eine wahrhaftige Fachwerkschatztruhe ist. Umgeben von herrlichen Waldbergen mit unzähligen markierten Wanderwegen, aber auch einem großem Radwegenetz und den Freizeitangeboten in Bad Sooden-Allendorf selbst bietet die Kurstadt sehr viel.

Kostenlose Stadtführungen ab Marktplatz Allendorf, Fr um 14 Uhr.

Die beschriebene Wanderroute führt nur durch **Allendorf.** Stadteinwärts kommen Sie an der *Hospitalkapelle* mit wertvollen Fresken aus dem 14. Jahrhundert vorbei. Zentrum von Allendorf ist der historische **Marktplatz.** Dort steht u.a. das alte *Rathaus* von 1637 mit einem Glockenspiel. Die Altstadt war ursprünglich von einer bis zu 5 m hohen Mauer mit Wehrgang, 3 Stadttoren und 7 Türmen geschützt. Heute erinnert daran noch der *Diebesturm* mit Resten der Stadtmauer, der bei Besteigung eine weite Rundsicht bietet. Ein besonderes malerisches Viertel ist **Fischerstad,** der Wohnbe-

Weithin bekannt: Das Glockenspiel von Allendorfs Rathausturm

© pixelio, Foto: H. La.

reich der früheren Werrafischer. Im Süden der Altstadt liegt außerdem die weithin sichtbare evangelische *St.-Crucis-Kirche* mit einem gotischen Hauptgebäude aus dem 14. Jahrhundert und Resten einer romanischen Südmauer. Der trutzige Turm mit Holzaufsatz und Galerie entstand erst nach dem Stadtbrand und ist noch heute das markante Wahrzeichen Allendorfs.

Weithin bekannt ist das alljährlich um das dritte Wochenende im August stattfindende **Erntedank- und Heimatfest** der Doppelgemeinde.

M **Salzmuseum im Söder Tor,** Am Tor 1, Bad Sooden. T 05652/958716 und 05652/4107. www.salzmuseum.heimatkunde-bsa.de, verein@heimatkunde-bsa.de. Mi, Sa, So, Fei 14 – 17 Uhr, Okt – März Mi geschlossen, Führungen n.Vb. 1 €, Kinder bis 16 Jahre 0,50 €.

Werratal-Therme, Am Gradierwerk 2a, T 05652/9587-70. www.werrataltherme.com, info@werrataltherme.com Täglich 9.30 – 22.30, Fr 9.30 – 24 Uhr. Mi 17.30 – 22.30 Uhr Damensauna. Bad: 2 Std 7,70, Tageskarte 12,60 €, Kinder 3 – 14 Jahre 2 Std 4, Tageskarte 7 €. Bad & Sauna ab 11,50, Kinder 10 €.

In Allendorf, 37242 Bad Sooden-Allendorf

Zur Krone, Kirchstraße 76, T 05652/2257, Fax 917930, viktor1950@aol.com. Pension mit 1 EZ à 33 €, 2 DZ à 27 €.

Deutsches Haus, Ackerstraße 56, T 05652/2481, Fax 918164. www.Deutsches-Haus-BSA.de, Deutsches-Haus-bsa@web.de. Pension mit 1 EZ, 3 DZ, 25 €.

Gästehaus Hohmann, Ringstraße 14, T 05652/6570, 1 EZ, 3 DZ, 19 €.

Tourist-Information Bad Sooden-Allendorf, Landgraf-Philipp-Platz 1 – 2, T 05652/9587-20, Fax 9587-13. www.bad-sooden-allendorf.de, info@bad-sooden-allendorf.de.

Nach Bad Sooden und zum Bahnhof

Wer Zeit für einen Abstecher nach **Bad Sooden** hat, findet auch dort etliche Fachwerkhäuser, vor allen Dingen aber alle Kureinrichtungen und die meisten Unterkünfte. Wahrzeichen dieses Stadtteils ist das **Söder Tor,** 1704 erbaut und mit einer historischen Sonnenuhr versehen. Heute befindet sich hier das M *Salzmuseum.* Im Gradierwerk rieselt heilsame Sole über Schwarzdorn, Badespaß und Wellness bietet die **Werratal-Therme.**

Nach Bad Sooden oder zum **Bahnhof** kommen Sie vom Marktplatz durch die Kirchstraße Richtung Süden, folgen dann der rechts abzweigenden

Bahnhofstraße über die Werra, auf einem Fußweg unter der B27 durch, dann geradeaus nach Bad Sooden oder links zum Bahnhof und ZOB von Bad Sooden-Allendorf, in dessen unmittelbarer Nähe auch Supermärkte liegen.

Außerhalb von Allendorf liegt an der Grenze zu Thüringen das M **Grenzmuseum Schifflersgrund,** wo Sie viel über die frühere Teilung Deutschlands erfahren.

M **Grenzmuseum Schifflersgrund,** 37318 Asbach/Sickenberg, T 036087/98409. www.grenzmuseum.de. 4 €, Führung 25 €. Nov – Feb Mo – Fr 10 – 16, Sa – So 11 – 16 Uhr, März – Okt Mo – So 10 – 17 Uhr.

Von Allendorf nach Eschwege

Bad Sooden-Allendorf (160 m) → Schloss Rothestein (302 m) 3,5 km → Hörne (520 m) 6,5 km → Schöne Aussicht (520 m) 9 km → Schutzhütte Am Sägewerk (490 m) 11 km → Abzw. Hitzelrode (473 m) 12,5 km → Willi-Schein-Hütte (483 m) 14,5 km → Neuerode (330 m) 16,5 km → Eschwege (168 m) 21,5 km.

2. Tag

Gehzeit: 6 Std.
Schwierigkeitsgrad: Anstrengende Tour mit einem Anstieg rund 400 Hm, Trittsicherheit im Bereich der Hessischen Schweiz unabdingbar, ggf. auf Variante ausweichen!
Höchster Punkt: Hohestein, 569 m.
Markierungen: X5, (23/24/26 und P4 bei Schlechtwetter-Variante).
Ausgangspunkt: Marktplatz in Allendorf.
Einkehr: Burg Rothestein, in Hitzelrode.
GPS Eschwege: N 51°11'09" O 10°03'25"

Über Schloss Rothestein zur Hörne (6,5 km)

Sie starten am **Marktplatz von Allendorf** und folgen der Kirchstraße bis zur St.-Crucis-Kirche. Dort links auf der Steinstraße zum Steintor und durch dieses nach rechts zu einer Straßenkreuzung, dann auf der Rothesteinstraße weiter, über die Ringstraße (an der das **Gästehaus Hohmann** liegt), und vorbei an einem Altenwohnheim zum Stadtrand, dort liegt das **Lokal Wilhelmshöhe.**

Immer auf der **Markierung X5** Richtung Schloss Rothestein, das umschlossen von Wald am Berghang thront. Am Fuß des Bergkamms gabelt sich der Weg. Dort liegt auch die ehemalige Schlossgärtnerei. Wenig später links auf einem Fußweg vom Fahrweg ab und im Wald teilweise steil auf der Werraseite des Bergkamms aufwärts. Dann treffen Sie wieder auf den Fahrweg und erreichen gleich danach die Schlosszufahrt.

Gaststätte Wilhelmshöhe, Rothesteinstraße 50. T 05652/2525 und 2481. Mo, Mi – Sa 14 – 20. So, Fei 10 – 20 Uhr.

Schlossschänke Schloss Rothestein, T 05652/2057. www.schloss-rothestein.com, pelikan@hotel-werratal.de. Mi – So 14 – 19 Uhr, geschlossen Neujahr bis Anfang März.

Schloss Rothestein steht auf einem roten Sandsteinfelsen und wurde 1891 – 1997 im Stil der englischen Neo-Gotik errichtet; 1911 kam noch ein Anbau hinzu. In der Folgezeit wechselten die Besitzer mehrfach, und das Schloss verfiel. Unter den heutigen Eigentümern begannen 1995 Sanierungsmaßnahmen.

Vom Schloss Rothestein auf einem Forstweg weiter bergan. Dann rechts auf einem Fußweg aufwärts. Wir berühren mehrfach Wege mit der Markierung 26, bleiben aber immer auf dem mit **X5** markierten Weg, der hier wieder etwas breiter wird. Dann kommen Sie zu einer neuen Gabelung. Nun zusammen mit anderen Markierungen auf breitem Weg in einem Linksbogen weiter wandern. Schließlich links wieder auf Waldweg ab und weiter aufwärts. Dann erreichen Sie die nächste Gabelung. Geradeaus geht es von hier mit den **Markierungen 23/24** und **P4** Richtung Hitzelrode, die Variante bei Schlechtwetter und für nicht trittsichere Wanderer! Links weiter bergan auf dem **Premium-Wanderweg 4,** der größtenteils identisch mit dem **Werra-Burgen-Steig X5** durch das *NSG Hessische Schweiz* führt. Ein Linksbogen führt unterhalb des Kamms hinauf zur **Hörnespitze** mit Schutzhütte auf 523 m Höhe. Von hier oben haben Sie eine atemberaubende Aussicht, u.a. Richtung Meißner. Der folgende Weg Richtung Schöne Aussicht erfordert absolute Trittsicherheit und Schwindelfreiheit! Bei Schlechtwetter und Nässe wird von einer Begehung abgeraten!

Naturschutzgebiete in Hessen, Band 3, Werra-Meißner-Kreis und Kreis Hersfeld-Rotenburg, Nitsche/Schmidt, 2005, Cognitio Verlag, 14,90 €.

Durch das Naturschutzgebiet Hessische Schweiz zur Schönen Aussicht (9 km)

Auch wenn die *Gobert,* ein Muschelkalkausläufer des Eichsfeldes ihren höchsten Punkt bei lediglich 569 m hat, wirkt die Gegend ausgesprochen alpin, denn die **Hessische Schweiz,** ein 245 ha großes NSG, ist eine der größten Bergsturzgebiete Deutschlands. Die Berglandschaft an der hessisch-thüringischen Grenze bietet viel Abwechslung und umschließt den tief unten liegenden Ort **Hitzelrode.** Die Abgeschiedenheit und die kargen Böden haben dazu geführt, dass sich hier eine weitgehend intakte Natur erhalten konnte. Vor allen Dingen mangelt es nicht an herrlichen Aussichtspunkten an den steilen Felshängen mit fantastischen Fernblicken. Von der **Hörnespitze** ostwärts auf dem gratartig verengten Kamm zu einem Sattel, die *Hörnelücke,* dann unterhalb des Grates bzw. der Felswände auf schmalem Pfad südwärts aus dem Talkessel per Linksbogen heraus zur Hohen Bahn. Nordwärts zu einer schönen waldgesäumten Wiese des Hohesteins. Hier ist ein kurzer Abstecher zum **Aussichtspunkt Hohestein** möglich. Per Rechtskurve unweit des Steilabfalls weiter. In Kürze erreicht man dann eine **Schutzhütte** und den Aussichtspunkt **Schöne Aussicht** direkt an der Felskante. Von beiden Aussichtsstellen geht der Blick nordwärts über das Schloss Rothestein zum Werratal mit Bad Sooden-Allendorf.

Schönwetter-Variante nach Hitzelrode (12,5 km)

Von der **Schutzhütte** folgen Sie weiterhin der **Markierung X5,** die im Wald mehrere Schlenker macht, dann links abbiegt, ein Stück geradeaus führt, bis von links der Premium-Wanderweg 4 wieder dazu stößt. In etlichen Kurven im Wald weiter zu einem Teerweg, der von Hitzelrode heraufkommt. Hier lohnt der kurze Abstecher nach links zur **Schutzhütte Am Sägewerk** direkt an der heutigen Landesgrenze. Hier ist der alte Grenzstreifen besonders breit. Reste des alten, hohen Metallzauns sind dort erhalten und erinnern zusammen mit einem Gedenkstein an die Zeit vor dem Mauerfall 1989. Zurück zum Weg **X5,** der nun

Machen Sie doch einen Abstecher nach Hitzelrode. Im dortigen Naturhotel können Sie einkehren und umfangreiche Wellness-Angebote nutzen.

© Annette Sievers

Trügerisch appetitlich: Fliegenpilze kann man nur einmal essen

südwärts zunächst der Landesgrenze folgt und immer oben am Steilabfall des südlichen Gobert-Ausläufers entlangführt. Dabei verläuft der Weg eben oder im leichten Auf und Ab und berührt etliche einzigartige Aussichtspunkte, die insbesondere Tiefblicke auf Hitzelrode bieten, aber auch auf den steil abfallenden Kamm des Gobert-Massivs. Vorbei am Industriedenkmal Kalkbrennofen kommen Sie schließlich zum **Aussichtspunkt Wolfstisch.** Kurz danach erreichen Sie eine **Abzweigung nach Hitzelrode.** Der dort rechts abzweigende schmale Bergweg führt steil in den Ort hinab. Auch kommt diesen Weg die Schlechtwetter-Variante herauf!

Schlechtwetter-Variante nach Hitzelrode (9 km)

Diese Variante ist bei nasser Witterung und für nicht so trittsichere Wanderer zu empfehlen. Von der Gabelung unterhalb der Hörnespitze folgen Sie den **Markierungen 23/24/26** bzw. **P4** Richtung Hitzelrode. Zunächst als Pfad geht's in einem Rechtsbogen durch den Wald talwärts. Dann zweigt nach rechts die Markierung 23 ab, Sie folgen aber weiterhin den anderen Markierungen und erreichen den Waldrand, wo bei einem oberhalb gelegenen Haus ein Weg von der Hohen Bahn herabkommt. Am Waldrand weiter, nochmals durch ein Waldstück, dort per Rechts-Links-Kurve Richtung Ortsrand von **Hitzelrode.** Dort links aufwärts zum Forsthaus, dann rechts am Wasserbehälter vorbei und durch die Wohnstraßen Auf dem Oberen Petershof und Auf dem Gänseland zur Straße Auf dem Sperlingsberg. Kurz rechts, dann links über Stufen die Böschung hinab Richtung Kirche zum Gobertring mit Parkplatz und Infotafel vor dem Bürgerhaus.

Vom Gobertring verkehrt auch zeitweise ein Bus der Linie 235 nach Eschwege. Von der reno-

Naturhotel Hessische Schweiz, Auf dem Gänseland 2, 37276 Meinhard-Hitzelrode, T 05651/5711, Fax 3390110. www.naturhotel.de, naturhotel@aol.com. EZ mit VP 47 €, DZ mit VP 22,50 €. Restaurant Tagesmenü mit Vorspeise, Salat, Hauptgang und Dessert 11 – 12 €, ca. 12 – 17 Uhr, am besten 2 Std vorher anmelden!

vierten Dorfkirche von 1855 mit älterem Turm führt dann ein Weg in den Wald und steigt anstrengend hinauf zum beschriebenen Hauptweg, der zwischen den **Aussichtspunkten Wolfstisch** und **Pferdeloch** erreicht wird.

Diese Variante erspart gegenüber dem Hauptweg 3,5 km.

Über die Willi-Schein-Hütte nach Neuerode (14,5 km)

Von der Gabelung am Werra-Burgen-Weg oberhalb von Hitzelrode erreicht man in Kürze südwärts die **Aussichtspunkte Pferdeloch** und wenig später **Salzfrau.** Weiter in bisheriger Richtung durch den Wald, bis von rechts ein Weg einmündet, der ebenfalls von Hitzelrode heraufkommt. Gleich danach verlassen Sie das NSG Hessische Schweiz und erreichen eine Wegkreuzung mit der Schutzhütte Gobert. Hier rechts zunächst auf Fahrweg, dann ab nächster Kreuzung auf dem Millionenweg entlang dem Felsabbruch zur **Willi-Schein-Hütte.** Von hier bietet sich nochmals ein fantastischer Blick hinab ins Tal und auf die Berge und Felsabstürze der Hessischen Schweiz.

Sie folgen weiter dem **Millionenweg** und treffen schließlich wieder auf einen Wirtschaftsweg, dem Sie nach rechts folgen. Auf ihm gelangen Sie zum Parkplatz Alter Steinbruch mit der **Rudi-Kaulfuß-Hütte.** Vom Parkplatz rechts am Waldrand weiter und auf der Straße Am Meinhard zum oberen Ortsrand. Hier links auf der Straße Hinter den Höfen hinab zum Steinweg (L3424) im Zentrum von **Neuerode.** Der Ort wurde 980 erstmals erwähnt. Zu den Sehenswürdigkeiten zählen die Dorfkirche von 1345 mit einzigartiger Turmkonstruktion, mehrere denkmalgeschützte Fachwerkhäuser, darunter die Alte Meierei und der Dorfanger.

In Neuerode verlassen Sie die Markierung X5 und folgen von der Einmündung der Straße Hinter den Höfen links dem **Steinweg** (L3424), der sich ab der Busstation (Linie 235) als **Grebendorfer**

Straße fortsetzt. Nach dem Ortsende rechts auf einem schmalen Weg entlang einem Zaun abbiegen und in den Wald hinein gehen. Dort unmarkiert stärker bergab, dann am Waldrand entlang und per Rechtsbogen zu einer Gabelung. Hier links weiter und auf dem Feldweg in südlicher Richtung weiter, wobei linker Hand der Blick auf Grebendorf fällt, der Hauptort der Gemeinde Meinhard. Schließlich erreichen Sie die **Jestädter Straße** (K3) und folgen dieser kurz nach rechts, bis bei einer Tennisanlage links ein Fahrweg abzweigt.

Von dort südwärts auf Feldweg über den Landwehrgraben in das Gebiet der unzähligen kleinen Werratalseen. Sie kreuzen einen Asphaltweg, laufen geradeaus weiter, zwischen den Seen durch und kommen zu einer weiteren Kreuzung, wo von links der **Werra-Burgen-Steig X5** wieder auf Ihre Route trifft. Weiter in bisheriger Richtung durch das Seengebiet zu einem Querweg. Hier links, bald unter der stillgelegten Eisenbahnstrecke und der B249 hindurch und per Rechtskurve weiter. Der Eschenweg mündet schließlich in eine Autostraße, der Sie nach rechts folgen. Auf der Brückenstraße kommen Sie über die beiden Werraarme und erreichen bei der zweiten Brücke den Rand von Eschweges Innenstadt. Geradeaus in die Fußgängerzone Stad und ins Zentrum von Eschwege.

Zum Etappenziel Eschwege (21,5 km)

Die Stadt liegt in einer weitläufigen Flurniederung der *Werra,* ist Sitz des Werra-Meißner-Kreises und wurde 974 in einer Urkunde erstmals genannt, dürfte jedoch wesentlich älter sein. Schon in früherer Zeit ein wichtiger Handelsplatz, war Eschwege lange Zeit eine blühende Stadt, litt aber nach dem Zweiten Weltkrieg durch den Verlust des Hinterlandes in unmittelbarer Nähe der innerdeutschen Grenze. Noch heute lädt die Innenstadt mit

Über 7 Brücken musst du gehen – nach Eschwege zumindest über diese eine, die Seufzerbrücke

mehr als 1000 Fachwerkbauten, Türmen, verwinkelten Gassen und romantischen Plätzen zu einer Reise in die Vergangenheit ein. Symbolfigur der Stadt ist der *Dietemann,* Teil der Kunstuhr, die in der Dachlaterne des turmartigen Anbaus vom **Schloss** integriert ist. Das Wahrzeichen Eschweges bläst noch heute täglich zu jeder vollen Stunde vom Schlossturm. Eine umfassende Aussicht über die Stadt und ihre Umgebung genießt man vom **Bismarckturm,** der auf dem 319 m hohen *Leuchtberg* östlich des Stadtzentrums steht. In der **Altstadt** dagegen liegt der *Nikolaiturm,* ursprünglich der Kirchturm der früheren St.-Godehardi-Kirche. Der *Dünzebacher Torturm* ist der letzte Überrest der turmreichen mittelalterlichen Stadtbefestigung. Ältestes Bauwerk der Stadt ist der *Schwarze Turm* aus dem 12. Jahrhundert auf dem *Cyriakusberg.*

Ein Relikt alter Zeit ist in der Altstadt das **Hochzeitshaus** von 1578, ein zweigeschossiger stattlicher Bau um einen quadratischen Innenhof. Es

Stadtführungen durch die Altstadt von Eschwege, Mai – Sep jeden Di und So 10 Uhr ab Tourist-Information, Dauer 1,5 – 2 Std. Preise unterschiedlich nach Thema, ab 7,80 €, Anmeldung unbedingt erforderlich unter 05651/ 331985.

diente als Hochzeitshaus, als Standort der Gilden und Zünfte und war zeitweise auch Rathaus. Ein besonders schönes geschlossenes Bild alter Fachwerkkunst bietet der **Marktplatz,** über den mehrmals täglich ein Glockenspiel erschallt. An seiner Schmalseite liegt das *Alte Rathaus,* ein Fachwerkbau von 1660. Zu den profanen Bauwerken gehört schließlich das dreiflügelige *Renaissance-Schloss,* das auf eine Burg von 1385 zurückgeht und heute Sitz der Kreisverwaltung ist.

Praktische Infos für 37269 Eschwege

Altstadtgasthof Zur Krone, Stad 9, T 05651/ 30066, Fax 6252. www.altstadtgasthof-krone.de, info@altstadtgasthof-krone.de. 27 Betten, EZ 46 €, DZ 34 €.

Deutsches Haus, Schlossplatz 7 (am Weg zum Bahnhof), T 05651/31180, Fax 32892. www.hotel-deutscheshaus-eschwege.de, deutscheshausesw@ aol.com. 2 EZ à 36 €, 7 DZ à 27,50, 2 MBZ à 25 €.

Hotel garni Luisenhof, Luisenstraße 2, T 05651/ 5107, Fax 50321, 8 Betten, EZ 32 €, DZ 30 €.

Jugendherberge Eschwege, Fritz-Neunroth-Weg 1 (östlich des Zentrums), T 05651/60099. www.djh-hessen.de, eschwege@djh-hessen.de. 182 Betten, 20 €.

Knaus Campingpark Eschwege, Am Werratalsee 2 (nordöstlich der Innenstadt, Zufahrt über Postweg), T 05651/338883, Fax 338884. www.knauscamp.de, info@knauscamp.de. Betriebspause Mitte Nov – Dez.

Tourist-Information, Hospitalplatz 16, T 05651/ 331985, Fax 50291. www.werratal-tourismus.de, tourist-info@werratal-tourismus.de. Mai – Sep Mo – Fr 9 – 18 und Sa 10 – 13, Okt – April Mo – Fr 9 – 16.30 Uhr.

Zum Bahnhof: Nach Überquerung der Werra rechts durch die Straße Am Mühlgraben zum Schlossplatz, dort rechts in die Bahnhofstraße bzw. Am Bahnhof zum Stadtbahnhof, gleichzeitig ZOB und Abfahrtstelle der verschiedenen Stadtbusse.

Vom Fach: Auch in Eschwege haben die Zimmerleute ganze Arbeit geleistet

Von Eschwege nach Wanfried

Eschwege (168 m) → Vogelsburg (221 m) 4 km → Blaue Kuppe (302 m) 5,5 km → Lotzenkopf (466 m) 9 km → L3300 (273 m) 12,5 km → Auerblick (355 m) 16 km → Wanfried (185 m) 20 km.

3. Tag

Gehzeit: 5 ½ Std.

Schwierigkeitsgrad: Mittelschwere Wanderung mit langen Waldstrecken ohne technische Schwierigkeiten.

Höchster Punkt: Lotzenkopf, 466 m.

Markierungen: X5, P3, 24 und 24a.

Ausgangspunkt: Altstadt von Eschwege.

Einkehr: Im Wirtshaus im Schlierbach (bei kleinem Abstecher).

GPS Wanfried:
N 51°10'95"
O 010°10'24"

Über die Domäne Vogelsburg zur Blauen Kuppe (5,5 km)

Vom Ende der Fußgängerzone bzw. der Marktstraße folgen Sie der gekrümmten Straße Am Brauhaus. An ihrem Ende bei einem Parkplatz nach rechts und über die Humboldtstraße in die gegenüberliegende Goldbachstraße, wo Sie auf den **Premium-Wanderweg 3** treffen, bis zum Friedrich-Ebert-Platz, in den auch die Luisenstraße einmündet, an der das genannte Hotel liegt. Weiter auf der **Goldbachstraße,** bis links der Schwalbenpfad abzweigt. Auf dieser Wohnstraße nur wenige Meter, dann zweigt links ein breiter Sandweg in den Wald und Goldbachgraben ab. Bei der folgenden Gabelung rechts und in weitem Linksbogen durch Wiesengelände zu einem Neubaugebiet gehen. An Häusern entlang zur Andreas-Höhe. Diese Straße überqueren, und gegenüber geht es auf einem Wirtschaftsweg weiter. Wenig später links, dann rechts auf einen sandigen Feldweg abbiegen. Dieser schlängelt sich durch die weite Flur und erreicht schließlich eine Kreuzung. Hier auf dem Asphaltsträßchen rechts weiter und per Links-Rechts-Kurve zur **Domäne Vogelsburg.**

Von der Domäne geht es in einer Linkskurve weiter mit Sicht auf die Blaue Kuppe. Bald nach einem Schlenker von einer Kreuzung unweit der Autostraße rechts auf einem Wiesenweg etwas stärker bergan zum Parkplatz und **Wanderrastplatz Blaue Kuppe.** Diese ist ein erkalteter Vulkanschlot inmitten eines Buntsandsteingebietes, wurde früher als Steinbruch genutzt und steht aber heute unter Naturschutz. Der lohnenswerte

Abstecher vom Parkplatz ist bietet eine herrliche Aussicht, außerdem erwarten Sie eindrucksvolle Gesteinstürme.

Über den Lotzenkopf zum Wirtshaus im Schlierbach (12,5 km)

Vom Parkplatz auf der Ostseite der Blauen Kuppe auf einem Fußweg weiter. Bei einer Gabelung links und kurz durch lichten Wald. Dann treffen Sie auf einen Asphalt-Querweg, dem Sie kurz nach links folgen, dann rechts auf einem Feldweg wieder von diesem abbiegen. In einer Senke treffen Sie danach auf einen Wiesen-Querweg, dem Sie links zur Autostraße folgen. Geradeaus über die L3424 und bei der nächsten Kreuzung rechts weiter. Bei der folgenden Gabelung links zum Waldrand. Dort über einen Querweg und geradeaus im Wald stärker bergan. Nach einer Rechtskurve treffen Sie auf einen breiten Forstweg, dem Sie nach links folgen. Bei einer Gabelung halten Sie sich rechts und treffen dann auf den **Weg X5,** der ebenfalls von Eschwege kommt. Hier rechts vom Fahrweg ab und in Serpentinen hinauf zum **Lotzenkopf** (466m). Vom dortigen Rastplatz haben Sie nur eine eingeschränkte Aussicht ins Tal.

Vom Gipfel auf dem Kamm kurz nach links, dann erneut links steil abwärts zu einem Forstweg, auf diesem nur kurz nach rechts, dann mit den **Markierungen P3** und **24** wieder vom Forstweg ab. Auf langer Strecke entlang einem Kamm, mal auf, mal ab, über kleinere Kuppen immer geradeaus, in der Tiefe rechts vom Rosental begleitet, bis P3 auf einen Forstweg trifft. Hier links hinab zur L3300. Auf dieser kommt man rechts in Kürze zum **Wirtshaus im Schlierbach.**

Wirtshaus im Schlierbach, Forsthaus Schlierbach 1, 37269 Eschwege-Schlierbachwald, T 05651/331233, Fax 331499. www.wirtshaus-im-schlierbach.de, schlierbach1@aol.com. Mi, Fr, So und Fei 11.30 – 14 Uhr, von 18 – 20 Uhr nach Anmeldung. Di und Do für Gruppen bei Voranmeldung.

Zum Tagesziel Wanfried (20 km)

Gegenüber der Autostraße folgen Sie der **Markierung 24/24a** Richtung Wanfried, wobei Sie gleich

© pmv, Foto: M. Schnelle

wieder ansteigen müssen. Bei der folgenden Kreuzung halbrechts, bei der nächsten Kreuzung links und in einer Rechtskurve im Hang unterhalb des Bonzeberges weiter. Dann biegt der Weg nach links ab, bei der folgenden Gabelung geradeaus halten. Danach zweigt die **Markierung 24** links vom Fahrweg ab und führt als breiter Waldweg über den Hohen Rain zum **Auerblick.** Dort laden eine Schutzhütte und eine Rastbank zur Pause ein, um die herrliche Aussicht über den Ort Aue und ins Werratal zu genießen.

Schau nicht zurück: Wenn's aber doch so schön ist?

Vom Auerblick folgen Sie weiterhin der **Markierung 24/24a** im Wald bergab, teils als Fußweg oder auch als Graspfad. Die Markierung teilt sich dann, 24a folgt dem breiten Forstweg, während Sie auf der **24,** einem Waldweg, absteigen. Der Forstweg wird noch einmal berührt, bevor Sie durch einsamen Wald zu einer Wegspinne im Schlierbachwald kommen. Auch hier weiter auf einem Fußweg abwärts, über eine Forststraße und zuletzt auf einer Treppe steil hinab zur Völkershäuser Straße (L3244). Kurz auf dieser nach links, dann rechts auf der L3246 über die Werra. In einer Rechts-Links-Kurve in den Ort **Wanfried** hinein. Dann rechts auf der Kirchstraße ab, wo gegenüber der Kirche das *Harmes'sche Handelshaus* von 1673 Aufmerksamkeit erregt. Per Linkskurve auf dem Steinweg zur Marktstraße. Gegenüber, in der Bahnhofstraße, finden Sie die Bushaltestelle (u.a. Linie 200), rechts dagegen die beiden aufgeführten Hotels.

M **Heimatmuseum Wanfried und Dokumentationszentrum zur deutschen Nachkriegsgeschichte,** Marktstraße 2, 37281 Wanfried, T 05655/1067, Fax 1312, Sa 15 – 17, So 10 – 12 Uhr sowie nach Absprache möglich. Kein Eintritt, Spende willkommen.

Wanfried

Wanfried ist eine Kleinstadt an der Werra, die bereits 813 urkundlich erwähnt wurde. 1608 wurde ihr das Stadtrecht verliehen, denn als Endpunkt der Werra-Schifffahrt war Wanfried ein bedeutendes Handelszentrum. Im 19. Jahrhundert verblühte der Reichtum. Überlebt haben den ehemaligen Glanz der Stadt allerdings die zahlreichen Fachwerkhäuser und andere sehenswerte Gebäude im Stadtkern, unter anderem das schon erwähnte *Harmes'sche Handelshaus,* das *Rathaus* (Mitte 17. Jahrhundert), das M **Keudell'sche Schloss** mit **Heimatmuseum,** die *Wanfrieder Schlagd* (ehemalige Hafenanlage) und das Gebäude vom **Hotel Schwan.** Eine geologische Besonderheit in der Umgebung ist die *Plessewand,* die durch einen riesigen Felssturz 1640 entstanden ist, und der *Wasserfall im Elfengrund.* Auch bei Radfahrern und Paddlern ist Wanfried ein beliebtes Ziel.

Was genau ist hier anders? Die Fachwerke in Wanfried sind rot gestrichen

© pixelio, Foto: Dirk Schmidt

In 37281 Wanfried:

Wanfrieder Hof, Marktstraße 21, T 05655/339, Fax 8507. www.wanfrieder-hof.de, kontakt@wanfrieder-hof.de. 35 Betten, EZ 38 €, DZ 32,50 €.

Zum Schwan, Marktstraße 20 – 22, T 05655/92490-0, Fax 92490-20. www.zumschwan-wanfried.de, info@zumschwan-wanfried.de. 12 Betten, EZ 45 €, DZ 34,50 €.

AUF DEM URWALDSTEIG UM DEN EDERSEE

AUF DEM URWALDSTEIG UM DEN EDERSEE

Die Region rund um den Edersee ist ein beliebtes Erholungsgebiet mit zahlreichen Urlaubs- und Freizeitmöglichkeiten, das viel von Niederländern bereist wird. Ist der Edersee selbst ein Bade- und Wassersportparadies, so finden andererseits Wanderer Oasen der Stille in den umliegenden ausgedehnten Wäldern und an seinen verträumten Seebuchten.

Persönlich lernte ich den Edersee schon in meiner Kindheit kennen, denn damals machte mein Vater zum Entsetzen meiner Mutter eine ärztlich verordnete Bierkur in Bad Wildungen. Später lebte mein Vater dann viele Jahre unweit des Edersees, sodass ich bei Besuchen auch immer wieder Wandertouren in dieser Region unternahm.

Der Edersee zählt mit 11,8 qkm und einem Stauraum von aktuell 199,8 Mio zu den größeren deutschen Stauseen und wird in erster Linie für die Wasserbereitstellung für die Bundeswasserstraßen Oberweser und Mittellandkanal gebaut, aber auch zur Erzeugung von Strom wird er genutzt. Sein Wasserstand variiert im Jahresverlauf erheblich. Hochwasser hat der See nach den Niederschlägen des Winters zwischen März und Juli, im Spätsommer und Herbst dagegen sind Teile des Sees ausgetrocknet und auf dem Seeboden entwickelt sich ein grüner Teppich aus Sumpfgräsern. Bei Hochwasser liegt die Aseler Brücke unter dem Wasserspiegel, und es verkehrt dann eine Fähre zwischen Asel und Asel-Süd.

Der Edersee liegt vollkommen im Naturpark Kellerwald-Edersee, grenzt im Süden an den gleichnamigen Nationalpark und wird überragt vom Schloss Waldeck. Seit 2005 führt der Urwaldsteig rund um den See, verläuft dabei durch die Trockeneichenwälder am Nordufer und durch den Nationalpark südlich des Stausees. Der Weg ist deshalb besonders reizvoll, weil auf den Wanderer urwüchsige Natur wartet. Die Wälder im Nationalpark, durch die der Steig verläuft, werden nicht

Daten der Edertalsperre:
Bauzeit: 1908 – 1914
Höhe der Staumauerkrone: 248 m
Länge der Staumauer: 400 m
Kronenbreite: 6 m
Basisbreite: 36 m
Stauzielhöhe: 245 m
Stauseelänge: 28,5 km
Max. Gesamtstauraum: 225 Mio kbm
Rekordniedrigwasserstand: Dez 1959
9,1 Mio kbm

Erlebnis Edersee von Andreas Hermann, Historisches und Modernes mit zahlreichen Farbfotos in einem Großformatbuch, 64 Seiten, Wartberg Verlag, 17,90 €.

Lauschig: Urwaldsteig zwischen Waldeck und Nieder-Werbe

Nationalpark Kellerwald-Edersee, Laustraße 8, 34537 Bad Wildungen. T 05621/ 75249-0. www.nationalpark-kellerwald-edersee.de, info@nationalpark-kellerwald-edersee.de.

mehr forstwirtschaftlich genutzt, und so gehören umgekippte Bäume und herab gefallene Äste, die nicht beiseite geräumt werden, dazu. Immer wieder bieten sich zudem einmalige Aussichten auf den See selbst.

Die erste Tagesetappe ist wegen der Anreise mit Bahn und Bus kurz gehalten, die zweite dagegen erheblich länger. Wer jedoch die Möglichkeit

Die Wanderung in Kürze

4 Tage | 74,5 km | 1500 Hm Anstieg

Schwierigkeitsgrad: Der Urwaldsteig verläuft überwiegend auf schmalen Pfaden, die durch die Steilhänge um den See führen und absolute Trittsicherheit und gutes Schuhwerk erfordern.

Start und Ziel: Waldeck, Bushaltestelle Mitte (NVV-Bus 510). Dort, nämlich direkt am Marktplatz, auch Einkaufsmöglichkeit in einem Supermarkt.

1. Tag: Waldeck – Scheid 13,5 km

2. Tag: Scheid – Schmittlotheim 27 km

3. Tag: Schmittlotheim – Bringhausen 14,5 km

4. Tag: Bringhausen – Waldeck 19,5 km

An- und Rückfahrt: Entweder nach Korbach mit RE Kassel – Wolfhagen – Korbach bzw. Uplandbahn Korbach – Willingen – Brilon Wald oder nach Bad Wildungen mit NVV-Bus 500 und 520. Zwischen Bad Wildungen-Bergseilbahn und Korbach ZOB verkehrt täglich NVV-Bus 510, auch AST möglich. Die Ederberglandbahn (R42) fährt Mai – Okt So und Fei im 2-Std-Takt von Marburg (Lahn) nach Vöhl-Herzhausen Bhf. Von dort Bus 556 nach Waldeck.

ÖPNV unterwegs: Wer zwischendurch unterbrechen möchte, kann mit den Buslinien und dem AST-Verkehr täglich Waldeck oder die größeren Städte erreichen. So verbindet Bus 521 Bringhausen und Bad Wildungen, mit Bus 555 von Schmittlotheim nach Korbach oder Frankenberg. AST 583.1 ergänzt den NVV-Busverkehr zwischen Bringhausen und Bad Wildungen, AST 585.1 verbindet Schmittlotheim und Waldeck sowie die Linie 585.2 Scheid mit Sachsenhausen (dort Anschluss an Bus 510), und dies täglich!

Unterkunft: In Waldeck, Niederwerbe, Scheid, Asel, Schmittlotheim und Bringhausen.

Beste Jahreszeit: Frühjahr bis Herbst. Bei Regen oder Schnee sowie bei starkem Wind sollten Sie den Urwaldsteig auf keinen Fall begehen.

hat, in Waldeck bereits früh zu starten, kann auch in Asel übernachten und hat dann über zwei Tage eine bessere Verteilung der Tageskilometer.

Start in Waldeck

Die Kleinstadt liegt oberhalb vom Edersee und wurde erstmalig 1120 urkundlich erwähnt. Zu ihr gehören heute zehn Stadtteile, und als staatlich anerkannter Luftkurort bietet Waldeck vielfältige Freizeitmöglichkeiten und Unterkünfte. Sehenswert ist neben einigen alten Fachwerkhäusern, u.a. in der Schulstraße, natürlich das Wahrzeichen der Stadt, die Burg. Zur Stadt gehören heute 10 Stadtteile, und der Luftkurort bietet vielfältige Freizeitmöglichkeiten und Unterkünfte.

Die mächtige **Burg** am Rand der Kleinstadt liegt rund 200 m oberhalb des Edersees und ist das Wahrzeichen der gesamten Region. Sie war einst Residenz der *Grafen von Waldeck*. Heute fin-

AST: Anruf-Sammel-Taxi. Die AST verkehren nur, wenn keine Busse/Bahnen parallel verkehren, Anmeldung min. 30 Min vor Abfahrt nötig. T 0180/5050180 (14 ct/Min aus dem Festnetz, Tarif bei Mobilfunk max. 42 ct/Min).

M **Burg Waldeck, Museum Hinter Schloss und Riegel,** 34513 Waldeck, T 05623/5890, Fax 589289. www.schloss-hotel-waldeck.de/museum, info@hotel-schloss-waldeck.de. April – Sep täglich außer Mo 10 – 18 Uhr, Okt – März Di – Fr 12 – 16 Uhr, Sa, So und Fei 10 – 16 Uhr. 4 €, Kinder 6 – 16 Jahre 2 €. Führung 40 €, Kinder 20 €, zuzüglich Eintritt.

det man im Schloss ein Hotel, verschiedene Restaurants und ein Burgmuseum. Von der Terrasse bietet sich ein traumhafter Blick auf den Edersee und die umliegenden bewaldeten Berge.

Vom Schlossberg können Sie zwischen Ostern und Ende Okt bequem in wenigen Minuten mit der Waldecker Bergbahn zum See hinab und natürlich auch wieder hinauffahren. Auf dem Edersee selbst verkehren moderne Fahrgastschiffe. Anlegestelle in Waldeck ist das Strandbad.

In 34513 Waldeck:

Zur Alten Post, Schulstraße 3, T 05623/5093, Fax 973942. 7 Betten, EZ 28 €, DZ 21 €.

Ratsstuben, Schulstraße 6, T 05623/5429, Fax 975042. Ratsstuben@Hotel-Ratsstuben.de, 11 Betten, EZ 31 €, DZ 26 €.

Biohotel Belvedere, Bahnhofstraße 2, T 05623/999-0, Fax 999-199. www.belvedere-edersee.de, info@belvedere-edersee.de. 34 Betten, zusätzlich Apartments, EZ 44 €, DZ 37 €, Apartment 38 €.

Jugendherberge, Klippenberg 3 (außerhalb in Seenähe) , T und Fax 05623/5313. www.djh-hessen.de, waldeck@djh-hessen.de. 161 Betten in MBZ, 21,50 €.

Edersee Touristic (für die gesamte Region), Sachsenhäuser Straße 10, T 05623/9998-0, Fax 9998-30. www.edersee.com, edersee-info@t-online.de.

Nationalparkamt Kellerwald-Edersee, Laustraße 8, 34537 Bad Wildungen. T 05621/75249-0, Fax 75249-19. www.nationalpark-kellerwald-edersee.de, info@nationalpark-kellerwald-edersee.de.

Lässt sich anhimmeln: Schloss Waldeck am Edersee

© pixelio, Foto: Dirk Schmidt

Durchs Bärental nach Scheid

Waldeck (404 m) → Talstation Seilbahn (248 m) 1,5 km → Bärental (280 m) 3,5 km → Mühlecke (340 m) 6 km → Nieder-Werbe (260 m) 8,5 km → Rasthütte Europahain (360 m) 12 km → Scheid (283 m) 13,5 km.

Zur Nieder-Werber Bucht (8,5 km)

Ausgangspunkt ist die Bushaltestelle am **Markt in Waldeck.** Von dort südwärts auf der Schlossstraße, bis diese bei der Zufahrt zur Burg eine Linkskurve macht. Dort beginnt bereits der **Urwaldsteig.** Er ist durchgehend mit den ineinander geschriebenen Buchstaben **UE** gekennzeichnet. Er zweigt nach links von der Straße ab und führt abwärts. Schon bald geht es nach rechts weiter. Unterhalb der Burg wandern Sie abwärts zur Talstation der Waldecker Bergbahn, wobei Sie zwischendurch auch einige schöne Seeblicke haben. Unweit der Bergbahn über die L3256, gegenüber wieder zum Waldrand, dann per Linksbogen weiter und im Wald aufwärts. Oberhalb der Uferstraße im Wald zum Punkt **Ratzeburg,** ein Rastplatz mit Wegegabelungen. Über die Jägerstiege dann hinab ins Bärental und auf der Herzogbrücke nach links über den Bärentalbach. Dann kurz talauswärts bzw. links neben dem Bach entlang, danach rechts bergan und wieder aus dem Bärental heraus. Bald danach geht es geradeaus über eine weitere Gabelung. Dann wird ein Seitental durchlaufen, an dessen Ende es wieder bergauf geht. Dann verlassen Sie den breiten Weg nach links und wandern meist eben durch abwechslungsreichen Mischwald und entlang einem schiefrigen Steilhang, an dem aus zahlreichen Ritzen Flechten wuchern. Auf dieser Strecke genießen Sie immer wieder schöne Aussichten. Am Eingang zur Nieder-Werber Bucht erreichen Sie die **Mühlecke** mit Weitsicht hinüber nach Scheid. Der Weg be-

1. Tag

Gehzeit: 3 ¾ Std.

Schwierigkeitsgrad: Unschwierige Wege, jedoch mit mehreren Auf- und Abstiegen, davon rund 270 Hm Anstieg.

Höchster Punkt: Waldeck, 404 m.

Markierung: UE.

Ausgangspunkt: Waldeck Marktplatz, Bushaltestelle Waldeck Mitte.

Einkehr: In Niederwerbe und Scheid.

GPS Scheid:
N 51°10'89"
O 009°00'62"

Waldecker Land, TF50-WL, Freizeitkarte 1:50.000, vom HLBG, ISBN 978-3-89446-320-5.

Falls Sie am ersten Tag in Waldeck sehr spät ankommen, können Sie bereits in Niederwerbe übernachten und danach in Asel. Damit haben Sie gemütlichere Tagesetappen, benötigen aber einen Tag mehr für die Umrundung des Edersees.

Dorfstube Nieder-Werbe, Haus der Natur, Ober-Werber Straße. T 05634/860. www.waldeck.nordhessen.de. Besuch ganzjährig, nur nach telefonischer Anmeldung, Eintritt frei.

Gastronomie der Sommerrodelbahn, Unter dem Hagen, T 05634/6646, Fax 995323. www.sommerrodelbahn-edersee.de, kontakt@sommerrodelbahn-edersee.de. Im Winter nur So, Fei ab 14 Uhr.

schreibt nun eine Rechtskurve und führt als Steig oder Waldweg am Hang der Seitenbucht hinab Richtung Nieder-Werbe. Am Waldrand treffen Sie dann auf einen Weg, der vor dem Vorbecken nach links zur Uferstraße (L3086) führt. Über das Vorbecken haben Sie eine schöne Sicht Richtung Nieder-Werbe. Mit Erreichen der Autostraße nach rechts über eine Brücke zum Ortseingang.

Das am Vorbecken des Edersees gelegene **Nieder-Werbe** wurde 1196 erstmals erwähnt. Mit dem Bau der Edertalsperre ab 1908 mussten zehn Höfe und die alte Dorfkirche dem See weichen. Neben einem kleinen **Heimatmuseum** lohnt vor allen Dingen der Besuch der **Sommerrodelbahn.**

Im OT Nieder-Werbe, 34513 Waldeck:

Flair-Hotel Werbetal, Uferstraße 26, T 05634/9796-0, Fax 9796-95. www.flairhotel.com/werbetal, info@flairhotel.com. 29 Zimmer, EZ 57 €, DZ 45 €. Mit Panorama-Restaurant und Sauna.

Beschaulicher Flecken: Nieder-Werbe

Forellenhof, Uferstraße 14, T 05634/91230, Fax 91231. www.forellenhof-edersee.de, forellenhof-edersee@t-online.de. EZ 45 €, DZ 38 €. Rustikales Restaurant, Kegelbahn.

Durch Seitentäler zum Tagesziel, der Halbinsel Scheid (13,5 km)

Von der Straßengabelung am Ortsanfang von **Nieder-Werbe,** wo auch die **Markierung UE** wieder einsetzt, nach links über eine zweite Brücke. Danach zweigt die nach Scheid führende Autostraße (K22) ab. Am Beginn dieser Straße rechts auf dem anfangs asphaltierten Weg Geckenberg bergauf. Während des Anstiegs haben Sie rechter Hand teils schöne Rückblicke. Weiter oberhalb erreichen Sie den Waldrand und folgen dem Pfad links in den Wald. Schon bald geht es über eine Wegkreuzung und anschließend auf langer Strecke im Wald kurvenreich durch etliche Seitentäler, bei denen Sie auch immer wieder Nebenwege kreuzen.

Etwa auf der Höhe vom Ende der Niederwerber Bucht erreichen Sie nach einer Seitentalüberquerung mit Wegverzweigung und kurzem Anstieg den Waldrand. Hier liegt eine **Schutzhütte,** die zur Rast einlädt. Sie liegt am Rand vom **Europahain,** wo für alle Beitrittsländer der EU jeweils drei landestypische Baumarten gepflanzt wurden.

Etwas oberhalb des Rastplatzes treffen Sie auf eine Radroute. Hier rechts aufwärts, aber schon nach einigen Minuten links vom Radweg ab und südwärts auf Waldweg Richtung Scheid. Dann erreichen Sie eine Kreuzung bei einem Wasser-Hochbehälter und steigen von dort hinab zum Waldrand bei Scheid. Dort kommen Sie auf der Ederseestraße (K22) zur Abzweigung der Bringhäuser Straße, dort auch die Haltestelle vom AST-Linienverkehr. Auf der **Halbinsel Scheid** liegen mehrere Campingplätze, Ferienwohnungen und

Gasthöfe sowie eine Anlegestelle der Edersee-Schifffahrt. Beliebt ist auch der **Badestrand** mit Liegewiese und Spielplatz (Eintritt frei).

In Scheid, 34513 Waldeck:

Yacht-Hof Edersee, Bringhäuser Straße 6, T 05634/1712, Fax 7162. www.rabe-touristik.de, info@segelschule-rehbach.de. 70 Betten in Apartments, Ü pro Apartment bis 2 Pers 55 €, bis 4 Pers ab 84 €, bis 6 Pers 100 €. Angeschlossen die *Gaststätte Seglerklause,* geöffnet im Juli und Aug täglich, übrige Monate Mi Ruhetag.

Örtel's Ahle Wirtschaft, Ederseestraße 5, T 05634/994393.

Frische Briese im Segelclub Edersee, Bringhäuser Straße 1, T 05634/7891, Fax 995085. April – Mitte Okt täglich außer Di geöffnet, in der übrigen Zeit Fr ab 16 Uhr, Sa und So ab 12 Uhr, im Dachgeschoss für Gruppen bis 15 Personen Matratzenlager auf Anfrage buchbar.

Seemannsheim, Ederseestraße 5, T 05634/7884, Fax 993971. http://edersee-camping.com, info@edersee-camping.com. Pro Nacht 5,50 € inkl. Kurtaxe, Kinder bis 14 Jahre 3, Auto 4,50, Zelt je nach Größe ab 3,50, Wohnwagen und Wohnmobil ab 6 €. Ganzjährig geöffnet.

Zur Fähre, Bringhäuser Straße 2, T 05634/6189. www.campingplatz-zur-faehre.de, freund@campingplatz-zur-faehre.de. Pro Nacht 4,50 € inkl. Kurtaxe, Kinder bis 13 Jahre 2,50, Auto 2,50, Zelt je nach Größe ab 4, Wohnwagen und Wohnmobil ab 6 €.

Einmal Schwung holen, dann geht's ab: Surfer am Edersee

© Nordhessen Tourismus, Foto: Pitze Eckart

Von Scheid nach Schmittlotheim

Scheid (283 m) → Abzw. Basdorf (388 m) 2,5 km → Rastplatz NSG Hünselburg (280 m) 6 km → Asel Straßenende (310 m) 12,5 km → Herzhausen (250 m) 20 km → Rastplatz Hagelstein (374 m) 25 km → Schmittlotheim (260 m) 27 km.

2. Tag

Gehzeit: 8 Std.

Schwierigkeiten: Lange, Ausdauer voraussetzende Tagesetappe auf häufiger schmalen Pfaden, die abschnittsweise absolute Trittsicherheit erfordern, zahlreiche Auf- und Abstiege, davon über 400 Hm Anstieg.

Höchster Punkt: Abzweigung Basdorf, 388 m.

Markierung: UE.

Ausgangspunkt: Scheid, Bringhäuser Straße im Zentrum.

Einkehr: In Asel und Herzhausen.

GPS Schmittlotheim:
N 51°09'19"
O 008°54'09"

Durch das NSG Hünselburg (6 km)

Von **Scheid** laufen Sie auf der K22 zurück bis vor den Waldrand, wo links der Kahlehaardtsweg mit der Markierung abzweigt, Beginn des Waldweges Richtung Asel. Zunächst wenig bergan, zwischendurch immer wieder Aussichten und durch das NSG Kahle Hardt, bis Sie auf die Kurve eines Fahrweges treffen. Linker Hand führt diese Forststraße hinab zum Edersee, geradeaus bergan führt der **Urwaldsteig** Richtung Asel weiter. Schließlich ist die Kammhöhe erreicht und gleich danach eine Weggabelung.

Nehmen Sie dort links den Waldweg, er führt am Berghang durch Wald wieder vom Kamm abwärts. Schließlich erreichen Sie eine weitere Weggabelung und folgen dort links dem **Knorreichensteig,** größtenteils ein schmaler Weg, der durch die Steilhänge führt und stellenweise Trittsicherheit erfordert. Schon kurz nach der Wegverzweigung kommen Sie in das **NSG Hünselburg,** das sich über eine lange und schmale Halbinsel erstreckt. In diesem Naturschutzgebiet, das anlässlich einer mittlerweile aufgegebenen Graureiherkolonie gegründet wurde, finden sich viele rare und gefährdete Arten, darunter Flechten und Pilzarten wie der Ästige Stachelbart und der Mosaik-Schichtpilz. In der Fauna werden hier neben Brutvögeln, verschiedenen Fledermaus- und Schmetterlingsarten auch etliche gefährdete Käferarten geschützt.

Dann rechts vom bisher noch breiten Weg ab, um einen abgerutschten Hang zu umgehen. Anfangs bergan, dann auf dem Pfad drahtseilgesichert weiter und schließlich wieder hinab zum ursprünglich breiteren Weg. Auf diesem erreichen Sie schließlich abwärts einen **Rastplatz** an der Südspitze der Halbinsel am Rand vom Edersee.

Von dort direkt nordwärts den Kamm hinauf bis zu einer Gabelung mit Rastbank und schöner Aussicht. Dort halb links vom Kamm weiter. Dieser Weg führt in den Steilhang und als schmaler anfangs Trittsicherheit verlangender Steig weiter.

Jugendherberge Hohe Fahrt, Hohe Fahrt 1, T 05635/251, Fax 8142. www.hohefahrt.jugendherberge.de, hohefahrt@djh-hessen.de. 130 Betten im Haupthaus, 100 Betten in Blockhütten, 23,50 €.

Achtung: Im April 2012 musste der Urwaldsteig wegen eines Erdrutsches an der K32 zwischen Vöhl und der Jh Hohe Fahrt unweit des Aselsteins gesperrt werden. Der Weg ist zum Teil unterhöhlt. Eine Umleitung ist eingerichtet. Aktuelle Infos unter www.edersee.com.

Zur Aseler Bucht (12,5 km)

Sie verlassen das NSG Hünselburg wieder, kreuzen in einem kurvenreichen Weg über mehrere hundert Meter verschiedene kleine Seitentäler und treffen schließlich auf einen von rechts kommenden Fahrweg. Auf diesem weiter, nun durch den Hang vom **Katzenberg.** Bald haben Sie teilweise Aussichten über den See Richtung Asel-Süd. Der Urwaldsteig biegt dann in die Bucht von Asel ab und führt stetig abwärts. Dort, wo der schmale Arm vom Edersee in der Bucht von Asel endet, führt links ein Fahrweg zur Autostraße, auf der man nach 2,5 km zur **Jugendherberge** kommt. Der **Urwaldsteig** folgt dagegen geradeaus einem Wiesenweg am Waldrand entlang. Nach Überschreiten eines schmalen Baches treffen Sie auf das Asphaltsträßchen Auf dem Weinberg, dem Sie nach links folgen. Nach Überqueren des Aselbachs treffen Sie auf die **K32** und folgen ihr nach rechts Richtung Vöhl. Dann zweigt die Straße Auf dem Weinberg mit der UE-Markierung wieder links ab. Zunächst geht es per Links-Rechts-Kurve bergan, zuletzt um den Gebäudekomplex eines **Altenpflegeheims** herum bis zum Ende der Straße. Nach **Asel** biegen Sie hier rechts ab und kommen auf dem Weg Zum Homberger Born direkt ins Zentrum des kleinen Ortes. Er wurde 1297 erstmals erwähnt. Das ursprüngliche Dorf musste durch

© pmv, Foto: M. Schnelle

Sitzt auf dem Trockenen: Asel-Süd mit seiner Feriensiedlung hat in extremen Hitzeperioden keinen See mehr vor der Haustür

den Bau der Edertalsperre auf die angrenzenden Höhen verlegt werden. Sehenswert ist die alte **Ederbrücke** von 1887 – 90, 1982 restauriert, die Alt-Asel mit dem Gutshof am Südufer der Eder verband, heute Asel-Süd. Bei Niedrigwasser der Edertalsperre kann sie noch heute begangen werden, bei Hochwasser dagegen verkehrt mehrmals täglich eine kleine Fähre.

Gasthaus Sauer Zum Aseltal, Lindenplatz 5, 34516 Asel, T 05635/535, Fax 8186. gasthaussauer@asel-edersee.de. 3 DZ, Preise auf Anfrage, Do Ruhetag, Nov – Ostern nur Sa und So ab mittags geöffnet oder nach Vereinbarung für Gruppen.

Pension Hille, Lindenplatz 3, 34516 Asel, T und Fax 05635/1828, pensionhille@asel-edersee.de. 3 DZ à 18 €.

Über luftige Höhen nach Herzhausen (20 km)

Vom Ende der Straße nach dem **Altenpflegeheim,** wo die Markierung beginnt, links auf einem breiten Waldweg weiter. Schon bald über eine Nebenweg-Kreuzung, dann verläuft der Weg im Hang oberhalb der Autostraße im Wald weiter. Dabei hat man verschiedentlich schöne Blicke über den See hinüber nach Asel-Süd. Dann biegt der Weg oberhalb der Hohen Fahrt nach rechts ab und erreicht eine Gabelung. Dort links auf dem Urwaldsteig stärker hinab zu einem Querweg. Dieser kommt von der ↗ *Jugendherberge Hohe Fahrt* und führt rechts Richtung Herzhausen weiter. Nachfolgend werden im Berghang auf einem serpentinenreichen Weg kleine Seitentäler berührt, bis Sie in einer Linkskurve zu einer Gabelung kommen. Dort

Jugendzeltplatz Hochstein bei Herzhausen, T 05635/ 993134, Fax 993199. www.voehl.de, touristin-fo@voehl.de. Für Jugendliche bis 27 Jahre, für Familien nach Absprache möglich. 2,50 € ÜpP. Geöffnet Mai – Sep.

Kohlberg-Wolf, Ederstraße 30, 34516 Herzhausen, T 05635/344. www.kohl-berg-wolf.de, rensmanng@aol.de. Täglich geöffnet, Nov – März Di Ruhetag.

Zur Ederquelle, Ederstraße 16, 34516 Herzhausen, T 05635/360, Fax 8690. 10 Betten, EZ 18 €, DZ 20,50 €.

geht es links auf dem Urwaldsteig wieder aus dem Seitental heraus. Nach einer Rechtskurve durchqueren Sie eine imposante Blockschutthalde und die Felsen mit urigen Waldbeständen unterhalb vom Hochstein. Im Wald dann bergab zum Beginn eines asphaltierten Fahrweges beim **Jugendzeltplatz Hohestein.**

Vom Zeltplatz auf dem Asphaltweg neben dem Ederstausee entlang. Dann zweigt der **Urwaldsteig** rechts in den Wald ab und steigt in Serpentinen nochmals hinauf. Am oberen Rand des Steilabfalls ist die Anstiegshöhe von 40 – 50 m über dem See erreicht. An der Außenseite des Waldes geradeaus weiter, später auf Schotterweg. Dann geht es mittels mehrerer Kurven wieder abwärts, und Sie treffen erneut auf den Asphaltweg. Auf diesem nach rechts und kurze Zeit später über eine Wendeschleife und Parkplatz; links von ihm liegt ein Fußballplatz. An dessen Ende halb links auf einem Fußweg weiter. Dann erreichen Sie **Herzhausen** und kommen an der Rückseite vom **Gasthof Kohlberg-Wolf** vorbei. Weiter auf dem Pflasterweg entlang dem Seeufer oder in seiner Nähe. Nach einer Rechtskurve folgt das **Gasthaus Zur Ederquelle.** Danach mündet die rechts verlaufende Ederstraße (L3084) in die Itterstraße (B252), wo sich auch die Bushaltestelle Vöhl-Herzhausen der Linie 555 befindet. Herzhausen wurde urkundlich erstmals 1254 erwähnt. Durch den Bau des Stausees gingen seinerzeit 21 Gebäude verloren. Im Mai finden hier auf dem Edersee die Nordhessischen *Drachenbootmeisterschaften* statt.

Über den Aussichtspunkt Hagenstein zum Tagesziel Schmittlotheim (27 km)

Bei der Straßengabelung der Markierung folgend links über eine Fußgängerbrücke und vor der B252 am Seeufer entlang. Dann per Rechtskurve unter der Bundesstraße hindurch. Danach halb links an der *Eder* entlang. Rechts liegt ein großer **Parkplatz.** Dann treffen Sie auf die L3084 und kommen neben ihr nach links auf einer Straßenbrücke über die Eder wieder zurück zur B252. Vor der Straßeneinmündung führt links ein Fußweg unter der Bundesstraße hindurch. Nach ihrer Unterquerung folgt ein **Parkplatz.** Sie überqueren nach rechts die Aseler Straße (K59) und steigen auf einem breiten Feldweg am Hang vom Ochsenbühl hinauf. Weiter oberhalb durch ein Waldstück, per Linksbogen weiter, dann nach rechts aus dem Wald heraus und über ein aussichtsreiches Wiesengelände. Danach auf einem Querweg rechts und wenig später zu einer Kreuzung. Hier links auf einem Asphaltweg aufwärts. Nach einer Linkskurve erreichen Sie eine weitere Gabelung und schwenken nach rechts auf einen Asphaltweg, der Sie bis zum Friedhof oberhalb von **Kirchlotheim** bringt; dort zweigt übrigens nach rechts ein Weg in den Ort hinunter ab.

Von der Abzweigung oberhalb von Kirchlotheim folgt der **Urwaldsteig** einem Feldweg Richtung Hagenstein. Später halb links in den Wald und etwas bergab. Bei einer Gabelung geradeaus abwärts und

Kommt gerade recht: Rastplatz oberhalb von Kirchlotheim

durch ein Wildgatter. Danach treffen Sie auf einen von Kirchlotheim kommenden Weg und biegen nach links in ein Seitental ab. Dort per Rechtsbogen über einen Bach und bald danach per Linkskurve wieder aus diesem Seitental heraus. Dann haben Sie einen Blick Richtung Schmittlotheim und kommen nochmals durch ein Seitental, bevor Sie den **Aussichts- und Rastplatz Hagenstein** erreichen, wo sich der Weg teilt.

Hier müssen Sie den Urwaldsteig verlassen, um in Schmittlotheim das Übernachtungsquartier zu erreichen. Sie folgen dem **Lulluspfad** mit diversen Markierungen. Kurvenreich geht es am Waldhang weiter Richtung Süden. Dann kommen Sie wieder durch ein Wildgatter und bald danach aus dem Wald heraus. In einer Linkskurve oberhalb von Schmittlotheim zweigt die **Markierung E** nach unten ab, Sie folgen jedoch weiter dem Fahrweg bis zu einer Gabelung und gehen erst hier rechts hinab. Bald sind das **Gasthaus Zum Elsebach** und das frühmittelalterliche **Schmittlotheim** mit einigen hübschen Fachwerkhäusern erreicht.

In Schmittlotheim, 34516 Vöhl:

Zum Elsebach, Im Elsebach 2, T 05635/312, Fax 4042. www.zum-elsebach.de, zum-elsebach@online.de. Pension mit 30 Betten, EZ 27 €, DZ 25 €. Restaurant Apr – Okt täglich geöffnet, in der übrigen Zeit Di Ruhetag, im Januar für drei Wochen geschlossen.

Zur Bushaltestelle: Falls Sie die Tour hier abbrechen möchten, laufen Sie rechts auf der Frankenauer Straße (L3085) durch den Ort bis kurz vor die B252 und finden dort die Bushaltestelle der Linie 555.

Durch den Nationalpark Kellerwald-Edersee nach Bringhausen

Schmittlotheim (260 m) → Hagenstein (374 m) 2 km → Himmelsbreite (390 m) 3 km → Abzw. Asel (332 m) 8,5 km → Bärenbach (250 m) 9 km → Abzw. Fahrentriesch (340 m) 10 km → Abzw. Banfebucht (250 m) 11 km → P Kirchweg (360 m) 13,5 km → Bringhausen (315 m) 14,5 km (bei Abstecher nach Asel-Süd zusätzlich 2 km für den Hin- und Rückweg).

Über Asel-Süd zum Bärenbach (9 km)

Von **Schmittlotheim** wandern Sie zunächst zurück zum **Aussichts- und Rastplatz Hagenstein.** Von dieser Aussichtsloge auf breitem Waldweg kurvenreich zur Kreuzung Himmelsbreite. Sie folgen weiterhin dem **Urwaldsteig** und kommen bald zu einer Verzweigung, an der Sie sich links Richtung Asel halten. Meist auf breiten Wegen, mal auf, mal ab oder eben geht es im Wald weiter. Dabei laufen Sie durch mehrere Seitentäler mit den Quellarmen vom *Hundsbach.* Dann geht es am Hang vom *Ringelsberg* entlang. Sie kommen schließlich durch ein Wildgatter und erreichen wenig später das von Wald umschlossene Wiesengelände oberhalb von Asel-Süd. Dort erreichen Sie eine **Kreuzung.** Falls Sie in nun einkehren möchten, steigen Sie hier links nach **Asel-Süd** ab (hin und zurück extra 2 km).

Von der **Kreuzung** oberhalb von Asel zunächst geradeaus auf einem Wiesenweg zum Waldrand, dann im Wald auf schmalem Fußsteig abwärts. Ein kurzes Stück auf einem Querweg nach rechts, dann links ab und erneut in Serpentinen abwärts. Sie treffen weiter unten auf einen Fahrweg und folgen diesem nach rechts über den *Bärenbach.*

3. Tag

Gehzeit: 4 Std (mit Abstecher nach Asel-Süd 4 ½ Std).

Schwierigkeiten: Leichte, überwiegend im teilweise urwüchsigen Wald verlaufende Tagesetappe, allerdings mehrere Auf- und Abstiege, davon 325 Hm Anstieg, bei Abstecher nach Asel-Süd 400 Hm Anstieg.

Höchster Punkt: Himmelsbreite, 390 m.

Markierung: UE.

Ausgangspunkt: Schmittlotheim, Gasthaus Zum Elsebach.

Einkehr: Bei Abstecher in Asel-Süd.

GPS Bringhausen:
N 51°10'32"
O 008°59'86"

Gasthaus Asel-Süd, Asel-Süd 1, T 05635/99511, täglich Mai – Aug, in der übrigen Zeit auf Anfrage.

Zum Tagesziel Bringhausen (14,5 km)
Noch kurz auf dem breiten Weg weiter, dann gemäß **Markierung UE** rechts ab und auf einem Fußsteig in Serpentinen im Wald stärker bergan. In einer Kurve erreichen Sie einen breiten Querweg und folgen diesem links. Dann kommen Sie zu einer Gabelung, auf die von rechts ein Asphaltweg von Fahrentriesch einmündet. Hier geradeaus und durch Seitentäler hinab zu einer ersten Gabelung in der **Banfebucht** vom Edersee. Hier rechts zu einer zweiten Gabelung, dann über den *Banfebach* und auf dem Seeuferweg aus der Nebenbucht heraus. In einer Kurve verlässt die **Markierung UE** dann den breiten Seeuferweg und führt als Fußweg in einem Seitental, dem **Wieslochgraben,** bergan. Nachdem die Höhe erreicht ist, verläuft der Weg ein Stück außerhalb des Waldes. Dann wieder auf einem Fußweg in den Wald, durch ein Wildgatter hindurch und an einer rechts liegenden großen Waldwiese vorbei. Links haltend, trifft der **Urwaldsteig** dann auf einen breiten Fahrweg.

Um nach Bringhausen zu kommen, müssen Sie hier den Urwaldsteig verlassen und dem Fahrweg nach links aufwärts über einen Buckel folgen. Danach durch ein Wildgatter zum dahinter liegenden Parkplatz Kirchweg mit weitem Blick über den Edersee bis zur Burg Waldeck. Vom Parkplatz rechts am Waldrand entlang, bis Sie oberhalb von **Bringhausen** auf einen von unten heraufkommenden Asphaltweg treffen. Auf diesem links hinab. Gleich am Ortsanfang zweigt von der Fünfseenstraße rechts die Kurstraße ab. Geradeaus kommen Sie zur Kirche an der Einmündung in die *Daudenbergstraße.* Hier befindet sich auch die 🚌 Bushaltestelle Bringhausen-Mitte.

Alt-Bringhausen wurde 1196 gegründet und 1914 vom Edersee überflutet. Dabei verloren 70 Familien mit 450 Menschen ihre Heimat. 16 Familien davon gründeten auf dem Abhang des *Dau-*

denbergs das heutige Bringhausen. Die *Kirche* von 1726 mit einem interessanten Palmenaltar stand einst in Alt-Bringhausen und wurde im neuen Dorf etwas kleiner wieder aufgebaut.

In Bringhausen, 34549 Edertal:

Bio-Hotel Fünfseenblick, Kurstraße 4, T 05623/94940, Fax 949596. www.fuenf-seen-blick.de, info@fuenf-seen-blick.de. 70 Betten, nur buchbar mit VP, für das Mittagessen ist alternativ ein Lunchpaket möglich, EZ 74 €, DZ 67 €.

Pension Fuchs, Daudenbergstraße 14, T 05623/1091. 18 Betten, EZ 34,50 €, DZ 30 €.

Campingplatz Am Linge (unweit des Schiffsanlegers), T 05623/4889. www.camping-am-edersee.de, post@camping-am-edersee.de. ÜpP 5,50 €, Kinder bis 11 Jahre 2,50 €, Zelte 5 – 6 €, Caravan und Wohnmobile 5 €, mit Vorzelt 5,50 €, Auto 1,50 €. Ganzjährig, Restaurant wetterabhängig Nov – März geöffnet.

4. Tag

Gehzeit: 6 Std. (bzw.5 ½ bei Abkürzung).

Schwierigkeitsgrad: Ausdauer erfordernde Tour mit etlichen Auf- und Abstiegen, davon 483 Hm Anstieg, im letzten Abschnitt vor Waldeck im Steilhang z.T. Trittsicherheit erforderlich.

Höchster Punkt: Abzweigung unter Hochspeicherbecken, 500 m.

Markierung: UE.

Ausgangspunkt: Bringhausen Dorfzentrum.

Einkehr: Bei Hemfurth.

GPS Waldeck:
N 51°12'36"
O 009°03'73"

Durch unendliche Wälder und mit traumhaften Ausblicken zurück nach Waldeck

Bringhausen (315 m) → P Kirchweg (360 m) 1 km, Abzw. Weg E (400 m) 3,5 km → Sauermilchplatz (380 m) 4 km → Abzw. unter Hochspeicherbecken (500 m) 6,5 km → Kraftwerk → P (205 m) 12 km → Auf den Klippen (343 m) 14,5 km → Kanzel (399 m) 15,5 km → Hexenkopf (300 m) 17,5 km → Waldeck (404 m) 19,5 km, abkürzbar auf 18 km bei Benutzung des Weges UE ab Bringhausen.

Zum Hochspeicherbecken (6,5 km)

Am letzten Tag der Umrundung des Edersees geht's vom Zentrum auf dem Weg UE zunächst über einen Asphaltweg zurück Richtung **Parkplatz Kirchweg.** Am Ende des Asphaltweges, oberhalb von Bringhausen, noch vor dem Wald, geht es ent-

Sie können die Tour erheblich abkürzen, wenn Sie von der Abzweigung unterhalb des Hochspeicherbeckens geradeaus zur Bergstation der Standseilbahn weiterlaufen und mit dieser talwärts fahren.

weder rechts zum Parkplatz, links geht dagegen der Weg R weiter. Hier haben Sie **2 Möglichkeiten:** Entweder Sie laufen den Weg *UE* (Wegverkürzung um 1,5 km) oder Sie laufen vom Parkplatz auf dem Fahrweg zurück zur Kreuzung mit dem *Urwaldsteig.* Dort links gemäß Markierung weiter und auf stillen Waldwegen um den Daudenberg herum. Sie erreichen dann eine kleine Lichtung im Wald, wo von links wieder Weg R von Bringhausen zum Wanderweg stößt.

Von der kleinen **Lichtung** per Rechtsbogen weiter. Auf einem ebenen, breiten Waldweg erreichen Sie in Kürze die Kreuzung **Sauermilchplatz** mit einer Schutzhütte und Rastbänken. Von hier halb links Richtung Hochspeicherbecken weiter. Im Buchenwald mal auf, mal ab und auch eben. Schließlich geht es unterhalb eines breiten Weges zu einer Gabelung. Bis dahin sind Sie schon seit längerer Zeit unterhalb des Hochspeicherbeckens gelaufen, ohne dies zu bemerken, da es höher liegt.

Imposant: Die 248 m hohe und 400 m lange Staumauer der Edertalsperre

Zur Kanzel (15,5 km)

© HA Hessen Agentur GmbH

Bei der Gabelung verlässt der Urwaldsteig aber den Hang unterhalb des Hochspeicherbeckens und führt mal als breiter, mal als schmaler Fußweg recht steil den Berg hinab. Und schließlich auf einem Fahrweg weiter zu einem **Rastplatz mit Talblick.** Bei der folgenden Gabelung links auf dem unteren Weg weiter. Dann überquert der Urwaldsteig eine Asphaltstraße und führt zunächst im Wald stärker abwärts. Dann geht es rechts auf einem breiten Weg weiter, bei der folgenden Gabelung den unteren linken Weg abwärts. Vor einem Wasserlauf vom Hochspeicherbecken per Linkskurve weiter abwärts, bald danach durch ein Wildgatter, dann rechts vom breiten Weg ab und auf Fußweg stärker abwärts. Vom Waldrand per Rechtskurve weiter, dann wieder in den Wald zu einem breiten Querweg. Hier links, später rechts ab und auf einem Serpentinen-Fußweg zu einer Gabelung. Hier geht es rechts zum **Kraftwerk-Informationszentrum** und zur **Standseilbahn** zum *Peterskopf,* links zum Parkplatz an der Kraftwerkstraße.

Vom Parkplatz auf der Straße nach links zu einer Kreuzung. Von dort rechts per Brücke auf schmaler Autostraße weiter. Bald erreichen Sie das **Restaurant Zündstoff,** ein beliebter Bikertreff mit Gastgarten. Neben der L3086 auf einem Asphaltweg nach links weiter.

Noch vor der **Brücke,** die über die Eder nach Hemfurth führt, rechts auf einem Fußweg von der Straße ab und oberhalb von dieser weiter. Wäh-

So geht's auch: Mit der Seilbahn hinauf

Infozentrum Edersee vom E.ON-Kraftwerk, Kraftwerkstraße 10, 34549 Edertal, T 05623/948390. www.eon-energie.com. April – Okt Di – Sa 8 – 16 Uhr. Standseilbahn zum Peterskopf Ostern – Okt Di – So und Fei, Bergfahrt stündlich 11 – 17 Uhr, Talfahrt stündlich 11.15 – 17.15 Uhr.

Zündstoff, Steakhouse-Bikerkneipe, Am Weiher 1, 34549 Hemfurth, T 0178/5643766. www.zuendstoff-edersee.de. Fr ab 12, Sa, So, Fei ab 10 Uhr, Nov – Ostern geschlossen.

rend des Anstiegs haben Sie linker Hand teils schöne Ausblicke auf Hemfurth. Schließlich erreichen Sie bei einer Hochspannungsleitung eine Weggabelung mit dem tiefer liegenden **Aussichtspunkt Auf den Klippen.** Von hier und den folgenden Aussichtsstellen haben Sie einen schönen Tiefblick zur Sperrmauer vom Edersee. Weiter am Hang des Uhrenkopfes bergan, dann per Rechtskurve in ein Seitental. Dann zweigt nach links unten ein Weg ab, danach verläuft der Urwaldsteig nach links. Bei der folgenden Gabelung links weiter zur **Friedrich-Meyer-Hütte** auf der *Kanzel* (399 m) mit weiter Sicht über den Edersee und auch nach Waldeck.

Über den Hexenkopf nach Waldeck (19,5 km)

Von der Kanzel nach rechts vom Steilabfall weg und bergab zu einem Fahrweg am Waldrand. Dort links weiter und in eine Senke. Dort zweigt der Urwaldsteig wieder links vom Feldweg ab und führt im Wald abwärts, zwischendurch über Trittstufen. Dann wieder hinauf, auf einem Querweg nach rechts zum **Aussichtspunkt Hermannshöhe.** Weiter durch den Steilhang, dann ein Stück am Waldrand entlang, per Linksbogen in den Wald abwärts, dann rechts auf schmalem Weg weiter und mittels Steg über einen Graben und wieder aufwärts zum **Aussichtspunkt Hexenkopf.** Dann rechts im Wald weiter, wieder aufwärts und kurz Trittsicherheit verlangend zum Ortsrand von Waldeck. Dort erreichen Sie die Straße Am Ziegenberg und folgen dieser rechts zur Bahnhofstraße (L3256), die Sie bei der katholischen Kirche erreichen. Auf dieser nach links, danach rechts nach dem **Hotel Belvedere** auf einer Treppe hinauf zur Anhöhe Lindenberg und nach links ins Zentrum von ↗ **Waldeck** mit dem Marktplatz.

... und wer mit der Umrundung des Edersees noch nicht genug hat, der kann den **Kellerwaldsteig** an seine Tour anschließen. Der Naturpark, der sich noch weit in den Süden des Edersees erstreckt, kann mit diesem ca. 150 km langen Steig erwandert werden. Alle Etappen betragen etwa 12 – 18 km, eine Querverbindung ermöglicht eine individuelle Verkürzung der Tour. Etappenbeschreibung und Serviceadressen: www.kellerwaldsteig.de

DURCH DAS ROTKÄPPCHEN-LAND KNÜLL-SCHWALM

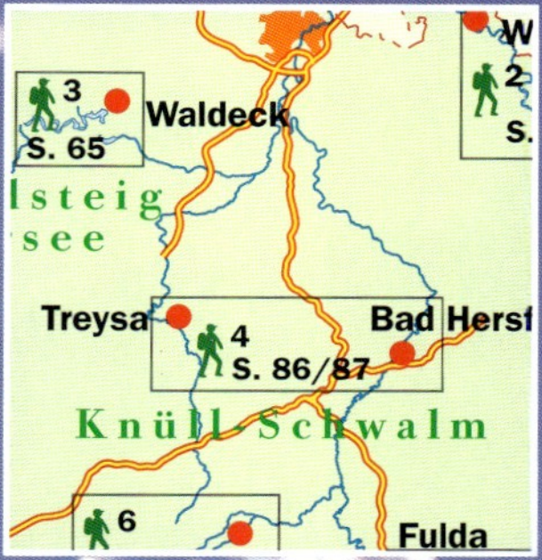

Zur Kanzel (15,5 km)

© HA Hessen Agentur GmbH

So geht's auch: Mit der Seilbahn hinauf

Bei der Gabelung verlässt der Urwaldsteig aber den Hang unterhalb des Hochspeicherbeckens und führt mal als breiter, mal als schmaler Fußweg recht steil den Berg hinab. Und schließlich auf einem Fahrweg weiter zu einem **Rastplatz mit Talblick.** Bei der folgenden Gabelung links auf dem unteren Weg weiter. Dann überquert der Urwaldsteig eine Asphaltstraße und führt zunächst im Wald stärker abwärts. Dann geht es rechts auf einem breiten Weg weiter, bei der folgenden Gabelung den unteren linken Weg abwärts. Vor einem Wasserlauf vom Hochspeicherbecken per Linkskurve weiter abwärts, bald danach durch ein Wildgatter, dann rechts vom breiten Weg ab und auf Fußweg stärker abwärts. Vom Waldrand per Rechtskurve weiter, dann wieder in den Wald zu einem breiten Querweg. Hier links, später rechts ab und auf einem Serpentinen-Fußweg zu einer Gabelung. Hier geht es rechts zum ℹ **Kraftwerk-Informationszentrum** und zur **Standseilbahn** zum *Peterskopf,* links zum Parkplatz an der Kraftwerkstraße.

Vom Parkplatz auf der Straße nach links zu einer Kreuzung. Von dort rechts per Brücke auf schmaler Autostraße weiter. Bald erreichen Sie das ✕ **Restaurant Zündstoff,** ein beliebter Bikertreff mit Gastgarten. Neben der L3086 auf einem Asphaltweg nach links weiter.

Noch vor der **Brücke,** die über die Eder nach Hemfurth führt, rechts auf einem Fußweg von der Straße ab und oberhalb von dieser weiter. Wäh-

ℹ **Infozentrum Edersee vom E.ON-Kraftwerk,** Kraftwerkstraße 10, 34549 Edertal, T 05623/948390. www.eon-energie.com. April – Okt Di – Sa 8 – 16 Uhr. Standseilbahn zum Peterskopf Ostern – Okt Di – So und Fei, Bergfahrt stündlich 11 – 17 Uhr, Talfahrt stündlich 11.15 – 17.15 Uhr.

✕ **Zündstoff,** Steakhouse-Bikerkneipe, Am Weiher 1, 34549 Hemfurth, T 0178/5643766. www.zuendstoff-edersee.de. Fr ab 12, Sa, So, Fei ab 10 Uhr, Nov – Ostern geschlossen.

rend des Anstiegs haben Sie linker Hand teils schöne Ausblicke auf Hemfurth. Schließlich erreichen Sie bei einer Hochspannungsleitung eine Weggabelung mit dem tiefer liegenden **Aussichtspunkt Auf den Klippen.** Von hier und den folgenden Aussichtsstellen haben Sie einen schönen Tiefblick zur Sperrmauer vom Edersee. Weiter am Hang des Uhrenkopfes bergan, dann per Rechtskurve in ein Seitental. Dann zweigt nach links unten ein Weg ab, danach verläuft der Urwaldsteig nach links. Bei der folgenden Gabelung links weiter zur **Friedrich-Meyer-Hütte** auf der *Kanzel* (399 m) mit weiter Sicht über den Edersee und auch nach Waldeck.

Über den Hexenkopf nach Waldeck (19,5 km)

Von der Kanzel nach rechts vom Steilabfall weg und bergab zu einem Fahrweg am Waldrand. Dort links weiter und in eine Senke. Dort zweigt der Urwaldsteig wieder links vom Feldweg ab und führt im Wald abwärts, zwischendurch über Trittstufen. Dann wieder hinauf, auf einem Querweg nach rechts zum **Aussichtspunkt Hermannshöhe.** Weiter durch den Steilhang, dann ein Stück am Waldrand entlang, per Linksbogen in den Wald abwärts, dann rechts auf schmalem Weg weiter und mittels Steg über einen Graben und wieder aufwärts zum **Aussichtspunkt Hexenkopf.** Dann rechts im Wald weiter, wieder aufwärts und kurz Trittsicherheit verlangend zum Ortsrand von Waldeck. Dort erreichen Sie die Straße Am Ziegenberg und folgen dieser rechts zur Bahnhofstraße (L3256), die Sie bei der katholischen Kirche erreichen. Auf dieser nach links, danach rechts nach dem **Hotel Belvedere** auf einer Treppe hinauf zur Anhöhe Lindenberg und nach links ins Zentrum von **Waldeck** mit dem Marktplatz.

... und wer mit der Umrundung des Edersees noch nicht genug hat, der kann den **Kellerwaldsteig** an seine Tour anschließen. Der Naturpark, der sich noch weit in den Süden des Edersees erstreckt, kann mit diesem ca. 150 km langen Steig erwandert werden. Alle Etappen betragen etwa 12 – 18 km, eine Querverbindung ermöglicht eine individuelle Verkürzung der Tour. Etappenbeschreibung und Serviceadressen: www.kellerwaldsteig.de

DURCH DAS ROTKÄPPCHEN-LAND KNÜLL-SCHWALM

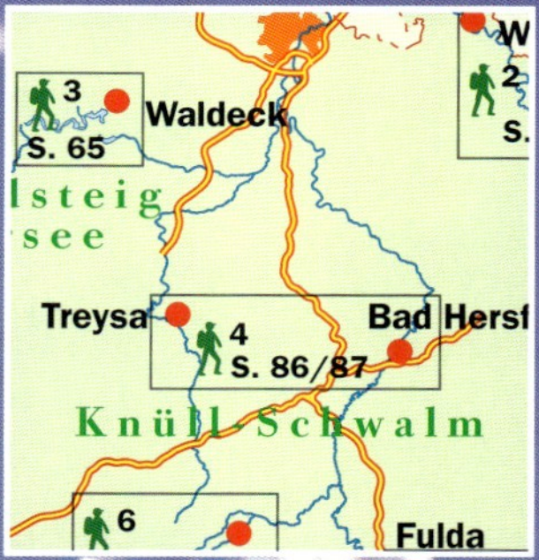

DURCH DAS MÄRCHENLAND REINHARDSWALD

BEIDERSEITS DER WERRA

AUF DEM URWALDSTEIG UM DEN EDERSEE

DURCH DAS ROTKÄPPCHENLAND KNÜLL-SCHWALM

UNTERWEGS AUF DEN LAHNHÖHENWEGEN

DURCH DIE VULKANLANDSCHAFT VOGELSBERG

VON DER DOMSTADT FULDA IN DIE HOCHRHÖN

DURCH DAS RHEINGAUGEBIRGE NACH LORCH

AUF DEN GROSSEN FELDBERG UND ZUR SAALBURG IM TAUNUS

DIE SCHÖNSTEN SEITEN DES ODENWALDS

DURCH DAS ROTKÄPPCHEN-LAND KNÜLL-SCHWALM

Diese unschwierige Drei-Tages-Tour führt von Schwalmstadt im Westen durch das Knüllgebirge nach Bad Hersfeld im Osten. Auf Sie warten überwiegend einsame Wanderwege mit viel Abwechslung und das Erlebnis naturschöner Umgebung. Das Knüllgebirge, meist in der Kurzform nur Knüll genannt, ist eine dünn besiedelte und stark bewaldete Region abseits der großen Verkehrsströme, insofern touristisch gesehen noch ein Geheimtipp! Dennoch sind Treysa und Bad Hersfeld sogar per IC bzw. ICE zu erreichen.

Das nordhessische Mittelgebirge erstreckt sich über die Landkreise Schwalm-Eder und Hersfeld-Rotenburg. Als Zentrum darf die Umgebung von **Schwarzenborn** angesehen werden. Umklammert wird das Gebirge von der *Schwalm* im Westen und Süden sowie von der *Fulda* im Norden und Osten. Seine beiden höchsten Erhebungen, nämlich der *Knüll* (634 m), auch *Knüllköpfchen* genannt, und der *Eisenberg* (636 m), werden von der Mehrtagestour berührt und bieten weite, einzigartige Aussichten. Darüber hinaus laden **Schwalmstadt** und **Bad Hersfeld** als Ausgangspunkt bzw. Ziel mit ihren Sehenswürdigkeiten auch zu längeren Aufenthalten ein.

Vermarktet wird die Region als *Rotkäppchenland,* denn die Schwälmer Tracht inspirierte die Brüder Grimm angeblich zu ihrem Märchen mit Rotkäppchen als Mittelpunkt. So sind auch heute noch kleine und große Rotkäppchen die Botschafter der Region. Märchenfiguren und -brunnen sowie entsprechende Veranstaltungen wie z.B. die Rotkäppchenwochen im August halten die Träume aus Kindheitstagen lebendig.

Tourismusservice Rotkäppchenland, Hauptstraße 2a, 36275 Kirchheim, T 06625/ 919597, Fax 919596. www.rotkaeppchenland.nordhessen.de, info@rotkaeppchenland.de.

Kurhessisches Bergland, TF50-KB, Freizeitkarte 1:50.000 vom HLBG, ISBN 978-3-89446-296-3.

Start in Schwalmstadt

Zwar ist Schwalmstadt die größte Stadt des Schwalm-Eder-Kreises, der Sitz des Kreises befindet sich aber in Homburg/Efze. Schwalmstadt entstand erst 1970 durch Vereinigung der Städte **Treysa** und **Ziegenhain** mit ihren umliegenden Dörfern. Daher gibt es zwei Stadtkerne, die etwa

Im Frühtau: Die Schwalm bei Treysa

Die Wanderung in Kürze

3 Tage | 61 km | 760 Hm Anstieg

Schwierigkeitsgrad: Die Wanderstrecke verläuft überwiegend abseits von Autostraßen, bietet technisch absolut keinerlei Schwierigkeiten und ist deshalb auch gut mit älteren Kindern zu machen. Die letzte Etappe erfordert wegen ihrer Länge jedoch eine entsprechende Kondition.

Start: Bhf Treysa (Schwalmstadt).

Ziel: Bhf Bad Hersfeld.

1. Tag: Treysa – Seigertshausen 17,5 km

2. Tag: Seigertshausen – Oberaula 19 km

3. Tag: Oberaula – Bad Hersfeld 24,5 km

Höchster Punkt: Eisenberg, 636 m.

Anfahrt: Mit ICE, IC, RE, RB an der Strecke Kassel – Gießen – Frankfurt oder mit dem Bus aus der näheren Umgebung. Treysa ist IC-Haltepunkt und liegt im Gebiet vom NVV. Von Kassel verkehrt die RegioTram Linie 9 hierher. Aus

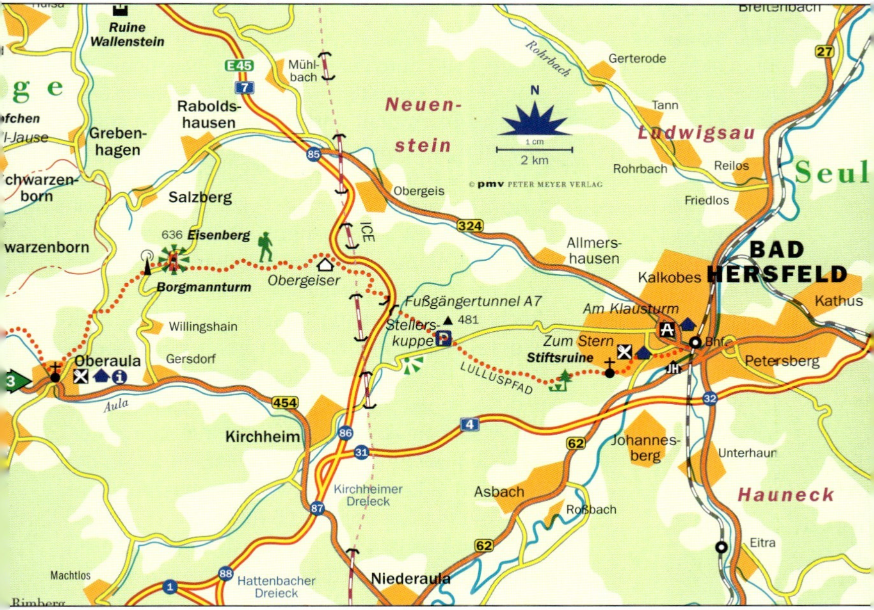

Richtung Süden verkehren Regionalzüge von Frankfurt über Gießen – Marburg nach Treysa.

Rückfahrt: Bad Hersfeld ist IC- und ICE-Haltepunkt und liegt ebenfalls im Gebiet vom NVV. Daneben verkehrt die Cantus-Bahn als R5 auf der Strecke Kassel – Bebra – Bad Hersfeld – Fulda.

ÖPNV unterwegs: Der Stadtteil Ziegenhain ist vom Bahnhof Treysa mit verschiedenen lokalen Buslinien erreichbar, falls man die erste Tagesetappe abkürzen will. Die Busse verkehren im Gegensatz zu den täglichen Zügen nur Mo – Sa.

Bus 470: Treysa Bhf – Ziegenhain – Neukirchen – Oberaula – Kirchheim
Bus 473: Ziegenhain – Seigertshausen – Neukirchen – Schwarzenborn
Bus 380: Oberaula – Kirchheim – Bad Hersfeld

Unterkunft: In Treysa, Ziegenhain, Niedergrenzebach, Seigertshausen, Knüllköpfchen, Neukirchen, Oberaula und Bad Hersfeld.

Beste Jahreszeit: Ganzjährig möglich, jedoch nicht bei Schnee!

4

M **Museum der Schwalm,** Paradeplatz 1, 34613 Schwalmstadt, T 06691/3893, Fax 710673. www.museumder-schwalm.de, schwaelmer-heimatbund@t-online.de. 2,50 €, Kinder bis 14 Jahre 0,50 €. Di – Fr 10 – 12 und 15 – 17, Sa 15 – 17, So, Fei 14 – 17 Uhr.

5 km auseinander liegen. Treysa war im 8. Jahrhundert ein Klostergut des Stiftes Hersfeld und wurde 1186 durch die Grafen von Ziegenhain besiedelt und befestigt, während Ziegenhain erstmals 1144 erwähnt wurde. Treysa liegt mit seiner Altstadt auf einem Höhenrücken an der Mündung der *Wiera* in die *Schwalm,* Ziegenhain dagegen rund 5 km östlich direkt am Fluss Schwalm. Weithin bekannt ist die farbenfrohe Schwälmer Tracht, die auch heute noch von Männern und Frauen gern bei festlichen Anlässen getragen wird. Diese Tracht ist sehr vielfältig, da für jeden Anlass, Alter und Familienstand andere Farben der Knöpfe, Kappen, Bänder, Achselstücke, Schuhschnallen und Röcke getragen wurden, sogar das »gefallene« Mädchen konnte vom jungfräulichen unterschieden werden! Auch der Wohlstand war in der Tracht zu erkennen; die wohlhabendsten unter den Frauen trugen bis zu 15 Röcke.

In den Innenstädten von Treysa und Ziegenhain finden Sie zahlreiche alte und sehr schön erhaltene Fachwerkbauten. Als eines der schönsten Gebäude in der **Altstadt von Treysa** gilt das dreistöckige *Rathaus* aus Stein und Fachwerk. Wahrzeichen dieses Stadtteils ist jedoch die 1265 fertiggestellte *St.-Martins-Kirche,* die aufgrund ihrer früheren Verwendung für Begräbnisgottesdienste »Totenkirche« genannt wird. Ihr 35 m hoher Turm überragt mit seinem eigenwilligen achteckigen Helm die Dächer der umliegenden Altstadt. Der *Paradeplatz* bildet dagegen das historische Zentrum von **Ziegenhain,** das einst eine gigantische hessische Wasserfestung war, die im 16. Jahrhundert erbaut und 1807 geschleift wurde. Um den Platz liegen die Gebäude vom ehemaligen *Schloss* (heute Justizvollzugsanstalt), die im 17. Jahrhundert errichtete *Kirche,* ein altes *Wachbüro* (heute Sitz der ↗ **ℹ Tourist-Information)** und das *Steinerne Haus* von 1659/70, heute Sitz vom

Strammstehen für Ziegenhain: Der bronzene Soldat erinnert an Paradezeiten

© pmv, Foto: M. Schnelle

Museum der Schwalm mit einer Ausstellung von Schwälmer Trachten, alten Gerätschaften, Möbeln usw.

Sowohl in Treysa wie auch in Ziegenhain gibt es mehrere **Supermärkte,** die allerdings nicht direkt an der Wanderstrecke liegen.

© pmv, Foto: M. Schnelle

Angemessener Rahmen für Historisches: Das Museum der Schalm im Steinernen Haus

In 34613 Schwalmstadt:

Zum Hexenturm, Treysa, Steingasse 47 (in der Altstadt), T 06691/ 918666, Fax 9271-44. www.pension-hexenturm.de. 4 Zimmer, EZ 28 €, DZ 26 €, DBZ 24 €, angeschlossene Gaststätte.

Rosengarten, Ziegenhain, Muhlystraße 3 (an der Wanderstrecke), T 06691/ 9470-0, Fax 9470-30. www.rosengarten-schwalmstadt.com, info@hotel-rosengarten.org. 9 Zimmer und 4 Apartments, EZ 45 €, DZ 35 €, DBZ 30 €.

Landgraf, Ziegenhain, Landgraf-Philipp-Straße 3 (an der Wanderstrecke), T 06691/4083, Fax 71175. www.hotel-landgraf.com. 1 EZ à 32 €, 5 DZ à 26 €.

Schwalm Touristik, Ziegenhain, Paradeplatz 7, T 06691/71212, Fax 5776. www.schwalm-touristik.de, schwalmstadt@rotkaeppchenland.de. Mo – Fr 9 – 12.30 und 14 – 17, Sa 14 – 16, So 10 – 12 und 14 – 16 Uhr.

1. Tag

Gehzeit: 5 Std.
Schwierigkeiten: Unschwierige Wege, die auch gut mit Kindern machbar sind, insgesamt 180 Hm im Anstieg.
Höchster Punkt: Höhenrücken nördlich vom Steinatal, 390 m.
Markierung: X9.
Ausgangspunkt: Treysa Bahnhof.
Einkehr: In Ziegenhain oder Niedergrenzebach.
GPS Seigertshausen: N 50°54'63" O 009°21'51"

Falls Sie sich die ersten 5 km auf Asphaltwegen ersparen wollen, können Sie nach Ziegenhain auch mit einem der zahlreich vom Bahnhof Treysa verkehrenden Busse kommen. Nordhessischer Verkehrsverbund, www.nvv.de, T 0180/234018-0.

Von Treysa nach Seigertshausen

Treysa (210 m) → Ziegenhain (210 m) 5 km → Niedergrenzebach (225 m) 6,5 km → P Steinatal (265 m) 10 km → Wanderheim Hergertsmühle (345 m) 16 km → Seigertshausen (367 m) 17,5 km.

Zur einstigen Wasserfestung Ziegenhain (5 km)

Die Tour beginnt auf dem **Bahnhofsvorplatz von Treysa.** Von dort gehen Sie rechts weiter. Von links mündet dann die Bahnhofstraße ein. Auf ihr etwas bergan bis zur Eisenbahnbrücke, die nach rechts überquert wird. Danach links auf der Ascheröder Straße wieder abwärts. Hier finden Sie auch bereits die **Markierung X9,** die Sie heute nach Seigertshausen bringt. Die Straße macht eine Rechtskurve, danach biegen Sie scharf links in das Apfelgässchen ab. Unter einer Eisenbahnbrücke durch, dann vor der Schwalm nach rechts auf einem asphaltierten Rad- und Fußweg weiter. Dieser führt auf einem Damm durch die Schwalmwiesen und mündet schließlich in die rechts unterhalb verlaufende Straße ein. Diese macht eine Rechtskurve, dann gehen Sie links auf einem Asphaltweg wieder von der Straße ab. Auf längerer Strecke nun geradeaus, auch wenn Wege abzweigen oder kreuzen. Anschließend auf einen Damm hinauf und bei der dortigen Kreuzung links auf dem Querweg weiter. Nach einer weiteren Kreuzung verläuft der Asphaltweg an einem Teich entlang, macht dort einen Rechtsbogen und führt schließlich neben der *Alten Schwalm* zur Festungsstraße. Über eine Brücke nach links über den Fluss in den Stadtteil **Ziegenhain** hinein. Vor dem Wallgraben begrüßt Sie eine Soldatenplastik in Erinnerung an die alte Wasserfestung. Vorbei am **Hotel Rosengarten** an der Ecke zur Muhlystraße kommen Sie gleich danach am Beginn einer Rechtskurve zum links liegenden **Landgraf.**

Dort halb links zum Paradeplatz und auf der Straße Ludertor weiter. Dann kommen Sie wieder über den Wassergraben und folgen geradeaus der Landgraf-Philipp-Straße zum Alleeplatz mit zentraler Bushaltestelle.

Über Niedergrenzebach und einsame Höhen ins Steinatal (10 km)

Vom Alleeplatz auf der Landgraf-Philipp-Straße weiter, die sich nach einer Ampelkreuzung als Wiederholdstraße fortsetzt. An einer weiteren Bushaltestelle und dem Rathaus von Ziegenhain vorbei. Nach Überquerung des *Grenzebachs* links ab und auf dem Wiesenweg unter der B254 hindurch. Der asphaltierte Rad- und Fußweg endet an der Ziegenhainer Straße in **Niedergrenzebach.** Gegenüber weiter auf der Straße An der Grenzebach. Diese erreicht bald den Bach und macht dort einen Linksbogen. Zweigt man nach rechts ab, kommt man bald zum **Gasthof Zum Adler.**

Für kurze Zeit am Bach entlang, dann folgen Sie der Rechtskurve von ihm weg zu einer Querstraße, der Schönborner Straße. Gegenüber auf der Straße Am Graben bergan zum Ortsende von Niedergrenzebach, wo Sie auf die Knüllstraße (L3155) treffen.

Auf der L3155 nach links und dann rechts auf einem Feldweg abbiegen. Über eine Kreuzung geradeaus hinauf zum Waldrand. Dort befindet sich ein Ensemble aus Baumgruppe, Gedenkstein und Ruhebank. Von hier oben haben Sie eine schöne Sicht zurück Richtung Ziegenhain; links unten liegt Trutzhain. In den Wald hinein, dort geradeaus über einen Querweg, bis Sie auf einen Asphaltweg treffen. Hier erinnert ein **Gedenkstein** an die *Wüstung Trutzhain.* Links weiter zu einem Kriegsgräber-Friedhof mitten im Wald. Dort macht der Weg eine Spitzkehre nach rechts. Durch den Wald zu seinem Rand, wo von rechts ein besserer Weg

Zum Adler, Am Dorfbrunnen 1, 34613 Niedergrenzebach, T 06691/3711, Fax 928109. www.zum-adler.net, info@zum-adler.net. 2 EZ, 1 DZ, 1 MBZ, 29,50 €.

kommt. Geradeaus am Waldrand zu einem Asphaltquerweg, den Sie geradeaus überqueren und durch eine Senke weitergehen. Beim **Parkplatz Steinatal** treffen Sie auf einen von links kommenden Fahrweg.

Zum heutigen Etappenziel Seigertshausen (17,5 km)

Von der Abzweigung beim Parkplatz noch kurz geradeaus, dann gehen Sie links in das **Steinatal** hinein. Immer im Wald geht's oberhalb der *Steina* taleinwärts. Später erblicken Sie unterhalb des Weges Fischteiche und eine Hütte. Dann durch ein Seitental und bald danach zu einer Kreuzung mit Hinweis auf die Daubenmühle. Hier rechts hinab ins Steinatal, wo ihr Nebenfluss, der *Angersbach,* abzweigt. Nach Bachüberquerung links auf der Südseite der Steina weiter. Bald liegen auf der gegenüberliegenden Talseite die Fachwerkhäuser der *Daubenmühle*. Geradeaus dann zu einer Gabelung. Sie bleiben unten im Tal und erreichen auf dem Waldweg bald einen anderen Weg, der von oben herabkommt. Weiter durch Wald bis zu seinem Rand im Steinatal. Dort links durch Wiesengelände und über die Steina. Danach erreichen Sie einen Bauernhof, bei dem auch das **Wanderheim Hergertsmühle** liegt.

Naturfarbe: Die Kirche von Seigertshausen ist von Efeu begrünt

© pmv, Foto: M. Schnelle

Dann von der Häusergruppe links den Grashang hinauf, ein etwas über 400 m hoher Kalkrücken. Vom höchsten Wegpunkt haben Sie erstmals einen Blick Richtung Seigertshausen. Nach rechts auf einem Feldweg zur L3158, die Sie geradeaus überqueren. Dann zweigt links der Schlossbergweg ab und führt als Asphaltsträßchen bis zur Hauptstraße (L3155) in **Seigertshausen.** Von der Einmündung kommen Sie rechts in Kürze zum **Landgasthof Jägerhof,** links dagegen zur Kirche und an der Abzweigung der Neukirchener Straße (L3158) zur Bushaltestelle. Das spätmittelalterliche Städtchen wird von der sehenswerten neugotischen Sandsteinkirche und ihrem 36 m hohen Turm überragt. Sie wurde 1869 an der Stelle errichtet, wo vorher ein älteres Gotteshaus von 1555 stand.

In Seigertshausen, 34626 Neukirchen:

Landgasthof Jägerhof, Hauptstraße 22, T 06694/7496, Fax 7497. www.jaegerhof-neukirchen.de, info@jaegerhof-neukirchen.de. 5 Zimmer, EZ 28 €, DZ 25 €, Restaurant Mo Ruhetag.

Wanderheim Hegertsmühle (1,5 km südwestlich am Wanderweg), Ü nur für Mitglieder des Mährisch-Schlesischen Sudetengebirgsverein und deren Gäste, www.mssgv.de.

Weitere Übernachtungsmöglichkeiten in Neukirchen, erreichbar mit Anruf-Sammeltaxi ab Bushaltestelle an der Neukirchener Straße.

Über das Knüllköpfchen und den Christeroder Wasserfall nach Oberaula

Seigertshausen (358 m) → Knüllköpfchen (634 m) 5,5 km → Boglerhaus (600 m) 6 km → Hauptschwenda (495 m) 9 km → Christerode (450 m) 11 km → Wasserfallhütte (450 m) 12 km → Abzw. Weg N (355 m) → Oberaula (346 m) 19 km.

Zum Knüllköpfchen (5,5 km)

Gegenüber der Einmündung des Schlossbergweges zweigt von der Hauptstraße (L3155) der Verbindungsweg Bei der Kirche ab und führt zur Roppenhäuser Straße, von der in ihrer Linkskurve rechts die Teichstraße mit der **Markierung X9** abzweigt. Diese Straße setzt sich außerhalb von Seigertshausen als Feldweg fort und führt ostwärts zum Waldrand hinauf. Immer wieder zweigen Wege ab; Sie folgen grundsätzlich der Markierung

2. Tag

Gehzeit: 5 ½ Std.

Schwierigkeiten: Abwechslungsreiche Wege ohne besondere Schwierigkeiten, gut mit Kindern machbar. Man achte jedoch auf die mehrfach wechselnde Markierung, insgesamt 276 Hm Anstieg.

Höchster Punkt: Knüllköpfchen, 634 m.

Markierungen: X9, X2, TK7, ST, N37, N, Hessenweg 11.

Ausgangspunkt: Seigertshausen, Hauptstraße.

Einkehr: In der Knüll-Jause und im Boglerhaus mit JH.

GPS Oberaula:
N 50°51'41"
O 009°28'35"

© pmv, Foto: M. Schnelle

Diesem Pilz fehlt der Hut: August-Franke-Turm auf dem Knüllköpfchen

Knüll-Jause, Richbergstraße 11, 34639 Schwarzenborn, T 05686/730, Fax 1599. www.knuell-jause.de, info@knuellcamp.de. Fr Ruhetag, bei Voranmeldung von Gruppen auch am Fr geöffnet.

X9. Nachdem links ein Nebenweg mit der **Markierung X16** abgezweigt ist, kommen Sie bald zu einer Kreuzung, an der Sie sich links halten. Wie bisher steigen Sie stetig etwas an und kommen durch lichten Wald dem Knüllköpfchen näher. Schließlich aus dem Wald heraus und in einer Rechtskurve zur L3151 unweit etlicher Windkrafträder. Nach links auf der Autostraße weiter bis zur Bushaltestelle Hof Richberg. Dort rechts auf dem Asphaltsträßchen ab, der Richbergstraße, bis zu einer Gabelung. Hier verlassen Sie die **Markierung X9** und folgen geradeaus der Bezeichnung **X2.** Sie erreichen dann eine Rechtskurve, von der links in Kürze ein Weg durch den Waldgürtel hinauf zum **Knüllköpfchen mit Aussichtsturm** führt.

Es wird auch als »kleiner Bruder« des Vogelsbergs bezeichnet, denn beide sind vulkanischen Ursprungs. Als Reste eines großen Vulkans ragen die beiden höchsten Erhebungen des Knüllgebirges als Basaltkuppen aus der umliegenden Buntsandsteinfläche heraus. Der 1978 erbaute 12 m hohe *August-Franke-Turm* bietet eine weite Rundsicht. Unterhalb des Gipfels liegen ein Stahlturm der Deutschen Bundespost und die **Knüll-Jause** am Wanderweg.

Über Hauptschwenda nach Christerode (11 km)

An der Knüll-Jause vorbei geht es zu einer Kreuzung am Waldrand, wo Sie auf dem Asphaltsträßchen mit der **Markierung X2** geradeaus in den Wald hineingehen. Sie kommen dann am **Boglerhaus** mit angeschlossenem Restaurant vorbei.

Dort führt die Straße rechts herum und abwärts zu einer Gabelung, hier links auf der Asphaltstraße weiter abwärts zur L3155. Sie folgen dieser kurz nach rechts bis zur Abzweigung nach Großroppershausen mit der Bushaltestelle Windecke. Gegenüber geht ein Asphaltweg mit der **Markierung X2** ab, Sie folgen diesem Weg aber nur kurz. Dann zweigt rechts ein breiter Waldweg ab, der den Abhang vom Wilsberg quert. Bei den verschiedenen Abzweigungen folgen Sie immer der **Markierung X2** und erreichen schließlich den Waldrand. Geradeaus durch Wiesen und Felder Richtung **Hauptschwenda** hinab. Noch vor dem Ort treffen Sie auf die L3156 und folgen ihr nach rechts ins Dorf hinein, das ab 1506 für drei Jahrzehnte durch Wallfahrten zur St.-Annen-Kapelle belebt wurde. Die heutige Kirche stammt von 1650.

Auf der Knüllstraße (L3156) durch den kleinen Ort und vorbei an der Bushaltestelle bis zum südlichen Ortsende, wo rechts die L3156 nach Neukirchen abbiegt und geradeaus die L3161 nach Christerode führt. Sie folgen dieser Straße bis zum nahen Waldrand und dort geradeaus den **Markierungen TK7** oder **ST.** Der Weg führt in einer Rechtskurve durch Wald zu einer Anhöhe am Waldrand. Beim folgenden Querweg wieder rechts zum Waldrand, kurz an ihm entlang, dann links vom Wald weg und auf dem Feldweg leicht abwärts. Immer geradeaus über zwei Kreuzungen und vorbei an einem Sendemast. Dann kommen Sie zu einer dritten Kreuzung unweit eines einzelnen Hauses und biegen hier links auf den Asphaltweg ab. Dieser bringt Sie zum Ortsrand von **Christerode,** wo der Weg in die Schornhofstraße übergeht. An ihrem Ende rechts auf der Ortsstraße weiter, über einen Bach und vorbei an einer Bushaltestelle zu einem Brunnen bei der *Kirche* im Zentrum von Christerode, ein nettes, 1330 erstmals urkundlich erwähntes Dorf. Das Dach der Kirche, ein schlichter Saalbau aus Feldsteinen mit Fachwerkgiebel, ruht über einem Längsunterzug auf einer einzigen mächtigen Eichensäule. Die Orgel im Inneren stammt von 1912.

Boglerhaus, Bogler-Straße 2, 34639 Schwarzenborn, T 05686/367, Fax 1718. www.boglerhaus.de, info@boglerhaus.de. 92 Betten, EZ 31 €, Junioren 24,50 €, DZ 29 €, Junioren 22 €. DJH-Mitgliedschaft erforderlich! Angeschlossenes Restaurant Boglerstube Mo 14 – 23, Di – Sa 11 – 23, So und Fei 10 – 21 Uhr oder länger.

© pmv, Foto: M. Schnelle

Nicht echt: Christeroder Wasserfall

Vorbei an der Wasserfallhütte zum Tagesziel Oberaula (19 km)

Bei der Kirche rechts auf der Burgbergstraße weiter. Sie folgen nun der **Markierung N37** Richtung Wasserfall. Unweit eines Hofes zweigt links ein Asphaltweg ab, der am Parkplatz für den Wasserfall endet. Geradeaus auf einem breiten Weg weiter zur Wasserfall-Hütte mit etlichen Ruhebänken. Der **Christeroder Wasserfall** wurde künstlich in einem ehemaligen Steinbruch angelegt. Der Fischteich wird vom örtlichen Anglerverein bewirtschaftet.

Vom Wasserfall führt ein Fußsteig weiter in den Wald, bald nach rechts über eine Holzbrücke, dann auf einem Querweg links weiter. Schließlich kommen Sie am Waldrand entlang zur **L3161** und folgen der Autostraße nach rechts. Sie macht bald eine Rechtskurve, fällt leicht ab und erreicht eine Nebenweg-Kreuzung. Hier links ab und auf dem Feldweg zum Waldrand hinauf. Dort auf einem Querweg am Außenrand des Waldes nach rechts wieder abwärts, dann bei der folgenden Waldecke links auf einem Grasweg weiter. Vor der nächsten Waldecke in einer Rechtskurve weiter abwärts. Dann trifft der Grasweg am Waldrand auf einen Schotterweg, der nach links zunächst weiter am Waldrand entlang, dann aber im Wald in das *Tal der Aula* hinab führt. Sie erreichen eine Bank, die eine Aussicht zum Eisenberg bietet, den Sie auf der letzten Etappe besteigen werden. Im Mündungsbereich eines Seitentals mit Wegeinmündungen über einen kleinen Bach und immer geradeaus weiter. Dann kommen Sie an einer Hütte vorbei und nach der Einmündung eines von links kommenden Weges macht der Wanderweg eine Rechtskurve und hat jetzt Asphaltbelag. Bei der folgenden Gabelung am Waldrand links vom Asphaltweg wieder ab. Kurz danach erreichen Sie die nächste Gabelung. Hier zweigt links die **Mar-**

© pmv, Foto: M. Schnelle

kierung N ab, Sie halten sich nun rechts und folgen dem **Hessenweg 11** am Hang oberhalb der Aula. Dann trifft der Wanderweg wieder auf das Asphaltsträßchen. Vorbei am *Hollenbach-Teich* kommen Sie dann auf dem Katteröder Weg ins Zentrum von **Oberaula.** Zum Schluss erst halblinks, dann rechts zur Niederrheinischen Straße (B454). Auf dieser links zum gegenüberliegenden Platz bei der Kirche. Der bereits 856 in den Chroniken genannte Luftkurort liegt im oberen Aulatal und ist ein beliebtes Ausflugs- und Ferienziel mit etlichen Sport- und Freizeitangeboten. Eine Sehenswürdigkeit ist die *evangelische Kirche*, deren Turm mit Spitzhelm und vier Ecktürmchen aus dem 15. Jahrhundert stammt, während das heutige Kirchenschiff erst 1717 erbaut wurde.

Eisenberg, wir kommen! Im Tal der Aula

Zugespitzt: Die evangelische Kirche von Oberaula

© pmv, Foto: M. Schnelle

In 36280 Oberaula:

Zur Linde, Marktstraße 7, T 06628/394, Fax 772984. linde-oberaula@t-online.de. 3 DZ à 27 €.

Zum Stern, Hersfelder Straße 1, T 06628/9202-0, Fax 9202-35. www.hotelzumstern.de, info@hotelzumstern.de. 68 Zimmer, EZ 43 €, DZ 38 €, .

Schneider, Friedigröder Straße 2, T 06628/331, Fax 8068. schneider-oberaula@t-online.de. Pension mit 7 DZ à 22,50 €, DZ als EZ 25 €.

Touristik Service Oberaula, Hersfelder Straße 4, T 06628/9208-18, Fax -88. www.oberaula.de, gemeinde@oberaula.de. Mo – Do 8.30 – 12, Fr 14 – 16 Uhr.

3. Tag

Gehzeit: 7 Std.

Schwierigkeiten: Keine, aber Ausdauer verlangende Tagesetappe, insgesamt 300 Hm Anstieg.

Höchster Punkt: Eisenberg, 636 m.

Markierungen: Weißes Dreieck, X16.

Ausgangspunkt: Oberaula Ortszentrum.

GPS Bad Hersfeld:
N 50°55'06"
O 009°45'07"

Sieht aus wie der Name klingt: Borgmannsturm

© pmv, Foto: M. Schnelle

Von Oberaula nach Bad Hersfeld

Oberaula (346 m) → Eisenberg (636 m) 5,5 km → Abzw. Kirchheim (510 m) 8,5 km → Kreuzeiche (410 m) 12 km → P Stellerskuppe (418 m) 16,5 km → Bad Hersfeld Bhf (195 m) 24,5 km.

Auf den Eisenberg, die höchste Erhebung des Knüllgebirges (5,5 km)

Vom Platz bei der Kirche links auf der **B454** weiter durch Oberaula bis zur Abzweigung der Homberger Straße (L3157). Auf dieser vorbei am Friedhof zum Ortsende, danach per Links-Rechts-Kurve weiter. Sie folgen dann links dem Pfad mit dem Weißen Dreieck, der an einem Gedenkstein vorbei führt. Während des Anstiegs haben Sie einen schönen Rückblick. Schließlich am Waldrand entlang, später in den Wald hinein und nach rechts zur L3157, die überquert wird. Im Wald weiter bergan, über eine Waldwiese, und im Wald weiter. Dann geht es ein Stück am Wald-Wiesenrand entlang und wieder in den Wald hinein, bis links ein Weg Richtung Friedigerode abzweigt. Dann erreichen Sie wieder den Waldrand und haben einen Blick auf den nun nahen Eisenberg. Vorbei am **Dreikreisstein,** einem dreiseitigen Grenzstein, der das Zusammentreffen dreier Gebiete markiert, mal am Waldrand, mal im Wald geradeaus weiter. Dann kommt von links die **Markierung X16** hinzu, der Sie nun bis Bad Hersfeld folgen. Am Waldrand weiter und am 115 m hohen Fernmeldeturm vorbei zur K34. Dort liegt auf dem **Eisenberg,** mit 636 m die höchste Erhebung des Knüllgebirges, der 24 m hohe **Borgmannsturm** von 1913. Angegliedert sind das Berghotel und Restaurant Eisenberg mit Wanderheim und Aussichtsturm. Bis Redaktionsschluss war dieses Hotel wegen Renovierung geschlossen. Die Wiedereröffnung ist für Mitte 2012 geplant.

© pmv, Foto: M. Schnelle

Schöne Weitsichten genießt man auf dem Weg zum Borgmannsturm

Auf dem Lulluspfad zur Stellerskuppe (16,5 km)

Vom Eisenberg auf dem **Lulluspfad X16** weiter. Sie kommen gleich an der eingefassten *Christinequelle* vorbei, danach im Wald stärker abwärts. Bei einer Hütte geradeaus in mehreren Kurven weiter bergab. Dann zweigt die Markierung links vom breiten Weg ab und führt am Rand einer großen Waldwiese zu einer Kreuzung. Hier rechts auf dem breiten Forstweg weiter zur nächsten Gabelung. Dort links weiter durch Wald Richtung Bad Hersfeld. Es folgt eine deutliche Linkskurve, bald danach liegt oberhalb vom Weg eine Hütte. Bei der folgenden Wegverzweigung bleiben Sie per Rechtskurve auf dem Hauptweg. Dann verläuft der Weg nach links und schlängelt sich im Wald weiter. Schließlich erreichen Sie die **Kreuzeiche** mit der **Obergeiser Hütte** unweit einer Brücke vor der A7.

Von dort zunächst auf dem Asphaltweg nach rechts, von dem der Wanderweg aber bald wieder

Grimmheimat Nordhessen mit Kindern, Annette Friauf, 256 Seiten, ISBN 978-3-89859-437-0, 16 €.

links abzweigt. In Autobahnnähe in mehreren Kurven weiter. Dann nach links durch einen Fußgängertunnel unter der A7 hindurch. Danach erreichen Sie eine Weggabelung. Rechts weiter in einem Linksbogen von der Autobahn weg. In der Folge durch eine Senke zum **Parkplatz Stellerskuppe** an der L3159.

Zum Tagesziel Bad Hersfeld (24,5 km)

Im spitzen Winkel zurück Richtung Stellerskuppe, dann in einer langen Rechtskurve auf einem schlecht erkennbaren Pfad zurück zur L3159. Gegenüber beginnt eine breite Forststraße, der Sie nun folgen. Durch mehrere Senken und Kreuzungen immer geradeaus weiter. Schließlich erreichen Sie einen **Festplatz im Wald,** der aus alter Zeit auch als Tanzplatz bekannt ist. Hier beginnt nun ein Asphaltsträßchen, dem Sie in bisheriger Richtung folgen. Später kommen Sie an Kleingärten vorbei, während linker Hand der Blick hinüber zum Robert-Heil-Turm fällt. Am oberen Stadtrand von **Bad Hersfeld** führt die **Markierung X16** nach links auf den Weg Kleinshöhe und dann immer am oberen Siedlungsrand zur Carl-Peters-Straße.

Da der letzte Wegabschnitt nicht mehr auf der anfangs genannten Freizeitkarte enthalten ist, empfiehlt sich zur Ergänzung: *Stadtplan* (1:12.500) mit Rad- und Wanderwegen (1:33.000) Bad Hersfeld, Kartografische Kommunale Verlagsgesellschaft, 3,50 €.

Nach ihrer Überquerung geht es auf einer Treppe hinab und nach rechts auf einem Hohlweg weiter abwärts. Dieser endet an der Fritz-Rechberg-Straße. Auf dieser geradeaus zur nahen Einmündung in den Innenstadtring, der unter verschiedenen Bezeichnungen um die Kernstadt herumführt. Sie überqueren den Ring geradeaus und kommen gegenüber in die Leonhard-Müller-Anlage. Auf dem Weg Im Stift kommen Sie dann an der rechts liegenden **Stiftsruine** vorbei, dem Veranstaltungsort der Hersfelder Festspiele. Dahinter halten Sie sich links und kommen zum **Marktplatz,** der sich linker Hand erstreckt. Halb rechts weiter zum Linggplatz und vorbei am Rathaus mit Brunnen. Sie laufen nun geradeaus durch die Innenstadt, wobei die Straßenbezeichnungen wechseln. Am Ende vom Klaustor rechts auf der Löhrgasse weiter, die sich dann unter dem Namen An der Untergleis fortsetzt. Dann treffen Sie auf die Dudenstraße. Auf dieser nach links zur nahen Kreuzung mit der Reichsstraße, Teil des Innenstadtrings. Über diese weiter geradeaus auf der Dudenstraße direkt zum **Bahnhof und ZOB.**

Bad Hersfeld

Die Festspiel- und Kurstadt liegt in einer Senke, die hier durch den Zusammenfluss von Fulda, Geis und Haune gebildet wird. Ihren Ursprung hat sie in einem 769 von Erzbischof *Lullus von Mainz* gegründeten Benediktinerkloster, um das sich eine Siedlung entwickelte. Schon im Spätmittelalter errang die Stadt weitgehende Unabhängigkeit vom Abt, 1648 fiel das geistliche Stift als weltliches Fürstentum an Hessen-Kassel. In der Stadt wirkte auch *Konrad Duden* (1821 – 1911), der Begründer der einheitlichen deutschen Rechtschreibung, dem hier ein M **Museum** gewidmet ist. Heute ist Bad Hersfeld Sitz des Landkreises Hersfeld-Rotenburg, und dessen wirtschaftliches und verwaltungsmäßiges Zentrum mit zahlreichen Freizeiteinrichtungen.

In der teilweise noch ummauerten **Altstadt** gibt es über 200 denkmalgeschützte Gebäude. An der Westseite der Altstadt liegt die Ruine der **Stiftskirche,** die vielleicht größte romanische Kirchenruine Europas und heute Spielstätte der ↗ *Bad Hersfelder Festspiele.* Im Zentrum der Altstadt steht die evangelische **Stadtkirche,** deren massiger Kirchturm aus dem 14. Jahrhundert als Wahrzeichen der Stadt gilt. Die dreischiffige gotische Hallenkirche hat seit einem Brand 1952 moderne Glasfenster von *H. G. von Stockhausen.*

Der **Kirchplatz** weist noch eine geschlossene Fachwerkbebauung auf, darunter das ehemalige

M **Konrad-Duden-Museum,** Neumarkt 31. Eintritt frei. So 15 – 17 Uhr, für Gruppen auch nach Absprache; Anmeldung und Kontakt unter Tourist-Information.

Strahlendes Selbstbewusstsein: Das Rathaus, ursprünglich gotisch (1371), erhielt bei einem Umbau 1607 bis 1612 die Renaissance-Giebel

Küsterhaus von 1452, ältestes Fachwerkhaus der Stadt. Daneben liegt das **Rathaus,** das 1371 im gotischen Stil erbaut und 1607 – 12 im Stil der Weserrenaissance mit Giebelaufsätzen versehen und erweitert wurde. In der Stadt gibt es viel Grün, u.a. den fast 7 ha großen **Kurpark** mit **Kurhaus.** Der Kurbetrieb bietet heute vor allen Dingen Trink- und Badekuren für verschiedene Erkrankungen.

Die sommerlichen **Bad Hersfelder Festspiele** mit Opernaufführungen und Konzerten sind weithin bekannt. Viele Anhänger hat auch das **Lullusfest** Mitte Oktober, das sich »ältestes Volksfest Deutschlands« nennt und erstmals im Jahre 852 stattfand. Auch heute noch wird die Glocke vom *Katharinenturm,* eine der ältesten gegossenen Glocken, zu jedem Lullusfest geläutet.

Informationen und Tickets für die **Bad Hersfelder Festspiele:** Kartenzentrale, Am Markt 1, 36251 Bad Hersfeld, T 06621/2013-60, Fax 2013-37. www.bad-hersfelder-festspiele.de, kartenzentrale@bad-hersfeld.de. Musical ab 26 €.

In 36251 Bad Hersfeld:

Stadt-Hotel, Am Perfort 9 (am Marktplatz), T 06621/40078-0, Fax 40078-49. www.stadthotelbad-hersfeld.de, info@stadthotelbadhersfeld.de. 52 Betten, EZ 45 €, DZ 32,50 €, MBZ 33 €. Angeschlossen verschiedene Restaurants, ein Café, eine Bar.

Zum Stern, Linggplatz 11, T 06621/189-0, Fax 189-260. www.zumsternhersfeld.de, info@zumstern-hersfeld.de. 84 Betten, EZ 58 €, DZ 49,50 €. Angeschlossen ein regionales und ein Gourmet-Restaurant.

Mainstreet Hotel Am Klausturm, Friedloser Straße 1 (in Bahnhofsnähe), T 06621/5096-0, Fax 5096-10. www.klausturm.hotel-mainstreet.de, klausturm@hotel-mainstreet.de. 69 Betten, EZ 39,50 €, DZ 30 €.

Jugendherberge Bad Hersfeld, Lutherstraße 2 (im Südwesten der Altstadt), T 06621/407750, Fax 407749. www.bad-hersfeld.jugendherberge.de, bad-hersfeld@djh-hessen.de. 150 Betten in MBZ, 23,20 €.

Tourist-Information, Am Markt 1, T 06621/201-274, Fax 201-337. www.bad-hersfeld.de, info@bad-hersfeld.de. Mo – Fr 9 – 17, Sa 10.30 – 13 Uhr.

UNTERWEGS AUF DEN LAHNHÖHENWEGEN

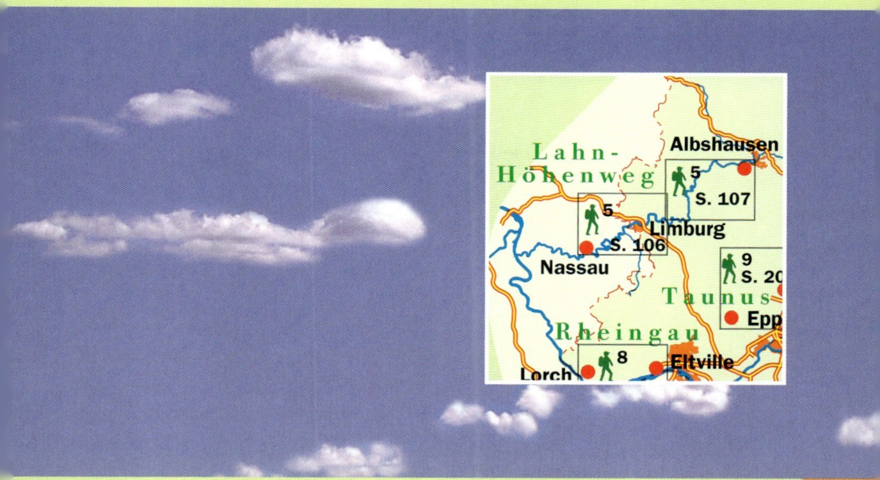

UNTERWEGS AUF DEN LAHNHÖHENWEGEN

Die Lahn ist ein Nebenfluss des Rheins und hat ihre Quelle im südlichen Rothaargebirge. Nach 245 km meist gewundenen Laufs mündet sie bei Lahnstein in den Rhein. Der Mittel- und Unterlauf der Lahn ist schiffbar und mit etlichen Schleusen versehen. Dabei wird die Wasserstraße fast ausschließlich von Paddel- und Ruderbooten sowie kleinen Motoryachten benutzt.

Während Radfahrer auf dem Lahntal-Radweg durch das Tal radeln können, haben Wanderer ab Wetzlar beiderseits der Lahn Richtung Oberlahnstein Höhenwege zur Auswahl, die an vielen Stellen fantastische Tief- und Ausblicke ermöglichen. Auf der Taunusseite ist der **südliche Lahnhöhenweg** mit *Schwarzem L auf weißen Grund* gekennzeichnet, auf der Westerwald-Seite verläuft der **nördliche Lahnhöhenweg,** *Weißes L auf schwarzem Grund*. Die schönsten Abschnitte beider Varianten zwischen Diez und Lahnstein werden als ausgezeichneter **Premium-Wanderweg** mit der **Markierung LW** vermarktet.

Das Wandern durch das Lahntal ist auch deshalb so reizvoll, weil Sie hier noch auf unverfälschte Naturlandschaft treffen und auf vielen Kilometern abseits vom Autoverkehr wandern können. Etliche Abschnitte sind nur schmale Fußpfade, immer wieder locken schöne Aussichten, mächtige Burgruinen und Schlösser sowie Städte und Orte mit spannenden Sehenswürdigkeiten. Der Abschnitt zwischen Solms und Runkel verläuft im *Naturpark Hochtaunus,* ab Diez bewegen Sie sich im *Naturpark Nassau.* Im Lahntal sind noch viele abwechslungsreiche Mischwälder, seltene Pflanzen, insbesondere an schlecht zugänglichen Steilhängen, und über 100 Brutvogelarten zu finden.

Die hier beschriebene Fünftagestour beginnt in **Albshausen** und führt beiderseits der Lahn über Weilburg und Limburg ins benachbarte Bundesland Rheinland-Pfalz, wo sie in **Nassau** endet. Der Anschluss bis Niederlahnstein ist in Mehrtagestouren im Westen Deutschlands beschrieben.

Lahntal Tourismus Verband (für den hessischen Teil), Brückenstraße 2, 35576 Wetzlar, T 07000/5246825. www.daslahntal.de, info@daslahntal.de.

Lahn-Taunus Touristik (für RLP), Obertal 9a, 56377 Nassau, T 02604/952520, Fax 952525. www.lahn-taunus.de, info@lahn-taunus.de.

Mehrtagestouren im Westen Deutschlands. 9 Wanderungen mit leichtem Gepäck zwischen Eifel und Schwarzwald. pmv, ISBN 978-3-89859-305-2, 12,95 €. Als einzelne Tour zum Herunterladen: www.gps-tourenplaner.de.

Auf der Höhe: Blick ins Lahntal vom Höhenweg

Die Wanderung in Kürze

5 Tage | 102,5 km | 1180 Hm Anstieg

Schwierigkeitsgrad: Sie laufen meist abseits von Autostraßen. Viele Abschnitte sind als schmale Fußsteige angelegt, die hin und wieder Trittsicherheit verlangen, überwiegend aber gut begehbar sind. Für ältere, sportliche Kinder dürften die beschriebenen Wege keine Schwierigkeit darstellen. Die Aufstiege und auch die Länge der Tagesetappen sind moderat, abgesehen vom 4. Tag; dieser ist mit 25 km Kindern nur bedingt zuzumuten.

Start: Bhf Albshausen

Ziel: Bhf Nassau

1. Tag: Albshausen – Weilburg 19,5 km

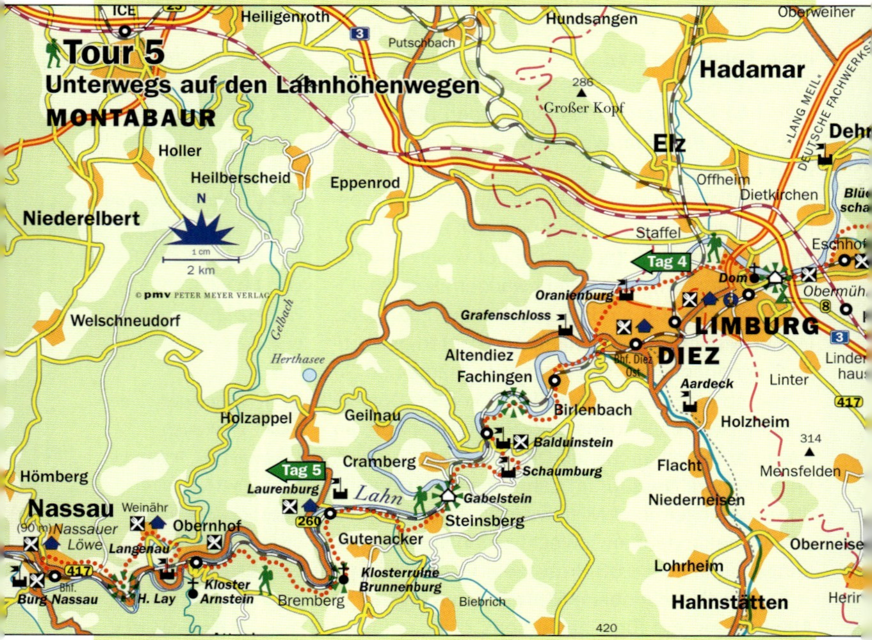

2. Tag: Weilburg – Aumenau 19 km

3. Tag: Aumenau – Limburg 20,5 km

4. Tag: Limburg – Laurenburg 25 km

5. Tag: Laurenburg – Nassau 18,5 km
Höchster Punkt: Hirschhausen, 290 m.
Anfahrt: Albshausen liegt an der Bahnstrecke Gießen – Wetzlar – Limburg – Koblenz im Tarifgebiet vom RMV. Der Abschnitt Gießen – Limburg wird bis Dezember 2011 von der DB betrieben, danach von der Hessischen Landesbahn, die Teilstrecke Limburg – Nassau – Koblenz dagegen durch die Vectus Verkehrsgesellschaft. Zwischen Diez und Koblenz gilt der VRM-Tarif.
Rückfahrt: Von Nassau mit RE, Vectus nach Limburg (u.a. mit Anschluss nach Gießen und Frankfurt a.M.) oder nach Koblenz.
Das nähere Umland ist außerdem durch zahlreiche Buslinien erschlossen.
ÖPNV unterwegs: Alle Übernachtungsorte unterwegs liegen an der genannten Bahnstrecke.
Unterkunft: In Albshausen, Weilburg, Aumenau, Limburg, Laurenburg und Nassau.
Beste Jahreszeit: Ganzjährig möglich, jedoch nicht bei Schnee!

Start in Albshausen

Taunus östlicher Teil, TF50-TS Ost, ISBN 978-3-89446-509-4 und Lahn-Naturpark Nassau, TF50-LN, Freizeitkarten 1:50.000 vom HLBG.

Die Ortschaft Albshausen liegt westlich von Wetzlar im Lahntal und ist Teil der Gemeinde Solms, die sich am Nordrand vom *Naturpark Hochtaunus* erstreckt. Der Bahnhof hatte frühere eine größere Bedeutung, denn hier zweigte die Solmsbachtalbahn Richtung Grävenwiesbach ab.

In Albshausen, 35606 Solms

Parkhotel-Parksauna Albshausen, Laubacher Weg 29, T 06441/9291-0, Fax 9291-49. www.hotel-parksauna.de, info@hotelparksauna.de. 16 Betten, EZ 48 €, DZ 42 €, MBZ 37 €. Sauna Mo 18 – 24 (13 – 18 Frauensauna), Di – Fr ab 14 – 24, Sa 11 – 22, So 11 – 18 Uhr. Tageskarte 12,50 €.

1. Tag

Gehzeit: 5 ½ Std.

Schwierigkeiten: Keine, alle Wege sind auch für Kinder geeignet, 2 Auf- und Abstiege mit 255 Hm Anstieg.

Höchster Punkt: Hirschhausen, 290 m.

Markierungen: Rotes Dreieck, Schwarzes L auf weißem Grund.

Ausgangspunkt: Bhf Albshausen.

Einkehr: In Braunfels und Hirschhausen.

GPS Weilburg:
N 50°29'17"
O 008°16'05"

Über Schloss Braunfels nach Weilburg

Albshausen (145 m) → Abzw. Lahn-Höhenweg (260 m) 3,5 km → Oberndorf L3283 (150 m) 5,5 km → Braunfels (236 m) 7,5 km → P Weiherstieg (255 m) 9,5 km → Hirschhausen (290 m) 13 km → Wildpark (285 m) 14 km → P Pfannenstiehl (280 m) 15 km → Jagdschloss Windhof (230 m) 17,5 km → Weilburg (155 m) 19,5 km.

Über Oberndorf nach Schloss Braunfels (7,5 km)

Vom **Bahnhof** zum Bahnübergang und dann links auf der Bahnhofstraße durch den Ort. Die Straße macht einen Rechts-Links-Bogen und Sie erreichen an ihrem Ende eine Ampelkreuzung. Dort geradeaus über die Braunfelser Straße (L3451) und gegenüber auf dem Laubacher Weg weiter. Geradeaus zum **Parkhotel,** Richtung Braunfels jedoch gleich wieder rechts vom Laubacher Weg ab, **Markierung Rotes Dreieck,** dann links auf einem geteerten Rad- und Fußweg zwischen den Häusern hinauf. Sie treffen weiter oberhalb wieder auf die Straße (Münchberg) und folgen ihr Richtung Waldrand. Geradeaus in den Wald hinein, vorbei an einem Wasserbehälter zu einer Kreuzung im Wald. Hier geradeaus zum Waldrand, wo sich der Weg gabelt. Nun links auf der Außenseite vom Waldrand weiter, bei der nächsten Gabelung geradeaus und wieder in den Wald. In der Folgezeit wenig bergan und schließlich erneut zu einem Waldrand. Dort zweigt das Rote Dreieck links als Wiesenweg ab, Sie folgen jedoch geradeaus dem Feldweg, treffen gleich auf einen Asphaltquerweg und folgen diesem nach links zu einer Wegkreuzung. Hier treffen Sie auf den **Lahnhöhenweg,** markiert mit **Schwarzem L auf weißem Grund.**

Von der Kreuzung rechts durch offenes Wiesengelände über Nebenwege, dann wieder in den Wald. Sie folgen immer dem L und erreichen dann den südlichen Teil von **Oberndorf.** Auf der Straße Zur Schmelz in die Siedlung hinein, geradeaus über eine Straßenkreuzung zu einer Querstraße hinab. Nun kurz links auf der Egerland-Straße zu einer Straßengabel. Dort rechts hinunter, an einem Fabrikgelände entlang und über den Solmsbach zur Peter-Weil-Straße (L3283).

Gegenüber auf dem Asphaltsträßchen Altenbach weiter zum Waldrand, dort links an ihm entlang. Vorbei an einem Gasthaus bis fast zur Einmündung in die Kreisstraße. Vorher jedoch rechts auf einen Schotterweg und bergan und oberhalb der Autostraße weiter, bis der Weg zur K einmündet und an der Abzweigung der Sudetenstraße von der Altenbachstraße (K381) den Ortsrand von **Braunfels** erreicht. Noch ein Stück auf einem Fußweg neben der Kreisstraße entlang zu einer Straßenkreuzung, wo Sie rechts in den Kirschenhohl abbiegen. Vorbei am Zugang zum Kurpark, unter einer Brücke durch und am Ende der Straße die

Schloss Braunfels, Postfach 129, 35615 Braunfels, T 06442/5002, Fax 5306. www.schloss-braunfels.de. 15. März – 31. Okt täglich ab 8 Uhr bis Dämmerung, 1. Nov – 14. März Sa, So, Fei und in den hessischen Ferien ab 11 Uhr bis Dämmerung. Führungen täglich ab 11 zur vollen Std, Nov – März nach Voranmeldung. 6 €, Schüler 3 €, Kinder 5 – 10 Jahre 2 €, Familie 14 €.

Braunfels bietet zahlreiche Übernachtungs- und Einkehrmöglichkeiten, insbesondere in der Umgebung vom Marktplatz.

Tourist-Information der Braunfelser Kur GmbH, Am Kurpark 11, 35619 Braunfels, T 06442/9344-11, Fax 93 44-22. www.braunfels.de, touristinfo@braunfels.de. Mo – Fr 10 – 18, Sa 10 – 14, April – Okt auch So 14 – 18 Uhr.

Treppe zu einer Querstraße hinauf. Auf dieser Straße (Am Kurpark) nach links zum **Marktplatz** von Braunfels. Hier zweigt der Zugang zum Schloss ab, außerdem finden Sie hier etliche Einkehrmöglichkeiten.

Braunfels

Der Luftkurort liegt oberhalb vom Lahntal. Die mittelalterliche Stadt und ihr **Schloss,** das auf einem Basaltfelsen inmitten der Kleinstadt aufragt, locken viele Besucher an. Die malerische Burganlage wurde 1260 von den *Herren von Solms* zum Schutz ihres nahe gelegenen Stammsitzes Burgsolms gegen Nassau errichtet. Ein Großbrand 1679, der Schloss, Städtchen und das Tal einäscherte, war Anlass für die barocke Neugestaltung. So bildet der **Marktplatz** mit seinen Fachwerkgiebelhäusern quasi den Vorplatz des Schlosses. Sehenswert ist auch der große **Kurpark** mit Lindenallee und Mammutbäumen, um 1700 nach dem Vorbild des Heidelberger Schlossgartens angelegt und im 19. Jahrhundert im neogotischen Stil erweitert. In Braunfels wird außerdem der *Karlssprudel* ausgeschenkt, ein Heilwasser aus dem 6 km entfernten *Leun-Biskirchen.*

© dzt

Spectaculum: Braunfels feiert das Mittelalter

Zum Tierpark von Hirschhausen (14 km)

Vom **Marktplatz** rechts auf der Weilburger Straße weiter. Nach dem links abzweigenden Burgweg macht diese ebenfalls eine Linkskurve. Nach dem Ende der Linkskurve führt die Weilburger Straße nördlich vom Schloss abwärts. Dann folgt eine weitere Linkskurve, und Sie erreichen nach dem Ortsende die L3451. Auf einem Fußweg ein kurzes Stück links neben ihr entlang, dann nach rechts über die Landstraße und gegenüber auf der Asphaltstraße Am Weiherstieg weitergehen, unweit davon auch der **Camping-Park Braunfels.** Der Asphaltweg steigt im Wald an und macht eine Linkskurve. Am Waldrand weiter, linker Hand teils schöne Ausblicke. Dann macht der Weg eine Rechtskurve, und Sie laufen eben weiter bis zum **Parkplatz Weiherstieg** mit Rastplätzen.

Vor der Einmündung des Asphaltsträßchens in die L3451 zweigt rechts ein Fußweg mit der Markierung Schwarzes L ab. Anfangs noch parallel zur Autostraße weiter, dann in den Wald und abwärts. Über eine Lichtung, dann wieder im Wald bergan. Vom Waldrand vor **Hirschhausen** geht es auf einem Asphaltweg zunächst noch minimal bergan, dann leicht abwärts. Vorbei am *Lindenhof* auf dem Asphaltweg Am Bühl geradeaus in das Dorf hinein. Dort über den Bermbacher Weg, links von der Kirche zu einer Treppe hinab zur Einmündung der Waldstraße in die Weiherstraße und auf dieser zur nahen Tiergartenstraße gehen, dort die Bushaltestelle Ortsmitte und die einfache **Gaststätte Hessenhaus.** Die auffällige achteckige evangelische Kirche wurde von einheimischen Familien 1763 erbaut.

Südlich des Ortes liegt der **Wildpark Tiergarten Weilburg,** der auf ein gräfliches Wildgehege von 1590 zurückgeht. Nach links auf der Tiergartenstraße (K412) weiter. Diese macht gleich eine Rechtskurve, führt aus dem Ort heraus und

Camping-Park Braunfels, Am Weiherstieg 2, T 06442/938318, Fax 938318. www.braunfels.de, rebew-wil@t-online.de. Ganzjährig geöffnet.

Tiergarten Weilburg, Hirschhausen, 35781 Weilburg, T 06471/626284. www.hessen-forst.de, forstamtweilburg@forst.hessen.de. April – Sep 9 – letzter Einlass 18 Uhr, Okt – März 9 – letzter Einlass 17 Uhr. 5 €, Kinder 4 – 14 Jahre 2,50 €, Familie 14 €.

Hessenhaus im Tiergarten, 35781 Hirschhausen, T 06471/8455, Ruhetag Mo.

steigt wenig an. Dann können Sie links von der Straße auf einem Asphaltweg entlang der Mauer zum Tierpark weiterlaufen und kommen so zu seinem Eingang.

Zum heutigen Etappenziel Weilburg (19,5 km)

Weiter geradeaus über den Parkplatz, und auf seiner Zufahrt zur Kreisstraße. Links neben ihr weiter, am *Ponyhof Tiergarten* vorbei, bis kurz vor die Einmündung der Kreisstraße in die B456. Wenig vorher zweigt gegenüber auf der rechten Straßenseite ein fast zugewachsener Pfad ab. Entlang einem Zaun, per Rechtskurve über Wiesengelände, dann in den Wald, dort geradeaus über eine Forststraße zum **Parkplatz Pfannenstiehl** an einer Linkskurve der B456.

Wie am Schnürchen gezogen: Alte Lahnfähre unterhalb Weilburgs Altstadt

© pmv, Foto: M. Schnelle

Vom Parkplatz rechts auf einem breiten Forstweg im Wald bergab, dann auf einem breiten Querweg rechts zu einer nahen Wegkreuzung. Hier links weiter, und immer geradeaus durch den Wald zu seinem Rand. Dort mündet ein Weg mit Schwarzem Dreieck ein. Geradeaus weiter, über den *Briebach,* nach dessen Überquerung links ein Feldweg abzweigt. Sie gehen jedoch geradeaus wieder bergan, dann durch die Felder zu einer Gabelung vor dem nächsten Waldstück. Hier geradeaus weiter, und bald im Wald zu einem Parkplatz. Von dort in bisheriger Richtung zum rechts liegenden **Jagdschloss Windhof,** heute Technikerschule und Wohnheim.

Dann folgen Sie halb links dem Braunfelser Weg nach **Weilburg** hinein. Am Friedhof vorbei, dann links auf dem Schmittbachweg-weiter, der bei einem Platz nach rechts umbiegt und dann per Linkskurve zur Frankfurter Straße (B456) führt. Auf dieser links zu den Hotels **Lindenhof** und **Weilburg,** rechts dagegen hinunter zur Altstadt, bis vor die Rechtskurve zur Oberlahnbrücke. Von hier kommen Sie rechter Hand über die Lahnbrücke, vor der Sie rechts noch zum Hotel-Restaurant **Am Schiffstunnel** abzweigen können. Auf der anderen Lahnseite dann rechts auf der Bahnhofstraße zum nahen ZOB und Bahnhof von Weilburg. Gehen Sie dagegen links, kommen Sie aus der Kurve der Frankfurter Straße durch das Landtor in die **Altstadt.** Zunächst auf der Straße Vorstadt entlang, dann rechts auf der Marktstraße zum **Marktplatz.**

Weilburg

Die malerische Kleinstadt Weilburg liegt im Lahntal zwischen Westerwald und Taunus. Urkundlich wurde eine Burg an der Straße von Koblenz nach Thüringen im Jahre 906 erstmals erwähnt. Daraus hat sich der Ort entwickelt, der 1295 Stadtrechte erhielt und eine lange Tradition als Residenz- und Schulstadt hat. Weilburgs Wahrzeichen, das M **Residenzschloss** der *Grafen von Nassau-Weilburg,* geht auf 1355 zurück und ist ein Baudenkmal von internationalem Rang. Das heutige vierflügelige Schloss mit seinem malerischen Schlosshof im Renaissancestil ersetzte die ursprüngliche Burg und wurde 1533 – 72 erbaut. Nach dem Dreißigjährigen Krieg wurde es aber umfassend umgebaut, und es entstanden die heutigen Barockbauten des Schlosses, die *Schlosskirche,* der wunderschöne *Schlossgarten,* die *Orangerien,* das alte *Rathaus,* der quadratische **Marktplatz** und die angrenzenden Bürger-

M **Schloss Weilburg,** T 06471/9127-0, Fax -20. www.schloesser-hessen.de/80.html, info@schloesser.hessen.de. März – Okt Di – So 10 – 17 Uhr, Nov – Feb Di – So 10 – 16 Uhr. Eintritt und Führung 4 €, Kinder 1 €, Familien 8 €.

Grafen-Residenz: Heute darf jeder im Weilburger Schloss speisen und nächtigen

© dzt

Schlosshotel, Langgasse 25, 35781 Weilburg, T 06471/5090-0, Fax -111. www.schlosshotel-weilburg.de, info@schlosshotel-weilburg.de, EZ ab 63, DZ ab 94 €. Eine Suppe in der »Alten Reitschule« kann sich jeder leisten, Fleischgerichte ab 15 €.

Jugendherberge Weilburg, Am Steinbühl 1 (am oberen Ortsrand), T 06471/7116, Fax 1542. www.weilburg.jugendherberge.de, weilburg@djh-hessen.de. 156 Betten in 18 MBZ, 6 Zimmer mit Dusche/WC, 21,50 €.

Stadtführungen für Einzelpersonen (90 Min) Mai – Okt, jeden Sa um 10.30 Uhr ab Tourist-Information und jeden So um 14 Uhr ab Marktplatz Neptunsbrunnen.

häuser. Eine andere Rarität ist der 195 m lange **Schiffstunnel** mit Doppelkammerschleuse durch den Weilburger Bergrücken, der 1847 im Zusammenhang mit der Kanalisierung der Lahn erbaut wurde und bis heute in Betrieb ist.

In 35781 Weilburg:

Lindenhof, Frankfurter Straße 23, T 06571/91260-0, Fax -60. www.aktivhotel-lindenhof.de, anfrage@aktivhotel-lindenhof.de. 27 Zimmer, EZ 49 €, DZ 37 €.

Weilburg Garni, Frankfurter Straße 27, T 06471/9129-0, Fax -79. www.hotel-weilburg.de, info@hotel-weilburg.de. 25 Zimmer, EZ 40 €, EZ mit Dusche und Etagen-WC 33 €, DZ 30 €.

Am Schiffstunnel, Ahäuser Weg 4, T 06471/61872, Fax 62124. www.hotel-am-schiffstunnel.de, olli.nelle@gmx.de. 19 Zimmer, EZ 37,50 €, DZ 30 €, MBZ 28,50 €.

Jugendzeltplatz Hauseley an der Lahn (niedriger Standard, keine Duschen, nur fließend kaltes Wasser), am Weg nach Aumenau, Ganzjährig geöffnet, Anfragen und Anmeldung über die Tourist-Information. Bis zu 100 Pers, 4 € ÜpP, Stellplatz Auto 4 € pro Tag.

Tourist-Information, Mauerstraße 6 – 8, T 06471/31467, Fax 7675. www.weilburg.de, tourist-info@weilburg.de. Mo – Fr 9 – 17, Sa 10 – 17 Uhr.

Von Weilburg nach Aumenau

Weilburg (155 m) → Rollschiff Anlegestelle (131 m) 1 km (über Hauseley-Pavillon, 160 m, 1,5 km) → Odersbach (140 m) 4 km → L3452 (135 m) 11 km → K431 oberhalb Falkenbach (215 m) 13 km → K331 beim Sportplatz (250 m) 15,5 km → Aumenau Zentrum (143 m) 18 km → Aumenau Bhf (120 m) 18,5 km (bzw. 19 km über Hauseley-Pavillon).

Mit oder ohne Hauseley Pavillon zum Rollschiff (1 bzw. 1,5 km)

Vom **Marktplatz Weilburgs** folgen Sie nordwärts der Langgasse und biegen bei der nächsten Kreuzung links in die Neugasse ab. An ihrem Ende über die Querstraße. Vom dort stehenden Denkmal haben Sie nun verschiedene Möglichkeiten, um den **Lahnhöhenweg** auf der **Lahn-Nordseite** zu erreichen. Variante a) bietet Ihnen die Möglichkeit, den wunderbaren Ausblick vom Hauseley Pavillon zu genießen, bei Variante b) setzen Sie mit dem Rollschiff über die Lahn, was eine sehr vergnügliche Angelegenheit ist.

a) Auf einem **Serpentinenweg** hinab zur Hainallee und gegenüber zur Kettenbrücke, offiziell *Ernst-Dienstbach-Steg*. Nach Überquerung der Lahn weiter zum Odersbacher Weg, wo Sie auf den **Lahnhöhenweg mit Weißem L auf schwarzem Grund** treffen. Links auf einem Waldweg weiter. Schon bald gibt es erneut zwei Möglichkeiten:

aa) Die romantische Variante: Vom befestigten Waldweg zweigt links ein schmaler Pfad mit der Markierung L ab und führt zur Lahn hinunter. Dort auf einem Holzsteg um den vorderen aus der Lahn hervorragenden Felsen der *Hauseley* herum zur *Anlegestelle vom Rollschiff.*

ab) Variante mit Ausblick: Alternativ laufen Sie geradeaus auf dem breiten Waldweg Richtung Odersbach weiter, zweigen dann am Waldrand

2. Tag

Gehzeit: 5 ¼ - 5 ¾ Std.
Schwierigkeiten: Trotz sehr unterschiedlicher Wege keine lange Waldstrecken, mehrere Auf- und Abstiege mit rund 200 Hm Anstieg bzw. mit Hauseley-Pavillon 230 Hm.
Höchster Punkt: 269 m oberhalb von Falkenbach.
Markierung: Weißes L auf schwarzem Grund.
Ausgangspunkt: Weilburg Marktplatz.
Einkehr: In Odersbach.
GPS Aumenau:
N 50°24'06"
O 008°15'03"

Nutzen Sie doch den Vormittag noch für einen Bummel durch Weilburg oder zur Schlossbesichtigung, dann sind Sie mittags in Odersbach und sollten einen Besuch im XXL Restaurant Schnitzelkönig einplanen!

© pmv, Foto: M. Schnelle

Rückblickend: Weilburg grüßt ein letztes Mal

links auf einer Lindenallee ab, die Sie zum *Aussichtspavillon Hauseley* bringt. Dieses Tempelchen wurde als Aussichtspunkt und für den Wetterschutz 1892 errichtet und 1999 renoviert. Dieser Abstecher ist sehr zu empfehlen, denn von hier haben Sie einen herrlichen Rückblick auf Weilburg. Vom Pavillon führt ein schmaler Pfad hinab zur *Anlegestelle des Rollschiffs.*

b) Der alternative Seitenwechsel mit Rollschiff: Vom Denkmal am Rand der Altstadt südwärts den Hang vom Hainberg entlang, hinab zur Uferstraße und zur *Anlegestelle vom Rollschiff.* Diese Personenfähre besteht seit 1691. Die Bezeichnung Rollschiff kommt daher, weil das Boot vom Fährmann per Hand an einem Drahtseil gezogen wird, welches über Rollen läuft. Das Rollschiff verkehrt Mai – Sep Sa und So, 14 – 17 Uhr. Die Betriebszeiten hängen jedes Jahr von der Höhe der Zuschüsse ab. Bei der Tourist-Information Weilburg erhalten Sie die aktuellen Verkehrszeiten und können weitere Termine anfragen.

Achtung: Zur Zeit der Drucklegung war das Rollschiff leck; es soll aber planmäßig bis zum Frühjahr 2012 wieder repariert sein. Nähere Informationen hierzu erhalten Sie ebenfalls bei der Tourist-Information Weilburg.

Nach Odersbach (4 km)

Von der Anlegestelle am Fuß der Hauseleyfelsen folgen Sie dem markierten Wanderweg neben der Lahn und erreichen den **Jugendzeltplatz Hauseley** gegenüber vom Schiffstunnel. Von dort auf einem Feldweg weiter, der dann in einen Asphaltweg einmündet, der von rechts kommt. Sie folgen dem Bogen der Lahn und nähern sich im Wiesengelände **Odersbach.** Vorher über einen Wendeplatz mit Rastbänken. Von dort auf der Lahnstraße bis zur Weilburger Straße. Geradeaus auf dieser zur Bushaltestelle Dorfplatz. Eine Brücke ermöglicht hier einen Lahnübergang nach Odersbach. Im Ort, dessen Chronik ins 9. Jahrhundert zurückreicht, liegt am Weg auch ein altes sehenswertes Fachwerkhaus von 1576.

Am Hexenbörnchen vorbei nach Falkenbach (13 km)

Vom **Odersbacher Zentrum** geradeaus auf der Runkeler Straße (K490) vorbei an dem erwähnten Fachwerkhaus und bergan. Oberhalb vom Ort an einem Wasserbehälter vorbei und kurvenreich zu einem Parkplatz mit weiter Aussicht über das Lahntal. Bald danach links auf einem Forstweg ab. Zunächst unterhalb der Autostraße, dann kurvenreich im Wald nördlich des 269 m hohen *Scheuernberger Kopfes* weiter. Bei einer Gabelung rechts am Berghang weiter. Hoch über dem Lahntal südwärts zu einer Kreuzung, von der Sie beschränkt Tiefblick ins Tal haben. Bald danach folgen Sie einer Rechtskurve in ein Seitental und laufen dort an der Quelle **Hexenbörnchen** vorbei. Kurvenreich im Wald weiter. Dann kommt von rechts oben ein Weg herab. Sie laufen aber geradeaus weiter und kommen bald durch ein kleines Seitental. Dann haben Sie links einen Tiefblick zum Campingplatz bei Gräveneck. Der Weg schlängelt sich weiter durch den Wald. Schließlich

Camping Odersbach, Runkeler Straße 5, T 06471/7620, Fax 379603. www.camping-odersbach.de, info@camping-odersbach.de.

Pension Heimann, Kurt-Schumacher-Straße 20 (zweigt von der Weilburger Straße ab), 35781 Odersbach, T 06471/7552, 7 DZ à 25 €.

Pizzeria Da Remo, Weilburger Straße 2, T 06471/1396.

XXL Restaurant Schnitzelkönig, Weilburger Straße 17, T 06431/508600. Nov – März Di – Sa 17 – 23, So und Fei 11 – 14 Uhr, April – Okt Di – So ab 9 Uhr.

© Peter Meyer

Verzaubert? Begegnung am Hexenbörnchen

erreichen Sie den Waldrand und haben links einen Blick auf Grävenseck. Vom Waldrand hinab zur L3452, wo sich ein Wendeplatz und die **Bushaltestelle Brücke** befinden.

Von der L3452 folgen Sie der südwärts abzweigenden K432 Richtung Falkenbach. Dann zweigt die **Markierung Weißes L** rechts ab und in einem romantischen Seitental aufwärts. Weiter oben treffen Sie auf einen anderen Weg, erreichen den Waldrand und kommen auf einem Wiesenweg zur **K431** oberhalb von Falkenbach.

Zum heutigen Etappenziel Aumenau (18,5 km)

Rechter Hand mit 12 % Steigung auf der Autostraße bergan, bis der **Lahnhöhenweg** wieder links abzweigt. Vorbei an einem Waldstück mit verstecktem Haus geht es zu einer Gabelung, wo links ein Asphaltweg abzweigt. Selbst gehen Sie jedoch geradeaus durch die Felder weiter und erreichen nach einer Rechts-Links-Kurve den höchsten Punkt. Danach in ziemlich gerader Linie Richtung Süden, wobei Sie Abzweigungen und Kreuzungen ignorieren. Zuletzt in einem Bogen entlang einer Baum-Buschreihe zur K431 bei einem **Sportplatz,** der etwas oberhalb der Straße liegt.

Von dort linker Hand am Waldrand auf der Kreisstraße bergab. Dort, wo die K431 eine Linkskurve macht, rechts in den Wald einbiegen. Kurvenreich im Wald südwärts. Dann erreichen Sie den Waldrand und laufen zunächst außen am Wald entlang, dann nach links vom Wald weg. Inzwischen ist auch Aumenau ins Blickfeld gekommen, und Sie treffen auf einen Asphaltweg, dem

Sie nach rechts folgen. So kommen Sie durch Felder und Wiesen hinab zum Ortsrand von Aumenau. Dort links auf der Falkenbacher Straße hinab. Vorbei am Friedhof laufen Sie in einem Rechtsbogen zu einer Kreuzung, dort geradeaus über die Kohlstraße. An der nächsten Kreuzung, beim **Gasthof Symposion,** rechts auf der Seelbacher Straße ab. Diese macht dann einen Rechtsbogen und erreicht eine Kreuzung im Ortszentrum vor der Kirche, dort befindet sich auch eine Bushaltestelle. Der Ort aus karolingischer Zeit und erstreckt sich größtenteils über einen Hang am rechten Ufer der Lahn.

Hier links von der Seelbacher Straße ab und auf der Wingertstraße bis zur nächsten Kreuzung gehen, wo links die Brückenstraße zur Lahn hinabführt. Sie verlassen an dieser Kreuzung den Lahnhöhenweg und folgen links der Brückenstraße hinab. Am **Restaurant Lahnbrücke** vorbei und über die Lahn zur Leistenbachstraße (L3063), dort ein weiteres Restaurant, das **Restaurant Lahngold.** Hier kommen Sie rechts entlang der Lahn zum nahen **Bahnhof.**

Landgasthaus Symposion, T 06474/882488, Seelbacher Straße 1, 65606 Aumenau-Villmar. www.aumenau-info.de. Mo – Do 17 – 23, So, Fei 12 – 23 Uhr.

Restaurant Lahngold, Mehmet Bayram, Leistenbachstraße 6, 65606 Aumenau, T 06474/883606, www.restaurant-lahngold.de, info@restaurant-lahngold.de. Italienische Pizza, Pasta und Schnitzel.

In Aumenau, 65606 Villmar:

Lahnbrücke, Brückenstraße 1, T 06474/9149- 0, Fax 9149-49. www.hotel-lahnbruecke.de, hotellahnbruecke@aol.com. 18 Betten, EZ 48 €, DZ nur mit Dusche 27,50 €, ansonsten 34 €.

Zum Lahnfelsen, Lahnstraße 38a, Gräveneck, 35796 Weinbach (Alternative, per Zug Richtung Weilburg, dann 1 km Fußweg vom Bahnhof), T und Fax 06471/4896. www.graeveneck.de/landgasthof, landgasthof@graeveneck.de. 5 DZ à 22 €, DZ als EZ 25 €, 1 Apartment à 39 €, Restaurant Mo Ruhetag.

ESV Jugend- und Wanderheim des Eisenbahner-Sportvereins Blau-Weiß, Limburg, In der Spaich, 65594 Runkel (Alternative am Weg 6 km Richtung Runkel), T 06482/4615, Fax 911976. www.in-der-spaich.de, info@in-der-spaich.de. 24 Betten, MBZ sowie 10 Lagerbetten, beim Haus außerdem ein Campingplatz. Nichtmitglieder 7 €, bis 14 Jahre 5,50 €, für Mitglieder jeweils 1 € weniger, Lagerbett 3 €. Extrakosten für Bettwäsche, Küchenbenutzung und Heizkostenzuschlag. Campingplatz: Kleines Zelt 3,50 €, großes Zelt 7,50 €, außerdem pro Person 4 €, 3 – 14 Jahre 3 €.

3. Tag

Gehzeit: 5 ½ Std.

Schwierigkeiten: Leichte Tagesetappe mit nur kleinen Auf- und Abstiegen auf teils schmalen, aber unschwierigen Wegen. Gut auch für Kinder geeignet, insgesamt rund 100 Hm Anstiege.

Höchster Punkt: Gretenburg, 178 m.

Markierung: Weißes L auf schwarzem Grund, ab Runkel Schwarzes L auf weißem Grund.

Ausgangspunkt: Aumenau Zentrum.

Einkehr: Im ESV Jugend- und Wanderheim, in Runkel und Eschhofen.

GPS Limburg:
N 50°23'05"
O 008°03'75"

Über Runkel nach Limburg

Aumenau (143 m) → Arfurt (140 m) 5 km → ESV Jugend- und Wanderheim (120 m) 6 km → Gretenburg (178 m) 6,5 km → Runkel (170 m) 11,5 km → Eschhofen (115 m) 17,5 km → Limburg (117 m) 20,5 km.

Entlang der Lahntalhänge über Arfurt zum ESV Jugend- und Wanderheim (6 km)

Von der **Kreuzung Brücken- und Wingertstraße** laufen Sie auf letzterer in einem langen Rechtsbogen zum Ortsrand. Nachdem rechts die Ringstraße abgezweigt ist, beginnt nach dem letzten Haus ein Feldweg, der Sie zum Waldrand bringt. Nach einer Wegkreuzung geht es für kurze Zeit durch Wald, dann wieder an seinem Rand oberhalb der Lahn weiter. Erneut in den Wald, dann kommt von rechts oben ein Asphaltweg von Seelbach, dem Sie links abwärts folgen. Dieser macht vor der Bahnlinie eine Rechtskurve, dann führt er nach links über die Bahnstrecke, während Sie geradeaus einem Fußweg im Buschwald neben bzw. oberhalb der Bahn folgen. Dann liegt linker Hand der 🚌 **Bahnhof von Arfurt** unter Ihnen und Ihr Weg führt zu ihm hinab. Auf einem Asphaltweg, der Langgasse, weiter zum Ortsanfang von Arfurt. In einer Rechtskurve gehen Sie bergan in den Ort. Dann erreichen Sie eine Kurve der Langgasse und folgen nun geradeaus der Straße An der Linde bis zur Kreuzung mit der Runkeler Straße.

Von dieser links auf der Runkeler Straße weiter, dann am Ortsende in einer Kurve links von der Straße ab und auf einem Wiesenweg weiter. Im Buschwald neben der Bahn entlang. Durch ein NSG, die Bahnlinie und die Lahn immer auf der linken Seite vom Weg. Am Beginn eines Feldweges liegt dann das ↗ **ESV Jugend- und Wanderheim** mit der Gaststätte **Campingtreff.**

Nach Runkel, die Stadt der Burgen (11,5 km)

Danach führt rechts ein Asphaltweg (In der Spaich) aus dem Lahntal heraus, steigt an und erreicht die Häusergruppe **Gretenburg** an der K464, dort auch eine Bushaltestelle.

Nach links auf der Kreisstraße weiter, bis hinter einem Hof links ein Asphaltweg von der Kreisstraße abzweigt. Dieser führt durch die Felder Richtung Süden, und Sie haben eine weite Sicht Richtung Villmar. Zunächst gehen Sie über Nebenwege, dann setzt sich der Asphaltweg als Wiesen-Feldweg fort. Vor dem Waldrand am Steilabfall zur Lahn biegt der Wanderweg rechts herum und folgt zunächst außen dem Waldrand. Dann geht es am Rand vom *NSG Karlstein* entlang, oberhalb vom Waldrand weiter und bei einer Gabelung links in den Wald. Allmählich geht es bergab zu einer Gabelung unweit eines Bahnübergangs. Dort auf dem Lahnhöhenweg in das *NSG Wehrley* mit seinen Vulkanfelsen. Wieder bergan, teils über Stufen und in Serpentinen. Bei der folgenden Gabelung dann links weiter. Gleichzeitig kommen die Häuser von Runkel in Sicht. Nach dem Anstiegsende links hinunter, wo der **Dr.-Otto-Bruchhäuser-Tempel** liegt, ein Holz-Pavillon, von dem Sie eine fantastische Aussicht auf das Lahntal und Runkel mit seiner mächtigen Burganlage haben.

Lassen Sie das R rollen: Wetterauer Runkelrübenburg mit Lahnblick

Von den Wehrley-Felsen geht es in bisheriger Richtung zur modernen katholischen Kirche mit ihrem weithin sichtbaren Turm. Links von dieser weiter und nach Runkel hinein. Dann folgen Sie halb links der Straße Auf dem Knappenfeld bis zu ihrer Rechtskurve. Dort geradeaus auf dem Asphaltfahrweg In den Amtsgärten und zum Schluss auf Fußweg zur Schadecker Straße (L3020). Auf dieser nach links vorbei am **Gasthof Thomas** über die Bahngleise. Danach liegt links der Bahnhof, rechts zweigt die L3063 ab und geradeaus kommen Sie auf der alten, mit Pflastersteinen versehenen Rundbogenbrücke über die Lahn in die **Altstadt von Runkel.**

M **Burg Runkel,** Schlossplatz 2, 65594 Runkel, T 06482/ 941472, Fax 4222. www.burg-runkel.de. 1. April – 31. Okt täglich außer Mo 10 – 17 Uhr. 3,50 €, Kinder bis 14 Jahre 2,50, Familie 10 €.

Runkel (Lahn)

Runkel gilt als Stadt der Burgen und liegt beiderseits der Lahn. Urkundlich wurde sie erstmals 1159 erwähnt. Die heute noch bestehende alte Rundbogenbrücke über die Lahn geht auf 1448 zurück. Auf der linken Seite der Lahn liegt die historische Altstadt mit der M **Burg Runkel** und den romantischen Fachwerkhäusern aus dem 17. und 18. Jahrhundert und, während der baulich mit der Kernstadt verschmolzene Stadtteil **Schadeck** und der gleichnamigen **Burg** auf der rechten Seite der Lahn liegt. Beherrschend für Runkel ist die romanische Stammburg der Herren von Runkel, 1159 auf einem senkrecht abfallenden Felsen über dem Lahntal erbaut. Sie wurde im 14. Jahrhundert erweitert, 1634 zerstört, teilweise wieder instand gesetzt und kann heute besichtigt werden.

© pmv, Foto: Alexander Kraft

Hockt schadenfroh gegenüber: Burg Schadeck

Auf der südlichen Lahnseite nach Eschhofen (17,5 km)

Nach Überquerung der alten **Lahnbrücke** treffen Sie am Fuß der Altstadt auf eine Querstraße. Hier folgen Sie rechts der engen Burgstraße, die in einer Linkskurve aufwärts führt. Beim Rathaus biegen Sie links zum Schlossplatz ab. Von dort haben Sie einen Zugang zur Burg. Rechts auf der Obertorstraße zur Kreuzung. Hier links auf dem Niederbrecher Weg (L3022) bergan bis zum Ortsende. Beim Ortsendeschild zweigt der vorher von links gekommene **Lahnhöhenweg** mit **Schwarzem L auf weißen Grund** rechts ab. Als schmaler Fußweg geht es eben zwischen Feld und Wald entlang. Dann kommt von links ein Feldweg, dem Sie geradeaus am Waldrand entlang weiter folgen. In einer Linkskurve zur L3020; auf dieser kurz nach rechts zurück Richtung Runkel. In der folgenden Rechtskurve zweigt scharf links ein Fußweg ab und führt in das *NSG Runkeler Laach.* Auf dem Waldweg immer geradeaus, an einem rechts liegenden historischen **Judenfriedhof** mit Gräbern von 1849 bis 1927 vorbei, dann durch eine Sen-

In Runkel bestehen etliche Übernachtungs- und Einkehrmöglichkeiten.

Tourist-Information, Burgstraße 23, 65594 Runkel, T 06482/9161-60, Fax 9161-44. www.runkel-lahn.de, info@stadtrunkel.de. Mo – Fr 10 – 13 und 14 – 17 Uhr, Sa, So und Fei 10 – 13 Uhr.

ke zum Waldrand. Nun am oberen Rand des Steilabfalls zur Lahn entlang, wobei Abzweigungen und Kreuzungen ignoriert werden. Später nach rechts in den Wald. Nach dem Ende vom NSG geht's an der 1796 angelegten **Blücherschanze** vorbei, die nach dem preußischen Generalfeldmarschall *Blücher* benannt ist, der sich zusammen mit Wellington in der Schlacht von Waterloo gegen Napoleon durchsetzte. Die Schanze erinnert an Blüchers erfolgreiche Schlacht gegen die französische Moselarmee.

Der 1926 dort errichtete Gedenkstein erinnert an 250 Soldaten, die 1813 – 14 im Militärlazarett der Burg Runkel starben.

Per Linksbogen zum Waldrand, dort rechts an ihm entlang. Bei der kommenden Kreuzung links und am Waldrand entlang. Schon wenig später bei einer weiteren Kreuzung rechts in den *Ennericher Wald;* dort immer geradeaus. Am anderen Ende des Ennericher Waldes kurz links, aber gleich wieder rechts an einer Wiese und Buschreihe abwärts. Linker Hand haben Sie hier eine Aussicht Richtung Eschhofen. Dann geht es erneut in den Wald zu einem breiten Querweg. Auf diesem nach links zum Waldrand mit schöner Aussicht Richtung Dietkirchen. Am Waldrand links weiter und den Wald hinter sich lassend zu einem Asphaltquerweg vor dem *Emsbach.* Auf dem Weg nach rechts zur nahen L3448. Nach links auf der Landstraße über den ersten Arm vom Emsbach, dann an der ehemaligen **Mühle** und einer kleinen Kirche vorbei über den zweiten Bacharm. Auf der Mühlener Straße entlang und in Straßenschlenkern zum Bahnübergang. Direkt zuvor zweigt links ein Asphaltweg zum nahen Bahnhof ab.

Eschhofen wurde erstmals 1279 erwähnt. Keimzelle war eine Burg, die heute nicht mehr existiert. Der Ortsname geht auf einen Mann namens *Eschilo* zurück, der hier um 500 n.Chr. einen Hof errichtete. Am Wanderweg liegen mehrere **Restaurants,** in denen Sie einkehren können.

Osteria Gran Duca, Langgasse 27, 65552 Eschofen, T 06431/210995.

Pizzeria Toscana, Limburger Str. 46, 65552 Eschofen, T 06431/73590.

Zum Tagesziel, der Bischofsstadt Limburg

Nach Überquerung der **Bahngleise** halb rechts auf der Langgasse bergan. Sie folgen dieser bis zu ihrem Ende, nämlich der Einmündung in die Limburger Straße (L3020). Auf dieser kurz nach rechts, bis sie eine Rechtskurve macht. Dort geradeaus auf der Friedhofstraße weiter. Noch vor dem Friedhof zweigt links eine Straße zum nahen 🚆 ICE-Bahnhof Limburg-Süd ab. Selbst laufen Sie auf der Friedhofstraße in Schlenkern weiter und kommen bald unter der ICE-Strecke hindurch. Bald danach am Waldrand weiter und unter der A3 durch. Geradeaus auf einem Waldweg zu einem **Rundpavillon.** Von dort in bisheriger Richtung weiter, bis der Weg einen Linksbogen macht. Hier gemäß der Markierung mit dem **Schwarzen L auf weißem Grund** rechts ab und im Wald auf Serpentinen abwärts zur Eisenbahnstraße, die bei einer Unterführung erreicht wird. Geradeaus kommen Sie hier in

Weithin sichtbares Wahrzeichen: Der Dom von Limburg

© pixelio, Foto: Claudia Hautumm

Kürze zum Südzugang vom Bahnhof Limburg. Rechts jedoch unter der Bahnlinie hindurch, dann nach rechts auf dem Eschhöfer Weg (L3020) Richtung Runkel. Von dieser Straße zweigt wenig später links eine kleine Nebenstraße ab (Am Huttig). Diese führt direkt zur Lahn, wo das romantische **Restaurant Obermühle** liegt und ein Weg entlang der Lahn verläuft. Sie zweigen jedoch links in die Straße Rossmarkt ab und gelangen so in die Altstadt von Limburg. Halb rechts auf den Gassen Mühlberg und Pfarrweg zum Domplatz und nach rechts zum markant rot-weißen **Limburger Dom** oberhalb der Lahn, das Wahrzeichen der Stadt und Endpunkt der heutigen Tagesetappe.

Obermühle, Am Huttig 3, 65549 Limburg an der Lahn, T und Fax 06431/ 5840084, www.obermuehle.info, kontakt@ obemmuehle.info. Im Sommer Di – So ab 11 Uhr. Mit Biergarten unter hohen Bäumen und Terrasse am frisch renovierten Mühlengebäude mit sich drehendem Mühlrad.

Die Domstadt Limburg

Die Kreisstadt Limburg liegt zwischen Westerwald und Taunus im fruchtbaren Limburger Becken an der unteren Lahn, das sich hier zu einer breiten Beckenlandschaft weitet. Zwar wurde Limburg erstmals 910 urkundlich erwähnt, besiedelt war die Gegend wahrscheinlich allerdings wesentlich früher. Alte Heer- und Handelsstraßen berührten Limburg schon in früheren Zeiten, sodass die Stadt nicht erst heute ein beliebtes Ausflugsziel und Einkaufsstadt ist. Durch die nahe Autobahn und den ICE-Haltepunkt Limburg-Süd auf der Strecke Frankfurt – Köln befindet sie sich auch heute in einer verkehrsgünstigen Lage.

Vollendete Spätromanik: Der »Georgsdom«

Quelle Wikipedia, Foto Berthold Werner

Wahrzeichen der Stadt ist die spätromanische **St.-Georg-Stiftskirche,** die 1235 geweiht und 1827 zum **Dom** erhoben wurde. Der heutige Bau mit der ausdrucksstarken Rose im Mittelteil der Front ist eine dreischiffige Emporenbasilika und die Kathedralkirche des Bistums Limburg. Zur Bischofskirche gehört auch der *Domschatz* im M **Diözesanmuseum** mit seiner berühmten *Staurothek,* ein byzantinisches Kreuzreliquar, und dem *St.-Petrus-Stab-Reliquiar,* einer Trierer Arbeit aus Gold und Edelsteinen von 988.

Die Limburger **Altstadt,** die sich um den Dom ausbreitet, ist eines der schönsten mittelalterlichen Stadtbilder ganz Deutschlands, das nahezu unversehrt erhalten blieb und komplett unter Denkmalschutz steht.

Vom Bahnhof ist die Altstadt direkt auf der Bahnhofstraße zu erreichen. Hier finden Sie viele Fachwerkbauten aus dem 13. und 19. Jahrhundert. Eine Besonderheit sind dabei einige hochmittelalterliche Hallenhäuser, die im Erdgeschoss über eine große Halle verfügen. Erwähnenswert sind u.a. auch noch die *St.-Anna-Kirche* am Rand der Altstadt, die Stiftung eines *Wilhelmiterklosters* mit Glasmalereien aus dem 14. Jahrhundert, das historische *Rathaus* von 1899, das *Limburger Schloss* vom Anfang des 13. Jahrhunderts und die *Alte Lahnbrücke,* die auf 1315 zurückgeht.

M **Limburger Dom,** Gottesdienste täglich um 10.15 Uhr, Domführungen Di – Fr 11 und 15 Uhr, Sa 11, So 11.45 Uhr, für Gruppen auch nach Voranmeldung, T 06431/929983, Fax 929985. www.dom.bistumlimburg.de, domfuehrungen-limburg@bistumlimburg.de. 1 €.

M **Diözesanmuseum,** Domstraße 12, 65549 Limburg, T 06431/584720-0 (Museum). http://staurothek.bistumlimburg.de, dioezesanmuseum@bistumlimburg.de.

In 65549 Limburg a.d. Lahn:

Nassauer Hof, Brückengasse 1 (an der Alten Lahnbrücke), T 06431/996-0, Fax 996-555. www.hotel-nassauerhof-limburg.de, post@hotel-nassauerhof-limburg.de. 31 Zimmer, EZ 83 €, DZ 59,50 €.

Bella Citta Veccia, Fischmarkt 8 (inmitten der Altstadt), T 06431/210608, Fax 210609. www.bella-citta-vecchia.de, info@bella-citta-vecchia.de. Pension mit 9 Zimmern, EZ 55 €, DZ 42,50 €, im Winter Preisermäßigungen.

Lahnbistro, Grabenstraße 16 – 18 (unweit der Alten Lahnbrücke am Altstadtrand), T 06431/288446, Fax 288458. www.tafelspitz-limburg.de, info@pension-

Stadtführungen in Limburg nur für Gruppen über die Tourist-Information.

limburg.de. Pension mit 9 Zimmern, EZ 55 €, DZ 39,50 €.

Hotel Huss, Bahnhofplatz 3 (direkt am Bahnhof), T 06431/93350, Fax 25136. www.hotel-huss.de, info@hotel-huss.de. 32 Zimmer, EZ 56 €, DZ 41,50 €.

Hotel garni Martin, Holzheimer Straße 2 – 3 (auf der Südseite vom Bahnhof), T 06431/94840, Fax 43185. www.hotel-martin.de, info@hotel-marin.de. 26 Betten, EZ 59 €, DZ 42,50 €.

Jugendherberge Limburg, Auf dem Guckucksberg (südöstlich der Innenstadt, Bus 3 und 4 bis Hammerberg/DJH), T 06431/41493, Fax 43873. www.limburg.jugendherberge.de, limburg@djh-hessen.de. 186 Betten in EZ und MBZ, 24 Familienzimmer mit Du/WC, 22 €.

Lahn-Camping Limburg, Schleusenweg 16 (über die Alte Lahnbrücke, dann rechts ab in Sichtweite der Altstadt), T 06431/22610, Fax 92013. www.lahncamping.de, info@lahncamping.de. Ab 15 Jahre 4,50 €, kleines Zelt 5 €, größere auf Anfrage.

Tourist-Information des Verkehrsvereins Limburg, Hospitalstraße 2, T 06431/6166, Fax 3293. www.limburg.de, info@stadt.limburg.de. April – Okt Mo – Fr 9 – 17, Sa 10 – 12 Uhr. Nov – März Mo – Do 9 – 17, Fr 9 – 13 Uhr.

Liegt wie ein Schiff in der Brandung: Klosterareal des Limburger Doms

© dzt

Tourist-Information der Busempfangsstation, Am Philippsdamm, T 06431/282413. April – Okt sowie während des Limburger Christkindlmarktes 9.30 – 12.30 und 13.30 – 16.30 Uhr.

Über Diez nach Laurenburg

Limburg (117 m) → Abzw. Oranienstein (85 m) 5 km → Diez (120 m) 7 km → Fachingen (110 m) 10 km → Aussichtspavillon (190 m) 13 km → Balduinstein (110 m) 15 km → P Schaumburg (260 m) 16,5 km → Aussichtspunkt Gabelstein (190 m) 19,5 km → Steinsberg (235 m) 21,5 km → Laurenburg Bhf (100 m) 24,5 km → Laurenburg Ort (100 m) 25 km.

Über die Landesgrenze nach Diez (7 km)

Sie starten am **Dom** und laufen westwärts auf der Domstraße bis zu ihrem Ende an einer Querstraße namens Römer. Dort biegen Sie rechts ab, folgen dem Linksbogen und kommen dann geradeaus auf dem Sträßchen In der Erbach zum Lahnufer. Dort treffen Sie wieder auf die **Markierung L,** die dem Asphaltweg entlang der Lahn unterhalb vom Dom gefolgt ist. Nach links unter der Alten Lahnbrücke hindurch. Die Straßenbezeichnungen wechseln, und für kurze Zeit sind beide Lahnhöhenwege miteinander vereint. Bald nach Unterquerung der B54 links auf der Walderdorffstraße ab. Sie folgen jetzt wieder dem **Schwarzen L auf weißem Grund,** überqueren die Sainte-Foy-Straße, kommen am Gericht vorbei und zweigen schließlich rechts in die Ludwig-Corden-Straße ab. Linker Hand liegt dann der Schafsberg mit dem St.-Vinzenz-Krankenhaus. Bei der Straßengabelung laufen Sie geradeaus auf der Beethovenstraße weiter. Bei einem Spielplatz halten Sie sich halb links und kommen auf einem anfänglichen Asphaltweg in den Wald. Bei einem Holzpavillon geradeaus weiter. Dann erreichen Sie im Wald eine Kreuzung und biegen dort gemäß **Markierung L** rechts ab. Über einen Querweg zum Waldrand, von dort geradeaus über eine Bahnlinie. Nach deren Überquerung kurz links auf einem Asphaltsweg neben ihr entlang, dann bei einer Gärtnerei nach rechts

4. Tag

Gehzeit: 7 Std.

Schwierigkeiten: Lange Tagesetappe, die eine gute Kondition verlangt. Mehrere Auf- und Abstiege, insgesamt 310 Hm Aufstieg.

Höchster Punkt: P Schaumburg, 260 m.

Markierung: Schwarzes L auf weißem Grund.

Ausgangspunkt: Limburg Altstadt.

Einkehr: In Diez und Balduinstein.

GPS Laurenburg:
N 50°19'78"
O 007°54'35"

M **Schloss Oranienstein,** 65582 Diez, T 06432/9401666, Fax 940 2087. www.ohg-schlossoranienstein.de, info@ohgschlossoranienstein.de. Führungen Apr – Okt Di – So 10.30, 14 und 15.30 Uhr, Di – Fr zusätzlich um 9 Uhr, Nov – März Di – Fr wie zuvor, Sa, So und Fei auf Anfrage.

M **Museum im Grafenschloss Diez,** Schlossberg 8, 65582 Diez, T 06432/507467. www.museum-diez.de, leitung@museumdiez.de. Di – So 14 – 17 Uhr, Di – Fr zusätzlich 9 – 12 Uhr.

vom Bahndamm weg. Dann zweigt links ein Asphaltweg ab, hier geradeaus zum folgenden Querweg. Auf diesem Asphaltweg nun links. Bald erreichen Sie die Lahn und laufen neben ihr weiter. Dann biegt der asphaltierte Fuß- und Radweg nach links ab, Sie können aber geradeaus neben der Lahn dem Wiesenweg folgen und treffen später einem Linksbogen folgend wieder auf den Asphaltweg. Dort rechts über einen kleinen Bach bis vor das abgesperrte Gelände von **Schloss Oranienstein.**

Sie sind jetzt bereits in Rheinland-Pfalz und biegen vor dem Schloss links auf einem Waldweg ab. Dann in einem Bogen um eine Bergkuppe herum. Danach in einer Rechtskurve weiter, nachfolgend immer geradeaus, anfangs etwas bergan auf der Kastanienallee am Rand des abgesperrten Geländes entlang. Bei Kreuzungen gehen Sie geradeaus und kommen dann zu einem **Waldspielplatz,** von dem Sie halb links zum Waldrand absteigen. Dort über eine Querstraße und gegenüber auf der Straße Schlossberg nach **Diez** hinein. Vorbei am DRK-Krankenhaus folgen Sie der Straße bis zu einer Rechtskurve vor dem Grafenschloss. Hier links von der Straße ab und auf das **Schlossgelände.** Vorbei an **JH,** **Bistro** und **M Museum,** dann nach links die Treppenstufen hinab, die zur Rosenstraße führen. Auf dieser nach rechts zum nahen **Marktplatz** im Zentrum von Diez.

Diez

Die Kleinstadt wird vom früheren Grafenschloss beherrscht und ist Sitz der gleichnamigen Verbandsgemeinde, zu der 23 Gemeinden im Nordosten des Rhein-Lahn-Kreises gehören. Durch die 790 erstmals erwähnte Stadt fließen die *Lahn* und ihr Nebenfluss, die *Aar.* In der Altstadt unterhalb der Burg findet man noch heute viele Fachwerkhäuser. Haupt-sehenswürdigkeit ist das barocke **Grafenschloss,** dessen älteste Teile auf das 11. Jahrhundert zurückgehen. Es wurde von 1743 bis 1784 als nassauisches Amtshaus genutzt, diente dann bis 1927 als Strafanstalt, heute als *Jugendherberge* und *Regionalmuseum.* Unterhalb vom Grafenschloss steht die mittelalterliche *Stiftskirche* von 1289 mit mehreren Grabmälern früherer Adeliger aus der Region. Teilweise erhalten ist auch die Stadtmauer aus dem 13./14. Jahrhundert. Unweit des beschriebenen Weges liegt das **Barockschloss Oranienstein,** ein Stammhaus der Niederländischen Königsfamilie, das 1684 bis 1705 auf den Ruinen des Benediktinerklosters Dierstein errichtet wurde. Ein Großteil des Geländes wird heute von der Bundeswehr genutzt. Bekannt sind auch die *Oraniensteiner Konzerte* in der Schlosskapelle.

© Peter Meyer

Über den Dächern von Diez: Das Traumschloss

Tourist-Information Diez, Wilhelmstraße 63, 65582 Diez, T 06432/501-275, Fax 924275. www.urlaubs-region-diez.info, mail@urlaubsregion-diez.info. Mo – Do 8 – 12 und 14 – 16, Fr 8 – 12 Uhr. Zwischen Oster- und Herbstferien zusätzlich Fr 15 – 17 und Sa 10 – 13 Uhr. Unterkunftsvermittlung.

Über Fachingen zum malerischen Balduinstein (15 km)

Von der Einmündung der Rosenstraße in den Marktplatz links weiter, der sich als **Ernst-Scheuern-Platz** fortsetzt. Sie kommen über die *Aar* und überqueren am Ende des Platzes die Schaumburger Straße. Gegenüber, beim **Schaumburger Hof,** folgen Sie einer Gasse bis vor die Bahnlinie, links von dieser auf einem Fußweg weiter, nach dem Tunnelportal dann in einem Rechtsbogen durch ein Waldstück und über einige Treppenstufen bergan. Dann auf einem Fußweg neben Häusern hinauf zur Straße Am Geisenberg. Auf ihr

Schaumburger Hof, Schaumburger Straße 29, 65582 Diez, T 06432/2473. Di – So 11 – 21 Uhr.

links und in einer Rechtskurve weiter, dann rechts auf der Straße Zum Wasserwäldchen ab. Bei ihrer Gabelung links, danach rechts eine Sackgasse hinab, vom Wendeplatz auf Fußweg zur Schaumburger Straße, von der rechter Hand der Fachinger Weg (K31) abzweigt. Auf der Kreisstraße entlang und aus Diez hinaus. Dann nach links über die Straße zu einem Parkplatz für den dortigen **Friedhof.** Auf einem Asphaltweg durch die Felder, dann auf einem Querweg links und gleich wieder rechts ab. Auf einem Fußweg im Buschwald abwärts zu einem **Pavillon** mit Teilsicht auf Fachingen. In Kurven weiter bergab, dann über Treppen bis vor die Bahnstrecke und nach rechts zum 🚆 Bahnhof von **Fachingen.** 1740 entdeckte man hier ein Heilwasser, das noch heute weltweit exportiert wird.

Am **Bahnhof** vorbei, dann links durch die Unterführung zur Birlenbacher Straße. Rechts gegenüber auf dem Auweg entlang und an einem Denkmal mit Weltkugel vorbei. Zum Ortsende am Waldrand. Dort von der **Wendeschleife** mit Rastplatz links auf einem steilen Serpentinenweg im Wald hinauf. Mit Erreichen der Höhe erst links, dann rechts zu einer großen Schutzhütte und Rastplatz. Dann halb rechts im Wald weiter, geradeaus über eine Kreuzung und vor einer Autostraße rechts entlang. Kurz dem Waldwiesenrand folgend, geht es wieder in den Wald. Der Weg schlängelt sich nun Höhe haltend den steilen Berghang entlang und ist mal schmaler, mal breiter. Schließlich erreichen Sie einen **Aussichtspavillon,** von dem Sie hinab ins Lahntal schauen können.

Geradeaus weiter, bei einer Bank auf dem Hauptweg leicht abwärts. Dann kommt von unten rechts ein Weg herauf, aber Sie laufen immer in bisheriger Richtung weiter. In einer Kurve treffen Sie auf einen Asphaltweg und folgen diesem zum nahen Ortsrand von **Balduinstein.** Auf der Brühlstraße stetig etwas abwärts, über eine Nebenstraßen-Kreuzung, dann in einer Linkskurve bis auf die Höhe vom Bahnübergang, wo rechts der Bahnhof liegt. Der Ort Balduinstein liegt malerisch am Ufer der Lahn und ist seit langer Zeit ein attraktives Ziel für Besucher mit etlichen Einkehrmöglichkeiten. Am Weg liegt der **Portturm,** ein alter Wehrturm nahe der Lahn. Er ist 17 m hoch, hat einen Durchmesser von 8 m und ist von einem Zinnenkranz umgeben. Oberhalb vom Wanderweg liegt die **Burgruine Balduinstein** an einer Engstelle im *Holzbachtal* auf einem Felssporn. Sie wurde 1320 als dreistöckige Wohnturmanlage erbaut und nach dem Dreißigjährigen Krieg teilweise abgerissen. Die auf dem Gelände stehende Villa aus dem 19. Jahrhundert wird als Jugendburg genutzt.

Quelle Wikipedia, Foto Johannes Robatoloff

Bewachte einst das Holzbachtal: Balduinstein

Über die Schaumburg zum Aussichtspunkt Gabelstein (19,5 km)

Vom Bahnübergang der **Markierung Schwarzes L** folgend auf der Lahnpromenade weiter. An ihrem Ende links unter der Bahnlinie durch zur Kreuzung unweit des Portturmes. Auf der Hauptstraße in das Seitental einwärts bis unter die Burg Balduinstein. Bei einer Straßenkreuzung unterhalb der Burg rechts auf die Schaumburger Straße, dann gleich links (Am Hain) bergan. Sie erblicken dann schon die Schaumburg, das nächste Ziel. Während die Straße links abbiegt, laufen Sie geradeaus weiter auf einem Fahrweg, der am Waldrand endet. Dort auf einem Querweg links und gleich wieder rechts ab und bergan. Immer der Markierung folgend, umrunden Sie die M **Schaumburg.** Beim Parkplatz der Burg treffen Sie auf die K35 und folgen ihr nach rechts. Die Schaumburg geht in ihrem ältesten Teil vermutlich auf das Jahr 915 zurück, eine erste Urkunde stammt von 1197. Zu jener Zeit war sie den *Herren von Balduinstein* ein Dorn im Auge, beide Burgen wurden befestigt. 1847 kam die Schaumburg in den Besitz des aus

M **Schloss Schaumburg,** T 06432/81032. www.schloss-schaumburg.de, info@schloss-schaumburg.de. Mai – Mitte Okt Sa, So und Fei 10 – 17 Uhr, für Gruppen jederzeit auf Anfrage. Achtung: Zum Zeitpunkt der Drucklegung wegen Bauarbeiten nicht zugänglich, voraussichtlich Mitte 2012 wieder begehbar.

seiner Heimat geflohenen Erzherzogs *Stefan von Österreich,* der sie in neugotischem Stil umbauen und mit Türmchen versehen ließ. So ähnelt sie heute den Burgen in Irland oder Schottland.

Dann kürzt die **Markierung L** den Verlauf der Autostraße ab und erreicht diese wieder weiter unten beim Talhof. Hier gabelt sich die Straße. Rechts geht es zurück nach Balduinstein, und Sie folgen geradeaus der **K36.** Dann mündet von links der *Wanderweg E1* ein, und Sie folgen noch ein Stück der Autostraße. Dann zweigen Sie vor ihrer Steigung rechts auf einem Feldweg ab. Durch Wiesen und Felder wenig bergan. Rechter Hand haben Sie schöne Rückblicke zur Schaumburg. Richtung Wald bergab, dann am Waldrand links zur K34, auf dieser rechts weiter. Diese macht dann erst eine Links-, dann eine Rechtskurve. Dort am Waldrand verlassen Sie die Kreisstraße wieder und kommen erneut in den Wald. Dann erreichen Sie den fantastischen **Aussichtspunkt Gabelstein** mit Schutzhütte und einzigartigen Aussichten über das Lahntal!

Zum heutigen Etappenziel Laurenburg (25 km)

Vom Aussichtspunkt führt der Weg hinab in ein romantisches Seitental namens *Höllenloch.* Nach einem Serpentinenabstieg auf schmalem Weg geht es per Brücke über einen Bach, danach über Stufen wieder hinauf, dann auf einem Wiesenweg wenig bergan Richtung **Steinsberg.** Sie kommen anschließend auf einem Asphaltweg ins Dorf und folgen zunächst dem Birkenweg und biegen rechts in die Ringstraße ab.

In Steinsberg folgen Sie geradeaus der Straße Auf der Dorfwiese abwärts und kommen wieder aus dem Dorf heraus. Sie treffen auf einen Querweg und folgen diesem ein Stück nach rechts, dann nach links zum Waldrand. Rechts an ihm

© dzt

Lauschig und beliebt: Paddeln auf der Lahn

entlang und auf einem Fußweg im Wald abwärts. Kurvenreich hinab ins *Rubbachtal,* dort über den Bach zur L322. Bei einem Haus wieder von der Autostraße ab, um das Grundstück herum und im Wald leicht bergan, halb links weiter und aufwärts zur K39. Gegenüber weiter bergan und ein zweites Mal über die Kreisstraße. Dann folgen Sie einem breiten Waldweg, später in einer Rechtskurve über einen Bach, wenig später in einer Linkskurve aus dem kleinen Seitental wieder heraus. Am Hang Höhe haltend weiter westwärts, rechts fällt der Blick durch den lichten Wald nach Laurenburg. Dann auf einem Querweg nach rechts und abwärts. Nach einer S-Kurve erreichen Sie eine Gabelung, wo geradeaus ein kleinerer Weg mit der Markierung weitergeht, der **Lahnhöhenweg** aber rechts zurück abwärts führt. Auf diesem kommen Sie zum Waldrand und zur L322. Auf dieser nach links über die Bahnlinie beim **Bahnhof Laurenburg,** dann über die Lahn. In **Laurenburg**, das an einer der schönsten Stellen des unteren Lahntals liegt, biegen Sie rechts auf der Hauptstraße ab, um zu den genannten Unterkünften zu kommen. Über dem Ort thront die gleichnamige M **Burg** mit kleinem **Militärmuseum,** die erstmals 1093 erwähnt wurde und einen fantastischen Blick ins Lahntal bietet.

M **Burg Laurenburg,** T 06439/6601. www.laurenburg.de, alexander.seifert@laurenburg.de. Ganzjährig täglich außer Di 10 – 18 Uhr.

In 56379 Laurenburg:

Zum Schiff, Hauptstraße 9, T 06439/900-272, Fax -437. www.zumschiff-lahn.de, hotel-zum-schiff@t-online.de. 1 EZ à 33 €, 9 DZ à 29 €.

Zum Lahntal, Lahnstraße 5, T 06439/7620, Fax 6469. www.gasthofzumlahntal.de, gasthof.zum_lahntal@yahoo.de. 7 Zimmer, DZ ohne Du/WC 22 €, mit Du 26 €, mit Du/WC 28 €, im EZ jeweils 7 € mehr. Camping auf der hauseigenen Wiese, ÜpP inkl. Zelt 4,80 €.

5. Tag

Gehzeit: 5 Std.

Schwierigkeiten: Abwechslungsreiche, unschwierige Wege, aber mehrere Aufstiege mit insgesamt 285 Hm Aufstieg.

Höchster Punkt: Kreuzung Vierseenblick, 260 m.

Markierung: Schwarzes L, 4, Weißes L auf schwarzem Grund.

Ausgangspunkt: Laurenburg Ortszentrum.

Einkehr: In Obernhof und Weinähr.

GPS Nassau/Lahn:
N 50°18'72"
O 007°48'05"

Von Laurenburg nach Nassau

Laurenburg Ort (100 m) → Laurenburg Bhf (100 m) 0,5 km → Kreuzung Brunnenburg (250 m) 3,5 km → Vierseenblick (260 m) 4 km → Abzw. Arnsteiner Straße (95 m) 10 km → Kloster Arnstein (120 m) 10,5 km → Obernhof Kreuzung (95 m) 11,5 km → Weinähr (110 m) 13 km → Aussichtspunkt Hohe Lay (195 m) 15,5 km → Nassau Schloss (90 m) 18 km → Nassau Bhf (90 m) 18,5 km.

Zur Klosterruine Brunnenburg (3,5 km)

Vom Ortszentrum von Laurenburg wieder über die Lahn auf ihre Südseite und nach Überquerung der Bahnstrecke beim Bahnhof auf dem rechts von der L322 abzweigenden Weg hinauf zum **Lahnhöhenweg, Schwarzes L.** Diesem folgen Sie nach rechts, dann nehmen Sie bei der nächsten Verzweigung links den oberen Weg. An einem Bahntunnel vorbei, danach auf längerer Strecke neben oder in unmittelbarer Nähe der Bahnlinie weiter. Beim Häuserhof geht es schließlich links von der Bahnstrecke weg, und der Weg steigt steil in einem Seitental an. Nach einer Rechtskurve kommen Sie auf der Höhe zur **Kreuzung Brunnenburg.**

Der wirklich kurze **Abstecher zur Klosterruine Brunnenburg** lohnt, denn Sie genießen von dort eine herrliche Aussicht ins Lahntal. Das einstige Benediktinerinnenkloster, 1212 erstmals erwähnt, geht auf eine Stiftung *Giselas von Katzenelnbogen* zurück. In Folge der Reformation war das Kloster seit 1584 dem Verfall preisgegeben.

Die hohen Mauerreste zeugen von einem imposanten Bau.

Über das Kloster Arnstein nach Obernhof (11,5 km)

Von der **Kreuzung Brunnenburg** nur noch minimal aufwärts, über eine große Lichtung zur **Kreuzung Vierseenblick.** Halb rechts weiter, wenig abwärts in ein Seitental, in einer Rechtskurve über einen Bach, dann links wieder aus dem Seitental heraus. Dann haben Sie nochmals einen Tiefblick ins Lahntal bzw. zurück Richtung Brunnenburg. Nun folgt ein längeres Wegstück am Berghang, das romantisch durch den Wald führt und mehrere Seitentäler durchquert, zum Teil über Stegen und Treppen. Nach dieser anregenden Teilstrecke erreichen Sie die L324, die von Seelbach herabkommt. Doch gleich wieder von ihr ab, die Straße abkürzend zu einer tiefer gelegenen Kurve, von wo Sie der Landstraße talwärts folgen. Vom Ortseingang **Obernhof** in einer Rechtskurve weiter und vorbei an der Abzweigung vom Neuhoferweg. Kurz danach zweigt links die Arnsteiner Straße (K15) ab, auf der Sie per Abstecher zum bewohnten Kloster Arnstein kommen. Vorbei an der ehemaligen Klostermühle, geht es in einer Rechtskurve zum **Parkplatz und zum M Kloster Arnstein** am Rand des Steilabfalls zum Lahntal hinauf, während der südliche Lahnhöhenweg hier in das *Jammertal* abzweigt.

Kloster Arnstein

Ursprünglich erbauten die hiesigen Grafen auf dem Bergrücken oberhalb von Obernhof im 10. Jahrhundert eine Burg, die sie Arnstein nannten. 1139 stiftete *Ludwig II.*, der letzte Graf von Arnstein, diese Burg dem Orden der Prämonstratenser und machte daraus ein Kloster, in das er selbst eintrat. 1208 erfolgte die Einweihung der

© Annette Sievers

Weggefährte: Roter Fingerhut

M **Kloster Arnstein,** Pater-Damian-Straße 1, 56379 Obernhof, T 02604/9704-0, Fax 1606. www.sscc.de. Heilige Messe So 10.30 Uhr, Pilgermessen Mai – Sep Di – Do 11 Uhr, große Wallfahrten siehe Internetseite.

heutigen Klosterkirche. 1360 wurde diese erweitert und 1755 wurden Änderungen im Stil des Barocks vorgenommen und gleichzeitig Teile des Klosters neu errichtet. 1803 wurde das Kloster aufgehoben, und die Gebäude verfielen mit Ausnahme der Klosterkirche, die als Pfarrkirche weitergeführt wurde. 1919 zogen schließlich neue katholische Ordensleute ein, die heute als *Arnsheimer Patres* bekannt sind. Seit 1924 besuchen jährlich Tausende Pilger die **Wallfahrtsgottesdienste** der *Herz-Jesu-Gemeinschaft,* die die Glaubensbrüder Mai – Sep jeden Di, Mi, Do durchführen. Auch finden auf dem Klostergelände kulturelle Veranstaltungen statt. Für Jugendliche steht ein Selbstversorgerhaus zur Verfügung.

Obernhof bietet mehrere Einkehrmöglichkeiten direkt oder in unmittelbarer Nähe des Wanderweges.

Verkehrsverein Obernhof-Arnstein, 56379 Obernhof, T 02604/943-277 oder 6271. www.obernhof.de, verkehrsverein@obernhof.de. Di, Mi, Do 15 – 17 Uhr.

Vom Kloster laufen Sie wieder zurück zur **Abzweigung** der Arnsteiner Straße (K15) von der Seelbacher Straße (L324). Richtung Bahnstrecke abwärts, rechts zweigt dann die Bahnhofstraße ab. Sie benutzen jedoch geradeaus die Bahnunterführung und kommen anschließend über die Lahn. Dort treffen Sie auf die Hauptstraße (B417) und finden hier mehrere **Einkehrmöglichkeiten.** Das gemütliche Weindorf **Obernhof** liegt zu Füßen des Klosters Arnstein und ist eine weitere »Perle im Lahntal« mit liebevoll restaurierten Fachwerkhäusern in schmalen Gassen, einer kleinen *Barockkirche* von 1715 und traditionellen Weinstuben.

Über Weinähr nach Nassau/Lahn (18,5 km)

Nach Überquerung der Hauptstraße (B417) gegenüber in bisheriger Richtung weiter und am **Gasthof Bingl** vorbei aufwärts. Auf der Borngasse gewinnen Sie an Höhe. Oberhalb vom Ort treffen Sie auf einen Querweg. Hier auf dem Neuen Weg zunächst kurz links gemäß **Markierung 4,** dann zweigt rechts ein Treppenweg Richtung Wein-

Gasthof Bingel, Hauptstraße 15, 56379 Obernhof, T & Fax 02604/8172. Auch Gästezimmer.

ähr ab, der bergan in wenigen Minuten zu einem Asphaltquerweg führt. Hier treffen Sie wieder auf den **Lahnhöhenweg,** auf dieser Talseite mit **Weißem L auf Schwarzem Grund** markiert ist. Sie folgen nun nach links dem Höhenweg, passieren zwei weitere Gabelungen und laufen dann unterhalb des Sportplatzes von Weinähr durch die Weingüter. Vor der Gelbachbrücke kommt von links wieder die **Markierung 4** hinzu. Nach rechts über den Gelbach zur Hauptstraße (L325), der Sie nach links bis zum Alten Rathaus im Ortszentrum folgen.

© pmv, Foto: Michael Schnelle

Abwechslungsreiche Aussicht, diesmal Richtung Nassau

Der staatlich anerkannte Erholungsort **Weinähr** geht auf eine Schenkung 1267 zurück. Weinstöcke spielten damals schon eine Rolle, wie der Name vermuten lässt. Bedeutung hatte einst auch der Bergbau, heute ist es neben dem Wein der Anbau von Erdbeeren und der Fremdenverkehr. Im Ortskern stehen einige sehenswerte alte Fachwerkhäuser, darunter das spätgotische *Rathaus* von 1571, das in den 1990er grundlegend restauriert wurde. Noch älter ist die kleine *St.-Trinitatis-Kirche*, die auf 1428 zurückgeht. Das Schiff der Kirche wurde 1738 erneuert und 1935 durch Anbau erweitert.

Von der Straßengabelung geradeaus an der Bushaltestelle und in einem Linksbogen am erwähnten **Landhotel** vorbei. Nach dem Ortsendeschild und Überquerung vom kleinen *Sülzbach* zweigt die **Markierung L** rechts ab und führt durch Wiesengelände zum Waldrand. Auf einem Waldweg weiter zu einer Gabelung. Hier gemäß Aus-

Landhotel Weinhaus Treis, Hauptstraße 1 – 3, 56379 Weinähr, T 02604/9750, Fax 4543. www.landhotel-treis.de, mail@landhotel-treis.de. 34 Zimmer, EZ 41 €, DZ 36 €, im Jan/Feb für 3 Wochen geschlossen. Unweit des Wanderweges gibt es weitere Alternativen.

schilderung rechts hinauf Richtung Hohe Lay, dann gleich wieder links auf einem schmalen Fußweg zur Felsaussichtskanzel **Hohe Lay.** Dieser Aussichtspunkt bietet einen der schönsten Ausblicke in das Lahntal, auf das Kloster Arnstein und die Burg Nassau. Der Quarzitfelsen ist bei Kletterern beliebt.

Vom Aussichtspunkt links abwärts, später an einem oberhalb liegenden Rastplatz vorbei, auf Grasweg durch Mischwald, dann unterhalb vom Wasserhochbehälter zu den ersten Häusern von **Nassau.** Sie treffen auf die Straße Mittelpfad, der Sie ortseinwärts folgen. Diese mündet in die Hohe-Lay-Straße, der Sie nach links vorbei am Altenpflegeheim folgen. Sie erreichen die B417 (Obertal) und folgen ihr nach rechts. Vorbei an der **Touristinformation** biegen Sie links in die Bachgasse ab, weiter auf der Schlossstraße, am Schloss vorbei, bis zur Emser Straße. Auf dieser nach links den ehemaligen *Adelsheimer Hof* passierend, der heute das Rathaus beherbergt. Von dort rechts auf der Kettenbrückstraße bis vor die Bahnlinie, dann links auf der Oberen Bahnhofstraße zum **Bahnhof.**

Reich verzierter Erker: Der Adelsheimer Hof beherbert heute das Rathaus von Nassau

In 56377 Nassau/Lahn:

Nassauer Löwen, Obertal 11 (am Wanderweg), T 02604/951335, Fax 951401. 13 Betten, EZ 42 €, DZ 40 €.

Auf der Au, Auf der Au 1, T 02604/4442. www.campingplatz-nassau.de, campingplatz-aufderau@t-online.de. April – Okt, ÜpP 3,50, Zelt pro Nacht 2,50 €.

Tourist-Information Nassauer Land, Obertal 9a, T 02604/9525-0, Fax 9525-25. www.nassau-touristik.de, info@nassau-touristik.de. Mai – Okt Mo – Fr 9 – 13 und 14 – 18, Sa 10 – 13 Uhr. Übrige Zeit Mo – Fr 9 – 13 und 14 – 17 Uhr.

DURCH DIE VULKAN-LANDSCHAFT VOGELSBERG

DURCH DIE VULKANLANDSCHAFT VOGELSBERG

6

Im Herzen Hessens gelegen, ist der Vogelsberg der einzige Schildvulkan in Deutschland und zugleich das größte Basaltmassiv Europas. Über das Mittelgebirge verläuft die Rhein-Weser-Wasserscheide. Seine Höhenlagen liegen im Naturpark Hoher Vogelsberg, der älteste Naturpark Deutschlands überhaupt. Höchste Erhebung ist der 773 m hohe Taufstein.

Der ehemalige Schildvulkan mit etlichen Nebenschloten und -kratern entstand vor etwa 19 Mio Jahren im Jungtertiär, war rund 10 Mio Jahre lang aktiv und ist mit einem Durchmesser von etwa 60 km und einer Fläche von rund 2500 qkm doppelt so groß wie der Ätna. Das Kernmassiv ist geprägt von Geröllhalden aus Basalt und Tuff, Hochmooren und urwaldartigen großen Wäldern. Das Gebiet vom Oberwald, das bewaldete Zentrum des Vogelsbergs, wird von zahlreichen Wanderwegen durchzogen und ist ein beliebtes Ausflugsziel. Das touristische Zentrum, der Hoherodskopf, kann auch per Linienbus erreicht werden.

Die hier beschriebene Vogelsberg-Durchquerung startet im Nordosten in **Lauterbach** und führt nach **Nidda** im Südwesten. Am ersten Tag geht es über Dirlammen nach **Ulrichstein,** am zweiten Tag durch das Herz des Vogelsbergs, nämlich über *Taufstein* (773 m) und *Hoherodskopf* (764 m) nach **Schotten.** Ziel des letzten Tages ist die charmante Kleinstadt **Nidda.**

Region Vogelsberg Touristik, Vogelsbergstraße 137a, 63679 Schotten, T 06044/964848, Fax 964849. www.vogelsberg-touristik.de, info@vogelsberg-touristik.de.

Vogelsberg Wetterau, TF50-VB, Freizeitkarte 1: 50.000 vom HLBG, ISBN 978-3-89446-340-3.

Lauterbach

Die Stadt wurde 812 erstmals erwähnt, gehörte im Mittelalter zum Gebiet des Klosters Fulda, liegt am Nordost-Rand des Vogelsbergs und ist Sitz des Vogelsbergkreises. Bereits 1266 erhielt man das Stadt- und Marktrecht. Der Name geht auf das Flüsschen *Lauter* zurück, das durch die Stadt fließt.

Wahrzeichen von Lauterbach mit vielen erhaltenen Fachwerkhäusern ist der **Ankerturm,** 1820

Gut gegackert, ist halb gelaufen: Blick auf den Hoherodskopf-Turm am Gackerstein

Tour 6
Durch die Vulkanlandschaft Vogelsberg
N
1 cm
2 km
PMV PETER MEYER VERLAG
Nieder-Ohmen
Atzenhain
Ohm
Ruppertenrod
Merlau
Mücke
Ober-Ohmen
Rauchel
Unter-
Seibertenrod
Ober-
Groß-Eichen
Klein-
Eichen
Stock-
hausen
Seibertenrod
Lardenbach
Weickarts-
hain
Groß-
Felda
Windhausen
496
Bildsteinkopf
Feldatal
Schwalm
Storndorf
Walle
477
Thorku
Stumper-
tenrod
560
Ziegenrückskop
548
Dirlammen
Totenköppel
Zur Krone
575
Goldener
Steinrück
Hörgenau
622
Ohmquelle
Engelrode
Bobenhausen
Tag 2
Badebiotop
Ulrichstein
(570 m)
Ulrichsteiner
Kreuz
Kölzen-
hain
619
Hauberg
625
Feld-
krücken
Gilgbachquelle
Sieben Ahorn
Charlottenhöhe
753
Geiselstein
556
Landgrafenborn
Niddaquelle
Laubach
(202 m)
Freienseen
450
Winters-
berg
276
Naturpark
Rudingshain
Heide
773
RINGSTRASSE
Bismarckturm
Gierbach
Götzen
Breungeshain
783
Taufstein
Einartshausen
Schotten
(282 m)
Zum Vogelsberg
Busenborn
Hoherodskopf
Parkhotel
Michelbach
Tag 3
294
Steinbügel
K193
Waldsiedlung
666
Bilstein
Herchenhainer
Höhe
733
Stornfels
Hollerweg
Rote
Brücke
290
Alteberg
366
Nidda-
Stausee
Hoher
Herchenhain
Eschenrod
Rainrod
5-FLÜSSE-WEG
Hartmannshain
Bermuth
hain
Ulfa
Nidda
Vogelsberg
Reitstall
Haubenmühle
455
Eichelsdorf
Eichel-
sachsen
276
Nidder
Volkharts-
hain
Borsdorf
Ober-
Schmitten
Unter-
Harb
Gederner
See
Horstbach
275
Schulzentrum
Zur Traube
DEUTSCHE ALLEENSTRASSE
Laisbach
Gedern
(315 m)
Michelnau
Marktplatz
Bhf.
Nidda
Ober-Lais
475
Hermanns-
loh
Fauerbach
Kirchbracht
Merkenfritz
M

Die Wanderung in Kürze

3 Tage | 59,5 km | 650 Hm Anstieg

Schwierigkeitsgrad: Sie laufen auf einsamen Wegen durch eine dünn besiedelte Region. Die Wege weisen keine besonderen Schwierigkeiten auf und sind auch für ältere Kinder ab 12 Jahre geeignet. Aufstiege und Weglängen erfordern aber eine gewisse Kondition.

Start: Bhf Lauterbach (Hessen) Nord

Ziel: Bhf Nidda

1. Tag: Lauterbach – Ulrichstein 21 km

2. Tag: Ulrichstein – Schotten 20 km

3. Tag: Schotten – Nidda 18,5 km

Höchster Punkt: Taufstein, 773 m.

Anfahrt: Bhf Lauterbach (Hessen) Nord liegt an der RB-Strecke Gießen – Alsfeld – Fulda im Tarifgebiet vom RMV.

Rückfahrt: Nidda liegt an den Bahnstrecken Gießen – Gelnhausen und Nidda – Friedberg, beide betrieben von der Hessischen Landesbahn. In Friedberg besteht Anschluss von/nach Frankfurt a.M. mit RE Gießen – Friedberg – Frankfurt, RE Frankfurt Hbf – Frankfurt West Friedberg und S-Bahn Frankfurt Süd – Hbf – West – Bad Vilbel – Friedberg. Achtung: Sommer- und Winterfahrplan wechseln im Aug bzw. Dez.

ÖPNV unterwegs: Ulrichstein ist u.a. durch Bus 5153 mit Lauterbach und Schotten verbunden (Sa eingeschränkt, kein Verkehr am So). Schotten ist täglich zusätzlich mit Bus 372 von Gießen erreichbar sowie mit Bus 5155 von Friedberg und Nidda.

Unterkunft: In Lauterbach, Ulrichstein, Schotten und Nidda.

Beste Jahreszeit: Frühjahr bis Herbst.

erbaut und Teil der ehemaligen Stadtmauer. An ihm beginnt die Ankertreppe, die vom Graben, einem alten Fachwerkensemble, aufwärts zum **Marktplatz** führt. Eine weitere Sehenswürdigkeit ist die evangelische Stadtkirche, 1768 eingeweiht. Äußerlich eine Barockkirche, dominiert im Inneren der Rokokostil.

M Hohhaus-Museum, Eisenbacher Tor 1 – 3, 36341 Lauterbach (Hessen), T 06641/ 2402, Fax 640794. www.hohhaus.de, info@hohhaus.de. Di – Fr und So 10 – 12, Di – So 14 – 17 Uhr, Sa 12 – 17 Uhr. Erw 3 €, Schüler, Studenten, Kinder 1,50 €.

Im 1770 – 78 erbauten Barockschlösschen **Hohhaus,** ursprünglich ein Palais der Freiherren *Riedesel zu Eisenbach* und bis 1907 bewohnt, ist seit 1931 die Sammlung des **M Lauterbacher Museums** beheimatet. Kostbarster Schatz ist der um 1840 entstandene spätgotische Marienaltar aus der alten Lauterbacher Kirche. Abwechslung bietet das Freizeitzentrum mit dem Erlebnisbad. Weithin bekannt ist der **Prämienmarkt** am Tag vor Fronleichnam. Das größte Volksfest Oberhessens mit großer Tierschau wird seit 1266 abgehalten.

Freizeitzentrum, Am Sportfeld 9, 36341 Lauterbach. T 06641/4505 und 62729. www.stadtwerke-lauterbach.de. Erlebnisbad Di – Fr 14 – 22, Sa und So 9 – 22 Uhr, Di – Do zusätzlich 7.15 – 8.30 Uhr. Im Sommer bis Ende August stattdessen Freibadbetrieb täglich 9 – 20 Uhr, bei schlechter Witterung 9 – 11 und 17 – 20 Uhr. 3 €, Kinder 3 – 13 Jahre 1,50 €, 14 – 17 Jahre 2,50 €.

In 36341 Lauterbach (Hessen):

Karin's Gasthof, Familie Kraus, Schlitzer Straße 4 (beim Bhf), T 06641/4790, Fax 63690. 4 DZ, 1 DBZ und DZ als EZ, 26 €.

Jugendherberge Lauterbach, Fritz-Ebel-Allee 50 (vom Bhf auf der L3140 Richtung Schlitz), T 06641/ 2181, Fax 61200. www.djh-hessen.de/jh/lauterbach, lauterbach@djh-hessen.de. 162 Betten in 1- bis MBZ, 24,50 €.

Etliche weitere Einkehr- und Übernachtungsmöglichkeiten.

Tourist-Center Stadtmühle, Marktplatz 1, T 06641/ 184-112 oder kostenlos 08000/528837, Fax 184-212. www.lauterbach-hessen.de, info@lauterbach-hessen.de.

Von Lauterbach über Dirlammen nach Ulrichstein

Lauterbach (Hessen) Nord (290 m) → Marktplatz (296 m) 1,5 km → Kreuzung L3144 (360 m) 5 km → P L3140 (370 m) 6 km → Dirlammen (455 m) 11 km → L3161 (480 m) 12 km → Gabelung mit Wegweiser (530 m) 14 km → Goldener Steinrück (575 m) 16,5 km → Abzw. K131 (560 m) 17 km → Abzw. R7 (595 m) 19 km → Ulrichstein (565 m) 21 km.

Zum Picknick nach Dirlammen (11 km)

Heute folgen Sie fast immer dem **Blauen Kreis,** der Markierung des **Taunus-Rhön-Weges.** Ausgangspunkt ist der **Nordbahnhof.** Von der Einmündung der vom Bahnhof kommenden Stichstraße kurz links auf die Schlitzer Straße (L3140), dann gegenüber rechts auf dem Mühlweg ab. Auf einer Holzbrücke über den Mühlgraben, dann auf der Lauterstraße neben der *Lauter* entlang. Geradeaus über die Fuldaer Straße (B254) stadteinwärts. Nach Kreuzung der Bleichstraße ändert sich der Straßenname, und Sie folgen in bisheriger Richtung der Straße Am Graben. Schließlich rechts ab und die Spittelsbergtreppe hinauf, dann weiter links auf dem Landknechtsweg zum **Marktplatz.**

An der Kirche und dem **Tourist-Center** vorbei, vom Marktplatzende links auf der Straße Eisenbacher Tor weiter und gleich an deren Beginn am **Hohhaus-Museum** vorbei. Am Ende dieser Straße rechts auf der Straße Am Wörth weiter, über die Vogelsbergstraße (B275), gegenüber auf einem Fußweg weiter, links das **Herkules SB Warenhaus** mit Supermarkt (Mo – Sa 8 – 21 Uhr), wo Sie noch fürs mittägliche Picknick einkaufen können.

Über die Straße An der Rösch und halb rechts weiter zur Dirlammer Straße. Nach ihrer Überque-

1. Tag

Gehzeit: 6 Std.

Schwierigkeiten: Keine technischen Schwierigkeiten, jedoch eine ausreichende Kondition erforderlich, auch für ältere Kinder geeignet, insgesamt 315 Hm Anstiege. Achtung: Keine Einkehrmöglichkeiten in Dirlammen, daher vorsorgen! Ein Supermarkt-Tipp zu Beginn der Tour wird gegeben.

Höchster Punkt: Abzweigung R7, 595 m.

Markierung: Blauer Kreis

Ausgangspunkt: Bhf Lauterbach (Hessen) Nord.

Einkehr: In Dirlammen (nur Getränke).

GPS Ulrichstein:
N 50°34'46"
O 009°11'61"

Vogelsberg und Wetterau mit Kindern. 400 spannende Ausflüge und Aktivitäten rund ums Jahr. pmv, ISBN 978-3-89859-432-5, 12,95 €

rung gegenüber auf der Altenbergstraße weiter, wo Sie auch wieder auf die Markierung treffen. Am Stadtrand an einer Industriezone entlang, dann zum 407 m hohen *Altenberg* hinauf. Weiter oberhalb unter einer Stromleitung hindurch, dann bei einem Rettungspunkt links vom Asphaltweg ab. Der Anstieg ist nun fast beendet und Sie kommen in südlicher Richtung an einer **Aussichtsbank** vorbei. Zunächst queren Sie noch oberhalb der Stadt, dann verläuft der Weg nach rechts. Sie erreichen ein **Wildgehege** und laufen an diesem entlang. Dann treffen Sie auf einen Querweg und biegen auf diesem nach links ab. Sie befinden sich nun auf der Westseite des Altenberges und laufen kurz südwärts. Dann erst rechts, wenig später wieder links weiter. Achten Sie auf diesem Wegabschnitt immer auf die **Markierung Blauer Kreis!** Nochmals nach rechts bzw. westwärts weiter. Nach einiger Zeit biegt der Weg nach links ab und führt bis vor die **L3144.** Auf dem Feldweg zunächst parallel zur Autostraße nach rechts weiter. Nach 5 km von Lauterbach überqueren Sie auf 350 m Höhe die L3144.

Dahinter auf einem von rechts unten heraufkommenden Asphaltweg hinab, jedoch nicht auf diesem weiter, sondern auf einem Schotterweg am Waldrand entlang zur L3140. Sie erreichen diese in einer Kurve und folgen ihr rechter Hand bis zu einem Parkplatz.

Dort biegen Sie links von der Landstraße ab.

Frisch voran: Wanderweg bei Dirlammen

© pmv, Foto: M. Schnelle

Durch Wald unterhalb vom 421 m hohen *Eisenberg* weiter, bald deutlich nach links. An einem privaten Grillplatz vorbei, mal im Wald, mal am Waldrand entlang und immer geradeaus. Kreuzungen und Abzweigungen ignorieren Sie. Dann kommen Sie an einem rechts liegenden Wiesengrund vorbei, der eine schöne Sicht Richtung Allmenrod erlaubt. Wieder im Wald passieren Sie einen Holzschuppen. Bald danach verläuft der Weg nach links. Bei der folgenden Abzweigung geradeaus am Berghang weiter zur K113, die Sie am Waldrand erreichen. Auf ihr in Richtung Dirlammen weiter. Noch vor dem Ort zweigt jedoch die Markierung links von der Kreisstraße ab und führt oberhalb des Sportgeländes des SV Dirlammen weiter. An einer Grillhütte vorbei zu einem Querweg, dem Sie rechts hinab zum Dorf folgen. Über eine Kreuzung zum Dorfrand und geradeaus auf der Waldstraße zur L3140, die von links kommt, während von rechts die Frischborner Straße (K113) einmündet. Geradeaus über den Bach *Brenderwasser* auf der Lauterbacher Straße (L3140) ins Zentrum von **Dirlammen,** das 1141 erstmals urkundlich erwähnt wurde. Die schmucke *Fachwerkkirche* ist das älteste erhaltene Gebäude. Die Grundsteinlegung erfolgte 1690, und das Aufsetzen des barocken Turmhahnes im Jahr 1705. Aus einer Vorgängerkirche stammen noch ein Taufstein von 1633, zwei Glocken und das Uhrwerk, das jetzt restauriert in der Kirche ausgestellt ist. Schmuckstück im Inneren ist die mit Evangelistenfiguren verzierte Kanzel.

Zur Krone, Waltraud Seling, (nur Getränke), An der Kirche 6, 36369 Dirlammen, T 06643/7731.

Zum Tagesziel Ulrichstein (21 km)

In **Dirlammen** links von der Lauterbacher Straße ab und durch die Vordergasse zum Dorfrand, wo Sie über eine Querstraße kommen. In bisheriger Richtung auf einem Teerweg weiter, der bald ein wenig nach rechts verläuft. Später gabelt er sich,

Sie laufen dort geradeaus weiter und zweigen wenig später rechts ab und erreichen so die L3163 in einer Kurve.

Hier nun nicht auf der Landstraße, sondern links auf einem anfangs asphaltierten Feldweg neben dem Bach weiter. Am Waldrand erreichen Sie dann eine Kreuzung, zweigen hier rechts ab und folgen der **Markierung Blauer Kreis** an der Außenseite des Waldes. An der Nordostecke des Waldes, unweit einer Hochspannungsleitung, kommen Sie dann erneut zu einer Kreuzung. Hier links ab, rechter Hand vom Weg mehrere Windkrafträder. Sie folgen dem Waldrand und erreichen erneut eine **Gabelung mit Wegweiser,** der die Entfernungen angibt. Bis hierher sind Sie bereits 14 km gelaufen.

Auf dem Blauen Kreis halb links weiterhin am Waldrand entlang. Am Ende des lang gezogenen Wiesenzipfels treffen Sie auf einen Querweg und folgen ihm links in den Wald. Dort geht es jedoch gleich wieder rechts ab und Sie folgen im sogenannten *Heiligenwald* zunächst einem etwas verwilderten Wegstück. Dann erreichen Sie eine Gabelung im Wald und halten sich dort rechts. Bald danach geradeaus über eine Kreuzung, dann kommt von links ein breiter Weg, dem Sie zum Waldrand folgen. Dort biegen Sie scharf rechts ab und folgen kurz dem Waldrand. Sie folgen dem Hauptweg, der nach links vom Wald wegführt und haben anschließend eine weite Aussicht. Gleichzeitig sind Sie von zahlreichen Windkraftanlagen umgeben. Dann über eine Anhöhe, der Goldene Steinrück liegt auf 575 m Höhe. Dort geradeaus über die Kreuzung und auf dem Schotterweg hinab zur **K131,** der Sie nach links folgen. Dann zweigt der Blaue Kreis zusammen mit dem Radweg R4 rechts ab.

Sie kommen wieder zum Waldrand und überqueren den *Katharinenbach.* Dann geht es zurück in den Wald. Sie bleiben immer geradeaus auf dem breiten Schotterweg und ignorieren Abzweigungen und Kreuzungen. Schließlich treffen Sie auf einen Teerweg mit dem **Radweg R7.** Nun sind es nur noch 2 km bis zum heutigen Tagesziel. In bisheriger Richtung auf dem Asphaltweg weiter zu einer Kreuzung. Hier rechts ab und gemäß Blauem Kreis vorbei an der *Reitsportanlage Schlossberg* und dem links liegenden *Ferienpark Burgblick* und **Badebiotop.** Dann liegt rechts eine Seniorenresidenz, bevor der Erlenweg bereits in **Ulrichstein** auf die Ohmstraße trifft. Dieser folgen Sie ganz kurz nach links, überqueren sie und zweigen gleich wieder rechts in die Ludwigstraße ab. An ihrem Ende folgen Sie links der Marktstraße, die Sie zum **Lindenplatz** mit Bushaltestelle bringt.

Ulrichsteiner Naturbadebiotop, neben dem Ferienpark Burgblick (Hinweisschild an der Ohmstraße, der Durchgangsstraße in Richtung Schotten/Lauterbach/Mücke), T 0173/4315107 und 06645/9610-20 oder -13. www.ulrichstein.de, info@ulrichstein.de. 2,50 €, Kinder 1,20 €.

Einsame Spitze: Ulrichstein

Die Kleinstadt mit acht weiteren Stadtteilen in der Umgebung ist die höchstgelegene Stadt Hessens und staatlich anerkannter Luftkurort. Seinen Ursprung hat Ulrichstein in der **Burgruine** auf dem Schlossberg, das weithin sichtbare Wahrzeichen der Stadt. Sie steht mit 614 m auf dem höchsten Punkt der Gemeinde, einem Basaltkegel, und geht im Kern auf die Zeit um 1200 zurück. Ihre endgültige Größe erreichte die Burg 1569. Später wurde sie funktionslos und bloß als Steinbruch benutzt. Von 1991 bis 2005 wurde sie umfangreich saniert. Der 1905/6 errichtete Aussichtsturm auf der Burg hat keinen historischen Bezug zur ehemaligen Anlage.

Weitere Sehenswürdigkeiten sind u.a. die evangelische *Stadtkirche* von 1861 und das **Vorwerk,** ehemals Zehntscheune, mit einem kleinen Museum. Aufgrund ihrer Lage im Hohen Vogelsberg erkannte die Kommune früh, dass sich mit dem Betrieb von **Windkrafträdern** Ökologie und Ökonomie zusammenbringen lassen und investierte in diese Technologie. 53 Rotoren drehen sich heute auf dem Gemeindegebiet, noch vor 2012 wird sich die Zahl durch den Neubau eines Windparks zusammen mit der Nachbarkommune noch um 3 oder 4 Rotoren erhöhen. Die 14 stadteigenen Windkraftanlagen erzeugen jährlich rund 15 Mio kWh Strom. Das entspricht dem Jahresverbrauch von ca. 3750 4-Personen-Haushalten – und das bei gerade mal 3050 Einwohnern in Ulrichstein selbst. Ein **Windenergie-Lehrpfad** erklärt die Technik.

In 35327 Ulrichstein:

Hotel Ristorante Ätna (ehemals Zur Traube), Marktstraße 1, T 06645/918824, Fax 918826. www.hotel-ristorante-aetna.de, info@hotel-ristorante-aetna.de. 12 Zimmer, 29 €.

Landgasthof Groh, Hauptstraße 1, T 006645/310, Fax 8002. www.landgasthof-groh.de, info@landgasthof-groh.de. 4 EZ, 8 DZ, 1 MBZ, Preise auf Anfrage, Restaurant Mo Ruhetag.

Fremdenverkehrsamt Ulrichstein, Marktstraße 28 – 32, T 06645/9610-20, Fax 9610-22. www.ulrichstein.de, info@ulrichstein.de. Mo – Mi 8 – 12, 13.30 – 15.30, Do 13.30 – 18 , Fr 8 – 12 Uhr.

2. Tag

Gehzeit: 6 Std.

Schwierigkeiten: Breite Wege und schmale Pfade wechseln sich ab, insgesamt unschwierig und auch mit Kindern geeignet, Aufstiege insgesamt rund 240 Hm.

Höchster Punkt: Taufstein, 773 m.

Markierungen: Roter Balken, Roter Kreis.

Ausgangspunkt: Ulrichstein Zentrum.

Einkehr: Am Hoherodskopf sowie in Michelbach (nur Getränke).

GPS Schotten:
N 50°30'25"
O 009°07'61"

Über die höchsten Gipfel des Vogelsbergs nach Schotten

Ulrichstein (565 m) → P Ulrichsteiner Kreuz (620 m) 2 km → Schutzhütte Sieben Ahorn (730 m) 5 km → Landgrafenborn (720 m) 6,5 km → P Heide (730 m) 8 km → Taufstein (773 m) 9 km → L3305 (730 m) 9,5 km → Hoherodskopf (764 m) 10 km → Taufsteinhütte (720 m) 11 km → Gackerstein (663 m) 13 km → Schutzhütte an Kreuzung (510 m) 15 km → Michelbach (420 m) 17 km → Schotten (275 m) 20 km.

Zur Schutzhütte Sieben Ahorn (5 km)

Vom **Lindenplatz** folgen Sie heute zunächst dem **Roten Balken** auf der Marktstraße bis zu ihrer Einmündung in die Ohmstraße (L3073). Nach ihrer Überquerung gegenüber auf einem Asphaltweg weiter. Sie kommen zur Südseite des Ferienparks und zweigen bei seiner Zufahrt rechts auf einem Schotterweg ab. Im Anstieg an einer einfachen Schutzhütte vorbei mit schönem Rückblick. Dann folgt die Markierung einem Grasweg, durchquert eine Waldzunge und folgt erneut dem Waldrand. Danach treffen Sie auf einen Fahrweg, dem Sie nach rechts zu einer Straßengabelung folgen. Dort liegt der **Parkplatz Ulrichsteiner Kreuz** und Sie überqueren die Ringstraße Hoher Vogelsberg (L3139).

Gegenüber auf einem Schotterfahrweg weiter und unter einer Hochspannungsleitung durch. Bei einem Windkraftrad erreichen Sie eine Gabelung, laufen hier geradeaus weiter und kommen kurz danach in den Wald. Sie bleiben zunächst auf dem wenig ansteigenden Hauptweg, der dann eine Kurve macht. Bei der nachfolgenden Gabelung halten Sie sich links. Der Weg macht nun etliche Kurven im Wald, Sie passieren die rechts vom Weg liegenden *Gilgbachquelle* und erreichen schließlich rund 110 Höhenmeter seit dem Parkplatz höher und 5 km seit dem Abmarsch eine Kreuzung mit der **Schutzhütte Sieben Ahorn.**

Zum Hoherodskopf (10 km)

Von der Kreuzung links weiter, zunächst schnurgerade, dann verläuft der Weg nach rechts, wenig später folgt eine deutliche Rechtskurve und es geht etwas bergan. Auf einem Buckel kommen Sie wieder zu einer Gabelung und zweigen hier links ab. Abwärts bis zu einer Rechtskurve, dann eben weiter zu einer Gabelung am Rande des NSG In der *Breungeshainer Heide.* Dort liegt auch die

Legen Sie doch eine Übernachtung auf dem Hoherodskopf ein! Vielleicht haben Sie das Glück und Sie erleben eine Fernsicht, die über den Taunus bis zur Skyline von Frankfurt reicht.

Beliebt: Die Loipen und Abhänge rund um den Hoherodskops sind herrliche Winterreviere

© pmv, Foto: Alexander Kraft

Quelle **Landgrafenborn,** Wasserscheide zwischen Rhein und Weser. Der künstliche Graben zur 600 m entfernten *Niddaquelle* geht auf einen historischen Grenzstreit zurück, sonst würde das Bächlein nämlich wieder Richtung Weser fließen.

Sie folgen weiterhin dem **Roten Balken** und erreichen bald die links liegende *Goldwiese.* Hier biegt Ihr Weg rechts ab, von links kommt ein Weg mit einem Blauen Kreuz, dann geht es über den *Ellerbach.* Danach treffen Sie auf einen von links kommenden Fahrweg, dem Sie geradeaus folgen. Alle Abzweigungen ignorierend, laufen Sie schnurgerade bis zum **Parkplatz Heide** an der L3291.

Vom Parkplatz Heide links auf dem **Roten Balken** weiter. Bei der folgenden Gabelung geradeaus, dann macht der Weg erst eine Rechts-, danach eine Linkskurve und führt unterhalb des Gipfels herum. An der folgenden Rechtskurve zweigt links ein Fußweg mit etlichen Stufen hinauf zum Gipfel vom **Taufstein** mit dem 28 m hohen **Bismarckturm,** der 1906 – 10 erbaut wurde. Vom Turm hat man eine fantastische Rundsicht, ausgenommen auf die nähere Umgebung, Schotten und Niddastausee bleiben verborgen. Um den Turm findet man etliche Rastplätze und den *Bonifatiusbrunnen,* tatsächlich nur eine Steinumrandung, die an Bonifatius erinnert, der hier gepredigt haben soll. Mit 773 m Höhe ist der Taufstein die höchste Erhebung im Vogelsberg. Es ist der Schlot eines ehemaligen Schildvulkans, der nur wenig aus der Umgebung herausragt.

Vom Gipfel wieder zurück zur Rechtskurve unterhalb des Gipfels. Von dort in Abstiegsrichtung auf einem breiten Weg oder einem Fußweg daneben hinab zur L3305. Noch vor dieser rechts auf einem Fußweg anfangs parallel zur Autostraße weiter. Dann kürzt der Waldweg eine Straßenkurve ab, um anschließend in der Senke zwischen Taufstein und Hoherodskopf über die L3305 zu füh-

Taufsteinhütte, Café-Restaurant, (unterhalb vom Gipfel Richtung Schotten), Außerhalb 24, T 06044/ 2381, www.taufsteinhuette.de, info@taufsteinhuette.de. Mo und Di Ruhetag.

Informationszentrum des Naturparks Hoher Vogelsberg, Hoherodskopf, Postanschrift jedoch Naturpark Hoher Vogelsberg, Karl-Weber-Straße 2, 63679 Schotten. T 06044/ 966933-0, Fax -33. www.naturpark-hoher-vogelsberg.de, hoherodskopf@tourist-schotten.de. Täglich von 10 – 17 Uhr, Nov – April Mo – Fr ab 11 Uhr.

ren. Nach Überquerung der Landstraße gegenüber wieder im Wald wenig bergan zum nahen **Hoherodskopf** mit seinem großen Gipfelplateau. Mit 764 m Höhe ist er die zweithöchste Erhebung des Vogelsbergs und ebenfalls ein ehemaliger Vulkanschlot. Ein einsames Plätzchen ist der Gipfel allerdings schon lange nicht mehr. Hier findet man u.a. diverse Parkplätze, Bushaltestellen, einen Kletterwald durch die Bäume eines alten Buchenwaldes, im Winter Hessens längsten Skilift mit 1200 m Länge und auf der Ostseite eine Flutlichtloipe, im Sommer dafür eine Sommerrodelbahn. Weithin sichtbares Wahrzeichen ist der 144 m hohe **Fernmeldeturm** in Stahlbetonbauweise.

Durch Michelbach zum Tagesziel Schotten (20 km)

Vom **Hoherodskopf** folgen Sie nun dem **Roten Kreis,** der Sie nach Schotten führt. Sie verlassen das Gipfelplateau auf der Wiesenseite Richtung Norden und haben im Abstieg linker Hand eine wunderschöne Fernsicht. Kurz vor Erreichen einer Autostraße gabelt sich der Wiesenweg. Hier links weiter, gleich über die L3338, die rechter Hand in die L3291 einmündet. Sie kommen zu einem Parkplatz und halten sich dahinter links von der L3291, um zur **Taufsteinhütte** zu kommen.

Hinter der Hütte links am Waldrand entlang, bald auf der Höhe der **JH,** die eine Zufahrt von der L3338 hat oder von hier leicht zu Fuß über die Wiesen zu erreichen ist. Der Wanderweg führt anschließend mal durch Wald, mal an seinem Außenrand entlang. Vorbei an einem schönen Rastplatz mit Rückblick zum Hoherodskopf geht es zum **Gackerstein** (663 m) mit Gipfelkreuz und fantastischer Aussicht!

Von dort in den Wald, abwärts, vorbei an der Abzweigung eines Weges nach Breungeshain, das links hinter Ihnen liegt, immer geradeaus, wobei

Hoherodskopf Clubhaus Vogelsberger Höhen Club (VHC), Außerhalb 4, T 06044/8232, Fax 5387. www.berggasthof-hoherodskopf.de, info@berggasthof-hoherodskopf.de. EZ à 29 €, 13 DZ à 27 €, DZ als EZ 34 €, 2 MBZ à 26 €. Restaurant Mo Ruhetag.

Hoherodskopfklause, Café-Restaurant, Außerhalb 30, T 06044/8181. www.daesch.de, hoherodskopf-klause@daesch.de. Fr Ruhetag.

Jugendherberge Hoherodskopf (unterhalb vom Gipfel Richtung Schotten), Außerhalb 25, T 06044/2760, Fax 784. www.hoherodskopf.jugendherberge.de, hoherodskopf@djh-hessen.de. 128 Betten in 2- bis MBZ, 19,90 €.

der Weg breiter wird. Dann geht es über einen Querweg, danach geradeaus zunächst auf der Wiesenseite vom Waldrand entlang, anschließend im Wald zu einem Asphaltquerweg am Waldrand. Rechter Hand liegt nach nur 4 km eine schöne **Schutzhütte mit Aussicht** Richtung Schotten.

Geradeaus nun auf einem Teerweg abwärts und per Linkskurve zur K103. Nach ihrer Überquerung auf einem Asphaltweg weiter, der wenig später links abbiegt und weiter abwärts führt. In einer Rechtskurve hinab zur Breungeshainer Straße und rechter Hand auf ihr weiter nach **Michelbach** hinein, wo Sie an einer Bushaltestelle vorbeikommen. Sehenswert ist die Fachwerkkirche in der Ortsmitte, wo auch die **Dorfgaststätte** liegt.

Zum Vogelsberg, Breungeshainer Straße 13, 63679 Michelbach, Schotten, T 06044/3880. Sa, So geöffnet.

Nach der Gaststätte verlassen Sie halb links die Breungeshainer Straße auf dem Schottener Weg. Dieser führt über verschiedene Kreuzungen geradeaus aus dem Dorf heraus und abwärts. Vor einem Waldstück macht der Asphaltweg einen Rechts-Links-Bogen und führt an der Außenseite entlang. Nach einer Linkskurve rechts vom Wald weg und weiter Richtung Schotten bergab. In einem Rechtsbogen dann zum Siedlungsrand hinab, über eine Kreuzung zur Straße Zum alten Feld. Auf dieser Querstraße links weiter, am rechts liegenden Friedhof vorbei, unter der B276 hindurch, bis Sie auf der jetzt Am Bockzahl genannten Straße auf die Vogelsbergstraße treffen. Halten Sie sich hier kurz rechts und biegen dann links ab, kommen Sie zur zentralen **Bushaltestelle Vier-Städte-Park.** Linker Hand geht es dagegen zur ↗ *Tourist-Information* und ins historische Zentrum von **Schotten.**

Schotten, Fachwerkkleinstadt

Die Kleinstadt Schotten liegt an einer alten Fernstraße im Herzen des Vogelsbergs und ist heute ein beliebter Luftkurort. Zur Stadtgemeinde gehören etliche umliegende Dörfer. Erstmals urkundlich erwähnt wurde Schotten im Jahr 778. Die Stadt ist auch durch die Schottenring-Rennen bekannt. In der historischen **Altstadt** sind zahlreiche wunderschön restaurierte Fachwerkhäuser erhalten. Dazu gehört das historische *Rathaus,* ein Renaissancebau von 1520 mit Markthalle im Erdgeschoss und getäfelten Ratssaal im ersten Stock. Während sich in der *Marktstraße* und *Mühlgasse* etliche Fachwerkhäuser aneinander reihen, verdankt noch ein anderes Gebäude Aufmerksamkeit, nämlich die gotische **Liebfrauenkirche,** 1350 – 85 erbaut und im Inneren mit einem wertvollen Marienaltar mit 16 farbenfrohen gemalten Szenen ausgestattet. Im ehemaligen Wohnhaus des Staatsrates Dr. Weber, ein prächtiges Fachwerkhaus mit Erker an der Vogelsbergstraße befindet sich heute ein M **Heimatmuseum.**

M **Vogelsberger Heimatmuseum,** Vogelsbergstraße 95, 63679 Schotten, T 06044/3426. www.heimatmuseum-schotten.de, info@heimatmuseum-schotten.de. Ganzjährig Do, Sa und So 14.30 – 16.30 Uhr. 2 €, Schüler 1 €.

In 63679 Schotten:

Parkhotel Schotten, Parkstraße 9 (bei der Bushaltestelle), T 06044/9650 -0, Fax 9650-50. www.center-hotels.de, info@center-hotels.de. 40 Zimmer, EZ 65 €, DZ 42 €.

Hotel garni Hochzeitshaus StattHotel, Marktstraße 8 (beim historischen Rathaus), T 06044/989890, Fax 989898. www.hochzeitshaus-schotten.de, schlafen@hochzeitshaus-schotten.de. 4 DZ à 36 €, DZ als EZ 59 €. Im Erdgeschoss **Restaurant Herrmann,** T 06044/2002, ab 17 Uhr.

Schottenring, Vogelsbergstraße 84, T 06044/701, Fax 9810166. www.pfeiffer-pension.de, info@fspfeiffer.de. Pension mit 14 Betten, EZ 32,50 €, DZ 28 €, MBZ 20 €, angeschlossenes Backhaus Do – Sa ab 17 Uhr geöffnet.

Tourist-Information, Vogelsbergstraße 37a (Gelbes Haus), T 06044/6651, Fax 6679. www.tourist-schotten.de, info@tourist-schotten.de. Mo – Fr 9 – 12 und 13 – 17, Sa 9 – 13 Uhr.

***Vogelsberger Beulchen** ist ein lokales Gericht, das aus geriebenen Kartoffeln mit Lauch, Solberfleisch, schmackhaften Gewürzen und Soße besteht, gekocht in einem Leinensäckchen. So heißt Beulchen hochdeutsch auch »Beutel«!*

3. Tag

Gehzeit: 5 Std.

Schwierigkeiten: Gut begehbare Wege mit langen Waldabschnitten, auch für Kinder geeignet, mit dem Kurzanstieg zum Alteberg-Kamm rund 100 Hm Gesamtanstieg.

Höchster Punkt: P Hollerweg, 310 m.

Markierungen: Roter Kreis, Blauer Balken.

Ausgangspunkt: Schotten Zentrum.

Einkehr: Keine!

GPS Nidda:
N 50°24'67"
O 009°00'00"

Durch die bewaldeten Höhen des Vogelsbergs nach Nidda

Schotten (275 m) → Rote Brücke (225 m) 2,5 km → P Hollerweg (310 m), 4,5 km → Kreuzung oberhalb von Rainrod (280 m) 7 km → K194 (200 m) 10,5 km → Kreuzung Haubenmühle (150 m) 13 km → B455 (150 m) 14 km → Kohden L3139 (140 m) 16 km → Nidda Marktplatz (130 m) 17,5 km → Nidda Bhf (130 m) 18,5 km.

Zur Kreuzung von Rainrod (7 km)

Vom Stadtzentrum folgen Sie zunächst noch der Vogelsbergstraße, dann rechts auf der Lohgasse bei einem Parkplatz ab. Die heutige Markierung mit dem **Roten Kreuz** führt Sie an einer Kirche vorbei und dann links in die Alte Straße. Es geht leicht bergan, über einen Kreisel Richtung Alter Jüdischer Friedhof (Einartshausen zugehörig und aus dem 19. Jahrhundert) und dann links auf der Julie-Herold-Straße zum Ortsrand. Dort halb links auf einem Asphaltweg weiter und am *Sonnenhof* vorbei, wo rechts ein Weg abzweigt, Sie aber geradeaus weiterlaufen. Vor dem nahen Wald macht der Weg dann einen Linksbogen und führt südwärts Richtung B455 weiter. Dann biegen Sie rechts auf einen zunächst ebenen Waldfußweg Richtung **Rote Brücke** ab. Dieser macht im Wald mehrere Kurven und führt abwärts. Dann kommen Sie an den Rand eines Wiesengeländes und folgen hier dem Fahrweg nach links. Auf dem folgenden Querweg rechts, danach auf von Buschwerk gesäumten Wegen weiter durch das Wiesental zur Roten Brücke, die einen kleinen Nebenfluss der Nidda überquert.

Nach der Bachbrücke auf dem Querweg links weiter. In der Folge geht es kurvenreich im Wald immer leicht bergan. Bei Abzweigungen achten Sie immer auf die Markierung und erreichen dann den links liegenden **Parkplatz Hollerweg** auf

350 m Höhe und nach 4,5 km. Dort über einen Querweg zur nahen K193.

Auf der Kreisstraße ganz kurz nach rechts, dann in ihrer Linkskurve links auf einem breiten Fahrweg ab. Der Weg schlängelt sich nun durch den Wald, dann zweigt rechts die Markierung vom Fernwanderweg Eisenach – Budapest E3 ab, der Sie kurz begleitet hatte, Sie folgen aber in einer Linkskurve dem Ruppertweg mit Rotem Kreuz. Bei der nächsten Gabelung nicht geradeaus den Fahrweg bergan, sondern links eben im Berghang durch den *Schellenwald* weiter. Dann erreichen Sie eine **Waldkreuzung oberhalb von Rainrod** mit etlichen Entfernungsangaben.

Die Vogelsberger Wanderzeichen im Überblick: www.vogelsberger-hoehen-club.de/wanderwege.html

Zum Tagesziel Nidda (18,5 km)

Von dieser Kreuzung ganz kurz nach rechts, dann links ab. In der folgenden Kurve halb rechts auf dem Hauptweg weiter und an einer Waldwiese entlang. Im Wald weiter zur nächsten Gabelung, dort nicht geradeaus, sondern links den Berghang hinauf. Einer Linkskurve folgend, auf den Kamm vom Alteberg hinauf, dort über einen Querweg. Dann in einer Rechtskurve wieder leicht abwärts und nach der folgenden Linkskurve noch vor Erreichen des Waldrandes rechts im Wald ab und eben weiter. Der Weg schlängelt sich im Wald weiter, links sind durch den lichten Wald unterhalb des Weges dann und wann Wiesen erkennbar. Dann erreichen Sie den Waldrand und haben links einen Blick auf Eichelsdorf. Im offenen Gelände treffen Sie schließlich auf einen von rechts kommenden Weg, der sich geradeaus bzw. leicht links als Asphaltweg fortsetzt und durch Obstwiesen zur **K194** führt.

Auf der Kreisstraße nach rechts wenig bergan, dann links auf einem Fahrweg ab und bei der gleich folgenden Gabelung vor Windkrafträdern rechts entlang. Rechter Hand geht nun der Blick

33 schönste Radtouren Rhein-Main
Radeln von leicht bis weit rund um Frankfurt. Rheingau – Vogelsberg, Rheinhessen – Rodgau. Mit Extra-Tourenkarte. pmv. ISBN 978-3-89859-318-2, 18 €.

Richtung Ulfa. Nahe an einem Windkraftrad vorbei und auf dem Grasweg immer geradeaus, über einen Asphaltweg, Richtung Wald. Am Waldrand dann zunächst rechts, dann links auf einem breiten Waldweg ab und ganz wenig abwärts zu einer **Kreuzung** am anderen Ende des Waldstückes. Dort wenig nach links versetzt in bisheriger Richtung weiter, dann per Links-Rechts-Bogen am Reitstall Haubenmühle vorbei, einem schönen **Fachwerkanwesen,** zur nahen **Haubenmühl-Wegkreuzung.**

Hier nun dem Asphaltweg nach links folgen. Dieser macht dann eine Rechtskurve und führt links vom Wald an seinem Rand entlang. Dann macht der Weg am Waldrand eine Linkskurve, führt bald danach vom Wald weg, unweit eines Einzelhofes geradeaus über eine Kreuzung, dann halb links zur **B455.**

Nach ihrer Überquerung im Rechtsbogen neben einem Graben am Waldrand entlang. Dann führt der Weg nochmals in die Nähe der Bundesstraße und erreicht im Wald einen Teich mit Weggabelung. Hier zweigen Sie nun links ab und folgen der **Markierung Blauer Balken** nach Nidda. Sie kommen auf dem Grasweg aus dem Wald heraus und folgen dann einem Schotterweg. Später kommt von rechts ein Teerweg, dem Sie in bisheriger Richtung, also geradeaus, folgen. Vor einer Linkskurve kommen Sie nun an einem schönen **Rastplatz** mit weiter Rundsicht vorbei. Es folgt dann eine Rechtskurve abwärts, die Häuser von **Kohden** kommen allmählich in Sicht. Am Ortsrand geht der Weg in eine Straße über und Sie folgen dem Ulfaer Weg bis zu seiner Einmündung in die **Hoherodskopfstraße** (L3139).

Sie folgen dieser kurz nach rechts, zweigen dann auf der anderen Straßenseite links ab und erreichen durch eine schmale, kurze Gasse einen Querweg, dem Sie nach rechts folgen. Dann erreichen Sie eine weitere Gabelung und zweigen dort links auf einem Feldweg ab, der am Stadtrand von Nidda verläuft. Rechts vom Weg liegen erste Schulgebäude. Sie erreichen am Straßenbeginn eine Wendeschleife mit der **Bushaltestelle Nidda Schulzentrum.** Geradeaus auf der Straße weiter zu einer Kreuzung. Hier nicht mit der Markierung links weiter, sondern geradeaus der Einbahnstraße folgen, bis diese auf eine Querstraße trifft. Auf dieser nach links über die *Nidda* und gleich rechts auf der Nidda-Promenade Hinter dem Brauhaus weiter. Vorbei am Bürgerhaus, bei der Gabelung danach geradeaus auf der Spielstraße weiter. Dann treffen Sie, bereits in der Fußgängerzone, auf die Mühlstraße und folgen dieser links zum nahen **Marktplatz.**

Nidda, Zentrum der Wetterau

Die Kleinstadt Nidda liegt in der Wetterau zwischen Vogelsberg und Rhein-Main-Gebiet. Ihren Namen erhielt sie vom gleichnamigen Fluss. Urkundlich wurde Nidda Anfang des 9. Jahrhunderts erstmals erwähnt und ist ein bedeutender Standort der Papierindustrie. Der Stadtteil Bad Salzhausen hat sich aufgrund seiner sechs Heilquellen einen Namen als Kurbad gemacht.

Sehr heimelig: Der Marktplatz von Nidda

© pixelio, Foto: Dirk Schmidt

Zu den Sehenswürdigkeiten Niddas gehört der **Johanniterturm** von 1491/92 als Rest einer nicht mehr existierenden Kirche. Im Turm hängen drei Glocken, die zu den ältesten in Hessen zählen. Die Stadtkirche **Zum Heiligen Geist** wurde 1615 – 18 gleich zweimal erbaut: Die erste Bauausführung war so schlecht, dass die Kirche wieder abgerissen werden musste. Schließlich entstand eine hohe Saalkirche in Nord-Süd-Ausrichtung mit hohem Satteldach und schönen Renaissance-Details an Fenstern und Portalen. Im Innern beeindrucken die Holzdecke und ein dreisprachiges Kruzifix. Das Renaissance-**Schloss Nidda** aus dem 16. Jahrhundert entstand auf dem Fundament einer alten Wasserburg und ist seit 1874 Sitz des Amtsgerichts. Schließlich bildet der **Marktplatz** mit seinen zahlreichen Fachwerkhäusern den Mittelpunkt der Stadt. Eines der imposantesten Bauwerke am Markplatz ist das 1632 erbaute ehemalige Stadtwirtshaus, heute Sitz vom Niddaer M **Heimatmuseum.** Daneben steht das im klassizistischen Stil errichtete ehemalige Rathaus von 1811.

M **Niddaer Heimatmuseum,** Raun 1, 63667 Nidda, T 06043/1850. www.museum-nidda.de, museum-nidda@t-online.de. Di und Do 15 – 17, sowie So 10 – 12 Uhr. Eintritt frei.

In 63667 Nidda:

Gasthofbrauerei und Hotel Zur Traube, Markt 81, T 06043/4047-0, Fax 40 47-10. www.hotel-zur-traube.de, info@hotel-zur-traube-de. 8 EZ à 46 €, 8 DZ à 36 €, DZ als EZ 57 €.

In der Innenstadt von Nidda gibt es weitere Einkehrmöglichkeiten.

Kur- und Touristik-Information, Bad Salzhausen, Quellenstraße 2, T 06043/96330. www.bad-salzhausen.de, info@bad-salzhausen.de und www.nidda.de, info@nidda.de. Mo – Fr 9 – 16.30, Mai – Sept Sa 9 – 12, So 14 – 17 Uhr.

Zum Bahnhof: Vom Marktplatz rechts auf der Neuen Straße (B457) über die Nidda, bis diese an ihrem Ende eine Rechtskurve macht. Dort zweigt links die Bahnhofstraße ab, der Sie folgen. Irritierend ist, dass auch die rechts abzweigenden Straßenäste den gleichen Namen tragen. Sie folgen dem zweiten Ast, halten sich vor den Gleisen links und erreichen so den Bahnhof von Nidda, gleichzeitig Ausgangspunkt vieler Buslinien.

VON DER DOMSTADT FULDA IN DIE HOCHRHÖN

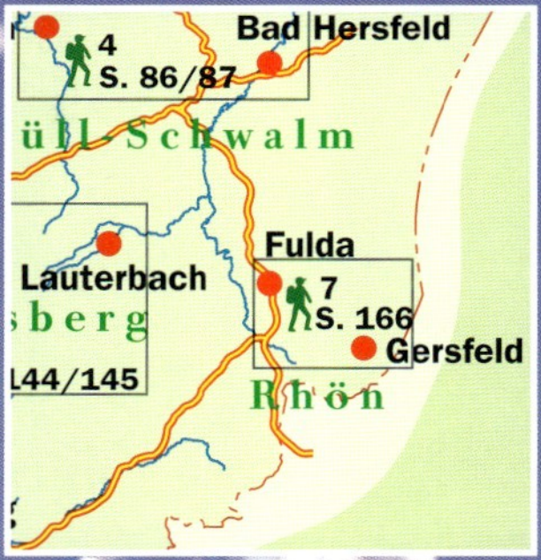

DURCH DAS MÄRCHENLAND REINHARDSWALD

BEIDERSEITS DER WERRA

AUF DEM URWALDSTEIG UM DEN EDERSEE

DURCH DAS ROTKÄPPCHENLAND KNÜLL-SCHWALM

UNTERWEGS AUF DEN LAHNHÖHENWEGEN

DURCH DIE VULKANLANDSCHAFT VOGELSBERG

VON DER DOMSTADT FULDA IN DIE HOCHRHÖN

DURCH DAS RHEINGAUGEBIRGE NACH LORCH

AUF DEN GROSSEN FELDBERG UND ZUR SAALBURG IM TAUNUS

DIE SCHÖNSTEN SEITEN DES ODENWALDS

HOCHRHÖNER
Tann 30 km
Gotthards 14 km
3
HOCHRHÖNER
Milseburg 2 km
Extratour Milseburg 17,5 km
Milseburg 17 km
Oberbernhardser Höhe 0,4 km
Extratour Milseburg 17,5 km
Milseburg 0,5 km
Milseburg 2 km

Darüber hinaus ist die Rhön eine Region mit überdurchschnittlicher Biotop- und Artenvielfalt. Der Großteil des hessischen Gebirgsanteils liegt im 1967 gegründeten *Naturpark Hessische Rhön,* gleichzeitig Teil des länderübergreifenden, 1991 von der UNESCO anerkannten *Biosphärenreservats Rhön.*

VON DER DOMSTADT FULDA IN DIE HOCHRHÖN

7

Ist die Domstadt Fulda als Osthessens Metropole und damit deren wirtschaftliches Zentrum sowie als Bischofssitz bekannt, denkt man bei der Rhön vor allen Dingen an ihre höchste Erhebung, die Wasserkuppe (950 m) als Wiege des Segelflugsports. Im Grenzgebiet von Hessen, Thüringen und Bayern gelegen, ist die Rhön ein Mittelgebirge mit weitreichenden Aussichten, denn durch frühere Rodungen sind nur etwa 30 % der Fläche mit Wald bedeckt. Zudem berührt der hier beschriebene Wanderweg mit den Gipfeln Milseburg (835 m) und Wasserkuppe (950 m) zwei großartige Aussichtspunkte.

Start in Fulda

Die Metropole Osthessens, gleichzeitig Sitz des Kreises, liegt am Oberlauf des gleichnamigen Flusses. Fulda verdankt seine frühere Bedeutung dem Kloster und dem Bau der *Ratgar-Basilika* (791 – 819), damals der größte Kirchenbau nördlich der Alpen. Um das im Jahr 744 gegründete Kloster entstand eine Siedlung, die 1019 das Münz-, Zoll- und Marktrecht erhielt. 1114 wurde Fulda erstmals als Stadt erwähnt. Heute ist sie als Bischofssitz regelmäßiger Tagungsort der Deutschen Bischofskonferenz. Mit 28 Parks und anderen Grünanlagen ist Fulda zudem eine grüne Stadt.

Bekannteste Sehenswürdigkeit ist der **Dom St. Salvador,** der anstelle der baufällig gewesenen Ratgar-Basilika errichtet und 1712 eingeweiht wurde. Der überbordene Barockbau entstand nach Plänen von Johann Dientzenhofer, dem bedeutendsten deutschen Barockbaumeister, der seine Ideen frisch aus Rom mitbrachte. Kein Wunder, dass Salvator in Vielem dem Petersdom in Rom nachempfunden ist. Im Inneren befindet sich

Rhön-Info-Zentrum, Wasserkuppe 1, 36129 Gersfeld, T 06654/91834-0, Fax -20. www.rhoen.de, bayern@rhoen.de.

Rhön Nord, TF50-RH Nord, Freizeitkarte 1:50.000 vom HLBG, ISBN 978-3-89446-313-7.

Alt neben Neu: Bei Oberbernhards wurde der Wanderwegweiser wenig sensibel direkt neben dem alten Bildstock aufgestellt, der einstigen Wanderern äußere und innere Orientierung bot

M **Fuldaer Dom,** Domplatz 1, 36037 Fulda, T 0661/87207, Fax 1022811. Mo – Fr 10 – 18 Uhr (Nov – März bis 17 Uhr), Sa 10 – 15, So 13 – 18 Uhr.

die Grabstätte des heiligen Bonifatius, dem ersten deutschen Apostel der Deutschen. Die imposante Wirkung des Doms wird durch den weiten, leeren Domplatz noch verstärkt, der Platz für große Open-Air-Konzerte bietet. In der Umgebung befindet sich außer der *Domdechanei* und dem *Domgarten* die **Michaelskirche.** Ihr wuchtiger karolingischer Baustil weist auf ihre Entstehungszeit 819 – 22 hin. Als einer der ältesten Nachbauten der Heiliggrabkirche in Jerusalem gehört sie den bedeutendsten Sakralbauten des Mittelalters. Ursprünglich diente sie als Kapelle des ehemaligen Mönchfriedhofs.

Unweit des Doms liegt auch das **Stadtschloss,** das 1706 – 14 als Residenz der Fürstäbte und

Die Wanderung in Kürze

3 Tage | 53 km | 1455 Hm Anstieg

Schwierigkeitsgrad: Zwar weist die gesamte Strecke keine technischen Schwierigkeiten auf und die Tagesetappen sind kürzer als sonst, aber die Höhenunterschiede erfordern eine gute Kondition. Die Wanderstrecke ist auch für ältere Kinder geeignet.

Start: Bhf Fulda

Ziel: Bhf Gersfeld (Rhön)

1. Tag: Fulda – Hofbieber 17,5 km

2. Tag: Hofbieber – Poppenhausen 19 km

3. Tag: Poppenhausen – Gersfeld (Rhön) 16,5 km

Höchster Punkt: Wasserkuppe, 950 m

Anfahrt: Fulda ist ICE, IC- und RE-Haltepunkt und somit aus allen Teilen Deutschlands gut erreichbar. Die gesamte Wanderstrecke liegt innerhalb des RMV.

Rückfahrt: Zwischen Gersfeld (Rhön) und Fulda verkehren täglich RB.

ÖPNV unterwegs: Hofbieber ist Mo – Sa durch Bus 20 und 21 u.a. mit Fulda verbunden, Poppenhausen u.a. mit Fulda und der Wasserkuppe durch Bus 26, ebenfalls Mo – Sa. Der ZOB schließt sich in Fulda südwärts an den Bhf an.

Unterkunft: In Fulda, Petersberg, Langenbieber, Hofbieber, im Fuldaer Haus, Poppenhausen und Gersfeld.

Beste Jahreszeit: Frühjahr bis Herbst, bei nicht zu hohem Schnee auch im Winter.

späteren Fürstbischöfe erbaut wurde. Die historischen Räume dienen heute als Museum. Sehenswert ist auch der Schlossgarten mit der Orangerie von 1721.

In Fulda:

🏠 **Hessischer Hof** (PLZ 36037), Nikolausstraße 22 (in Sichtweite vom Bhf am ZOB), T 0661/78011, Fax 72289. www.hessischerhof.de, info@hessischerhof.de. 6 EZ à 60 €, 22 DZ à 40 €.

🏠 **Jugendherberge Fulda** (PLZ 36041), Schirrmannstraße 31 (Bus 3 ab Bhf bis Stadion), T 0661/73389,

Stadtführungen: Ab Tourist-Info täglich 11.30 und 15 Uhr, Dauer 1 Std. Apr – Okt Fr, Sa, So 14 Uhr, Nov – März nur Sa 14 Uhr, Dauer 2 Std mit Dom und Schloss.

Fax 74811. www.fulda.jugendherberge.de, fulda@djh-hessen.de. 174 Betten in 1- bis MBZ, 22,50 €.

Fulda bietet ein reichhaltiges gastronomisches Angebot und natürlich viele weitere Unterkünfte.

Tourismus- und Kongressmanagement Fulda, Bonifatiusplatz 1 (PLZ 36037), T 0661/102-1813, Fax 102-2811. www.tourismus-fulda.de, tourismus@fulda.de.

1. Tag

Gehzeit: 5 Std.
Schwierigkeiten: Keine, auch für Kinder geeignet, insgesamt 270 Hm Anstieg.
Höchster Punkt: Kreuzung L3379, 420 m.
Markierungen: Gelb, Schwarz, Rot.
Ausgangspunkt: Bhf Fulda.
Einkehr: In Petersberg und Langenbieber.
GPS Hofbieber:
N 50°35'20"
O 009°50'26"

Fahren Sie mit dem Stadtbus nach Petersberg. So ersparen Sie sich die ersten Asphaltkilometer und haben Zeit für Besichtigungen in Fulda!

Auf uralter Handelsroute über Petersberg nach Hofbieber

Fulda (260 m) → Petersberg (350 m) 2,5 km → Rex Abzw. L3429 (310 m) 7 km → P Saubrücke (370 m) 12 km → L3379 (420 m) 14 km → Langenbieber (360 m) 16 km → Hofbieber (390 m) 17,5 km.

Durch Petersberg ins Tal der Wanne (7 km)

Die heutige Wanderstrecke folgt teilweise dem **Ortesweg,** eine uralte Handelsroute, die das Marburger Land, den Vogelsberg und die Rhön mit dem historischen Grabfeld verband.

Vom **Bahnhof Fulda** laufen Sie südwärts am ZOB und dem Hotel Hessischer Hof vorbei und folgen der Straße Am Bahnhof parallel zu den Bahngleisen bis zu ihrem Ende. Auf diesem ersten Teil der Wanderung folgen Sie der **Gelben Markierung,** die Sie bis zur Wegkapelle bei Rex begleiten wird. Dort links auf der Petersberger Straße (B458) unter der Bahnstrecke hindurch, dann bergan Richtung B27, die ebenfalls unterquert wird. Bei der Marianum-Schule links in die Straße Am Ziegelberg ab und auf dieser aufwärts. Sie macht später bei einer Kirche einen Rechtsbogen. Nach Abzweigung der Bergstraße kommen Sie zur Bushaltestelle Rhönbergstraße in **Petersberg,** die Sie per Bus von Fulda mit den Linien 8, 20, 21 und 22 erreichen. Die Gemeinde grenzt im Westen unmittelbar an Fulda und besteht aus 11 Ortsteilen. Ihre Geschichte begann mit der Gründung eines heute nicht mehr bestehenden Benediktinerklosters auf dem *Ugesberg* (Eulenberg), das 836 geweiht wurde. Gleichzeitig bettete man die heilige Lioba in die Basilika St. Peter um. *Lioba* (710 – 782 in Mainz) stammte wie Bonifatius aus England, war sogar mit ihm verwandt und seine Mitarbeiterin in der Missionsarbeit. Die weithin sichtbare Bergkirche ist heute das Wahrzeichen von Petersberg und ein schöner Aussichtspunkt.

Von der **Bushaltestelle** geradeaus zur nahen Straßenkreuzung. Dort kommen Sie linker Hand schnell ins nahe Zentrum mit den genannten Unterkünften und auch zur Bergkirche. Rechter Hand dagegen, auf der Straße Landwehr, führt die **Gelb markierte Wanderroute** Richtung Hofbieber weiter. Beim Bauhof dann links am Siedlungsrand ab. Nach einem Wendekreis geht die Straße in einen Asphaltweg über. Dann treffen Sie auf einen Querweg, dem Sie rechts zur L3174 folgen. Nach ihrer Überquerung gegenüber auf der **Sabinanigoer Straße** durch ein Gewerbegebiet. Es folgt ein Rechtsbogen, dann zweigen Sie links zur A7 ab, überqueren diese auf einer befahrbaren Brücke und halten sich bei der folgenden Gabelung rechts. Dann macht der Weg eine Linkskurve, danach zweigt rechts ein Weg ab. Sie laufen hier geradeaus weiter und kommen später unter Hochspannungsleitungen hindurch. Dann erreichen Sie eine Gabelung bei einer kleinen Wegkapelle und halten sich dort rechts. In einer Linkskurve vorbei an einem *Bildstock* zum Rand des Weilers **Rex.** Dort links auf der Straße Im Haunegrund ab und hinunter zur Haunebrücke. Nach Überquerung der *Haune* geht es per Links-Rechts-Kurve weiter durch das kleine Dorf zur Böckelser Straße (L3429) am Dorfende. Bis zum **Parkplatz Saubrücke** folgen Sie nun der **Schwarzen Markierung.**

Am Rathaus, Am Neuen Garten 1, 36100 Petersberg (im Zentrum unweit des Wanderweges), T 0661/ 69003, Fax 63257. www.hotel-rathaus.com, info@hotel-rathaus.com. 35 Betten, EZ 44 €, DZ 31 €, auch MBZ.

Altes Casino, Langenburg 1, 36100 Petersberg (im Zentrum unweit des Wanderweges), T 0661/ 96907-0, Fax -25. www.gasthof-casino.de, info@gasthof-casino.de. 21 Betten, EZ 52 €, DZ 39 €.

Gegenüber auf einem Feldweg über eine kleine Anhöhe in das *Tal der Wanne.* Dort bei einer Gabelung rechts ab. Es folgt eine Linkskurve, dann trifft der Feldweg unweit des Baches auf einen Asphaltweg. Hier rechts weiter zum Gerhardsweg. In bisheriger Richtung vorbei an der Zufahrt zur Gerhardsmühle, dann mündet von rechts der Mengelsweg ein. Bei einem Schuppen erreichen Sie eine Kreuzung und biegen dort links ab. Über die *Wanne,* links weiter, dann in einer Rechtskurve zum oberen Rand der Häusergruppe **Mengelsmühle.** Dann immer geradeaus Richtung Wald. Am Waldrand haben Sie nochmals einen Rückblick bis Petersberg mit seiner Bergkirche.

Vorbei am Fuldaer Tor (12 km)

Hier haben Sie die Wahl zwischen **zwei Wegen:** Entweder laufen Sie geradeaus auf gutem Waldweg weiter oder zweigen rechts ab. Der schmale Fußweg rechts führt direkt entlang der Wanne zur gleichen Kreuzung, die auch der normale Waldweg erreicht, kann jedoch durch Abrutschen des Hangs unterbrochen sein.

Nach Durchquerung des Waldes erreichen Sie einen **Querweg,** der *Armenhof* mit *Dipperz* verbindet. Gehen Sie weiter geradeaus, nun am Waldrand entlang ins Tal vom *Igelbach.* Der Weg verläuft später nach links, kommt nach einem Rechtsbogen an einem Waldteich vorbei und führt über die L3258 unweit ihrer Einmündung in die L3379. Gleich danach treffen Sie auf den **Parkplatz Saubrücke** mit Rastplätzen.

Vom Parkplatz zunächst in Straßennähe auf einem Fußweg ostwärts weiter. Dann treffen Sie am Wald-Wiesenrand auf einen von der Autostraße kommenden Fahrweg, folgen ihm kurz nach rechts, zweigen dann aber gleich wieder links vom Schwarz markierten Weg ab und folgen für kurze Zeit einer **Roten Markierung.** Sie verlassen das

Tal vom Igelbach und laufen im Wald ein Stück geradeaus, dann rechts herum zu einer Gabelung, bei der Sie links abzweigen und gemäß **Gelber Markierung** hinab zum *Riegelbach* steigen. Nach seiner Überquerung geht es im Wald wieder stärker bergauf zur L3379. Hier verlässt die Rote Markierung Ihre Wanderroute und führt zum nahen **Naturdenkmal Fuldaer Tor,** eine etwa 300 Jahre alte Linde mit einem Umfang von 6,15 m. Der kurze Abstecher von etwas 250 m lohnt sich!

Biebertal, Bahnhofstraße 18, 36145 Langenbieber, T 06657/9602-0, Fax -60. www.hotel-biebertal.de. 13 Zimmer, EZ 40,50 €, DZ 35,50 €.

Zur Linde, Biebersteiner Straße 13, 36145 Langenbieber, T 06657/9605-0, Fax -55. www.rhoengasthof-zur-linde.de. 13 Zimmer, EZ 35 €, DZ 28 €, Restaurant Mi Ruhetag.

Vorbei an Langenbieber zum Tagesziel Hofbieber (17,5 km)

Nach Überqueren der L3379 geht's unmarkiert auf einem Fahrweg in bisheriger Richtung weiter, nach einem kurzen Waldstück am Waldrand nordwärts, dann erneut durch Wald. Wenn Sie aus dem Wald herauskommen, erblicken Sie die ersten Häuser von **Langenbieber,** kommen am Siedlungsrand an der Abzweigung der Wadbergstraße vorbei, zweigen kurz danach links am Rand des *Hungerwalds* ab und kommen auf einem Fußweg zur Dipperzer Straße, wo gegenüber die Bahnhofstraße abzweigt. Ab dem Siedlungsrand folgen Sie nun erneut einer **Gelben Markierung.** Auf der Dipperzer Straße nach rechts unter dem alten Bahndamm hindurch und anschließend über die Bieber. An ihrem Ende kommen Sie an einer Verzweigung zur **Bushaltestelle Langenbieber Ortsmitte.**

Über Feld und Flur: Blick auf Langenbieber

Nach Überqueren der Straße an der Bushaltestelle Ortsmitte gegenüber bzw. halb rechts auf der Kugelbergstraße entlang. Wenn diese rechts abzweigt, geradeaus auf einem Asphaltweg weiter und aus Langenbieber hinaus. Rechts fällt der Blick auf Schloss Bieberstein. Am Ortsbeginn von Hofbieber treffen Sie auf den Lichtweg und folgen diesem geradeaus. Dann biegen Sie rechts in den Schulweg ab und stoßen auf die Straße Am Lindenplatz. Sie stehen vor der Kirche, links liegt die **Bushaltestelle Hofbieber.** Zur ländlich geprägten Großgemeinde im Naturpark Hessische Rhön gehören 18 Ortsteile. Der gleichnamige Hauptort ist staatlich anerkannter Luftkurort.

Limburger Imitat: Kirche von Hofbieber

Die imposante Linde auf dem **Lindenplatz** im Zentrum wurde zwar erst 1913 gepflanzt, erinnert aber an die frühere niedere Gerichtsbarkeit, die hier abgehalten wurde. Die **Pfarrkirche St. Georg** wurde 1898 – 1901 erbaut, hat aber ältere Vorgänger. Mit ihren stattlichen, 37 m hohen Türmen und der Fensterrose ähnelt sie fast dem Limburger Dom. Südöstlich von Hofbieber thront auf dem *Kugelberg* das **Schloss Bieberstein,** das eine Burg als Vorgängerbau hatte. Das Barockschloss von 1710 – 23 diente einst als Sommerresidenz der Fürstäbte aus Fulda, heute ist es ein Internat.

In 36145 Hofbieber:

Sondergeld, Lindenplatz 4, T 06657/376, Fax 919746. www.gasthof-sondergeld.de. 13 Zimmer, EZ 41 €, DZ 32 €, MBZ 23,50 €, Restaurant Mi Ruhetag.

Kiesbergquelle, Langenbieberer Straße 3, T 06657/238, Fax 1808. www.kiesbergquelle.de, info@kiesbergquelle.de. 14 Zimmer, EZ 39 €, DZ 32,50 €, Gaststätte Di Ruhetag.

Tourist-Information, Schulweg 5, T 06657/987-411, Fax 987-419. www.hofbieber.de, touristinformation@hofbieber.de. Mo, Mi, Do 8 – 12.30 und 13 – 16, Di 8 – 12.30 und 13 – 17.30, Fr 8 – 13 Uhr.

Über den Aussichtsberg Milseburg nach Poppenhausen

Hofbieber (390 m) → Schloss Bieberstein (500 m) 2 km → Haltepunkt Bieberstein (415 m) 3 km → Schackau (417 m) 4,5 km → L3379 (630 m) 7 km → Milseburg (835 m) 8,5 km → Schutzhütte Biebertal (580 m) 10,5 km → Fuldaer Haus (680 m) 12,5 km → Steinwald L3330 (610 m) 13,5 km → B458 Abzw. Eichenwinden (505 m) 15,5 km → Poppenhausen (460 m) 19 km.

2. Tag

Gehzeit: 5 ¾ Std.

Schwierigkeiten: Keine, lediglich im Gipfelbereich der Milseburg ist Achtsamkeit geboten, insbesondere bei starkem Wind, jedoch anstrengend durch mehrere Auf- und Abstiege, insgesamt 685 Hm Anstieg.

Höchster Punkt: Milseburg, 835 m.

Markierung: Rot markierter Hessenweg 3.

Ausgangspunkt: Hofbieber Kirche.

Einkehr: Im Bereich der Milseburg, im Fuldaer Haus oder in Steinwand.

GPS Poppenhausen:
N 50°29'29"
O 009°52'07"

Zur Milseburg (8,5 km)

Vom **Lindenplatz** südwärts in einer Linkskurve zum Beginn der Langenbieberer Straße. Beim ✕ **Gasthof Kiesbergquelle** links die kurze Gasse hinauf, dann gleich rechts auf dem Biebersteiner Weg entlang. Auf dem **Rot markierten Hessenweg 3** nach dem Ortsende erst kurz am Waldrand entlang, dann links im Wald aufwärts. So erreichen Sie den Eingang zum **Schloss Bieberstein.**

Dort links ein kurzes Stück auf der Zufahrt abwärts, dann rechts auf einem Treppenweg im Wald abwärts, über einen breiten Forstweg, dann hinab zur **K25** unweit der Abzweigung der Schlosszufahrt. Nach Überqueren der Kreisstraße halb links wieder ab zu einem Radweg. Dort rechts weiter auf einem breiten Waldweg, der parallel zum Radweg verläuft. Dann erreichen Sie den ehemaligen **Bahnhof Bieberstein,** heute ein Rastplatz.

Von dort über die Kreisstraße und links vom Radweg auf Pfadspuren am Wiesenrand entlang, dann durch ein Waldstück. Sie treffen auf einen Querweg, dem Sie rechts zur nahen Landstraße folgen. Auf dieser L3330 linker Hand Richtung **Schackau** und im Ort rechts auf der Schlossstraße ab, über die *Bieber* zum links liegenden Schloss. Amt und *Schloss Schackau* bestehen seit 1396. Das Schloss wurde 1630 erweitert und diente lange den jeweiligen Adelsfamilien als

© pmv, Foto: Alexander Kraft

Reges Treffen: Den Gipfel der Milseburg erklimmen Biker und Wanderer gern

Die Rhön: Blick in das offene Land der Fernen, Holger Lenz und Eckhard Sieg, Parzellers Verlag, 176 Seiten, 34 €, aufwändiger Großformat-Bildband.

Berghof Milseburg, Danzwiesen, Gangolfsweg 1, 36145 Hofbieber (nördlich des Gipfels unweit des Wanderweges), T 06657/ 609015, Fax 918382. Nov – April Do Ruhetag.

Amtssitz, später war es Försterei und heute ist es in Privatbesitz.

Vom Schloss auf der Ortsdurchgangsstraße weiter, vorbei an der Bushaltestelle und erneut zur L3330, dort ein **Parkplatz.** Nach Überquerung der Landstraße auf der Mambachtalstraße weiter, dann auf breitem Weg zum Waldrand, dort eine Gedenkstätte für Kriegsopfer. Dann im Wald steiler bergan. In der Folge kommen Sie über mehrere Kreuzungen und nördlich vom 367 m hohen *Ziegenkopf* vorbei. Dann erreichen Sie wieder den Waldrand, dort kurz nach rechts, dann wieder geradeaus in den Wald, leicht ansteigend. Mit mehreren Kurven durch den Wald, dann erneut am Wald-Wiesenrand entlang und per Linkskurve zur **L3379.** Von hier, wenig südlich von *Oberbernhards,* haben Sie eine weite Aussicht.

Nach Überquerung der Landstraße gegenüber auf einem Wiesenweg zum Waldrand. Dort treffen Sie auf einen Querweg. Links unten liegt Oberbernhards. Rechts kommen Sie in Kürze zur K20, überqueren diese und laufen geradeaus auf einem Asphaltweg weiter. Beim Parkplatz Danzwiesen zweigt links ein Asphaltweg ab, wo Sie ein kurzer Abstecher zum **Gasthof Berghof** bringt. Ansonsten folgen Sie jedoch dem Wanderweg, der im Wald in mehreren Kurven an Höhe gewinnt. Schließlich erreichen Sie eine Weggabelung auf der Ostseite der **Milseburg** und zweigen hier rechts ab. Der markante Basaltberg Milseburg ist mit 835 m die höchste Erhebung der sogenannten *Kuppenrhön.* Während der Gipfel im Norden relativ flach abfällt, ragt er im Süden und Westen steil über dem Tal der Bieber auf. Gleichzeitig finden Sie hier die größte **Ringwallanlage** der Rhön, die vermutlich aus der Keltenzeit stammt. Als breiter Schotterdamm ist sie noch heute deutlich zu erkennen. Auf der Bergkuppe steht eine Kreuzigungsgruppe aus dem Jahre 1756, darunter die kleine Wallfahrtskapelle **St. Gangolf** und noch tiefer die **Milseburghütte,** die vom Rhönklub bewirtschaftet wird.

Milseburghütte, 36145 Hofbieber, T 06684/919455 und 0151/17841877, Fax 06684/635. www.milseburghuette.com, info@milseburghuette.com. Jan – März Mo Ruhetag, April – Juli Do Ruhetag, Aug – Okt täglich geöffnet, Nov und Dez Do Ruhetag.

Zur Steinwand bei Steinwald (13,5 km)

Vom Gipfel wieder zurück zur nahen Weggabelung, dort rechts weiter und steiler abwärts. Am Wald-Wiesenrand geht dann links ein Weg ab, Sie laufen noch kurz geradeaus durch die keltische Wallanlage. Dann rechts an ihrer Außenseite entlang und schließlich bei der nächsten Gabelung links Richtung *Fuldaer Haus* ab. Im Wald bergab, dann kurz nach links und gleich wieder halb rechts weiter, über einen Querweg, dann in einem Rechtsbogen im Wald weiter abwärts. Dann treffen Sie im Biebertal auf einen breiten Querweg. Hier links weiter bis zu einer Weggabelung bei einer kleinen **Schutzhütte.**

Danach in einer Rechtskurve über die junge Bieber. Dann zunächst geradeaus, schließlich verläuft der Weg im Wald immer mehr nach links. Danach erreichen Sie den Waldrand, hier liegt rechts etwas abseits vom Weg die Jausenstation ↗ *Bio-Hof Gensler.* Sie laufen jedoch geradeaus zu einer Anhöhe weiter, wo Sie auf einen Asphaltquerweg treffen. Auf diesem nach rechts zur **Maulkuppe** durch eine kleine Senke und mit schönem Rückblick zur Milseburg. Am Fuß der Maulkuppe gabelt sich der Weg, hier links zum nahen **Fuldaer Haus,** das sich an den Hang der Maulkuppe schmiegt und eine weite Aussicht bietet.

Neben dem 1924 erbauten Fuldaer Haus befindet sich außerdem eine Gruppenunterkunft

Fuldaer Haus, Maulkuppe 1, 36163 Steinwald, T 06658/242, Fax 1792. www.fuldaerhaus.de, info@fuldaerhaus.de. 10 einfache DZ à 23 €, DZ als EZ 28 €.

Einladende Kletterfelsen: Die Steinwand

für Jugendliche. Südöstlich vom Fuldaer Haus unweit vom Wanderweg liegt die **Steinwand,** das einzige Klettergebiet der Rhön mit einer Wandhöhe bis zu 20 m und etwa 100 Kletterrouten.

Zum Etappenziel Poppenhausen (19 km)

Vom Fuldaer Haus auf einer kleinen Asphaltstraße weiter am **Parkplatz Maulkuppe** vorbei, dann auf dem Asphaltquerweg links abwärts zur L3330, dort auch eine Bushaltestelle.

Nach links durch die Häusergruppe Steinwald mit dem **Genslerhof.** Dann zweigt der **Schwarz markierte Wanderweg** wieder rechts von der Autostraße ab und führt unterhalb der Kletterfelsen durch einen Märchenwald. Über einen breiten Weg, nach seiner Überquerung auf gutem Waldweg geradeaus abwärts. Auf einem Querweg kurz links, dann wieder rechts hinab zur B458. An ihr linker Hand ein Stück entlang bis auf die Höhe der Abzweigung nach Eichenwinden.

An der Abzweigung halb links in den Wald wenig bergan, dann am Waldrand entlang, geradeaus an einer Abzweigung vorbei zu einem Asphaltquerweg. Von hieraus bietet sich eine weite Sicht, einerseits zurück Richtung Milseburg andererseits linker Hand zur Hochrhön mit der Wasserkuppe. Von der Kreuzung geradeaus zu einer Anhöhe. Dann leicht abwärts zu einer weiteren Asphaltwegkreuzung. Auch hier geradeaus weiter. Dann macht der Weg einen Rechtsbogen, links fällt der Blick auf Poppenhausen. Vor einer Höfegruppe links hinab, dann auf einem Querweg linker Hand

Zur Steinwand, Steinwald 5 (an der L3330), 36163 Steinwald, T 06658/328, Fax 919162. zentgraf-steinwand@t-online.de. Di Ruhetag.

Bio-Hof Gensler, Hohensteg 5, 36163 Steinwald, T 06658/1595, Fax 1598. www.bio-hof-gensler.de, service@bio-hof-gensler.de. Di, Do, Fr 10 – 18, Sa 8 – 13 Uhr. Mai – Okt auch So und Fei 13 – 18 Uhr und nach Absprache. ÜpP im Tipi im hauseigenen Rhön-Indianer-Hotel 13 €.

in den Wald. Schließlich rechts steil abwärts und auf dem Sträßchen Grasberg hinab. Unweit des Wanderweges liegt dort an einer kurzen Stichstraße die **Pension Haus am Grasberg.** Sie treffen dort wie in Steinwand erneut auf die **L3330,** die hier den Namen Am Forsthaus trägt. Auf ihr nach rechts weiter, bis Sie auf der Höhe vom Rathaus und der **Tourist-Information** von **Poppenhausen** auf die L3307 treffen. Dort nach links über die Straße und auf dem Torweg vorbei am Von-Steinrück-Platz zum nahen **Marktplatz** mit der katholischen Kirche. Die zentrale **Bushaltestelle Kirche** liegt an der Georgstraße (L3330) und ist durch Gassen vom Marktplatz aus erreichbar. Die Gemeinde liegt mit ihren Ortsteilen in der Hochrhön am Westhang der Wasserkuppe und ist staatlich anerkannter Luftkurort. Einst gab es hier sogar eine Burg, die 1459 zerstört wurde. Unter dem **Gasthof Stern** sind noch Keller davon erhalten. Zu den Sehenswürdigkeiten gehört die katholische Pfarrkirche *St. Georg,* die 1606 – 22 erbaut, 1857 durch ein Querschiff erweitert und 1992 – 95 im neugotischen Stil restauriert wurde. Im *Rathaus* befindet sich das **Sieblos-Museum,** in dem Fossilienfunde aus dem Braunkohle-Abbau von Sieblos ausgestellt sind.

In 36163 Poppenhausen (Wasserkuppe):

Haus am Grasberg, Grasberg 6, T 06658/508. www.haus-am-grasberg.de, info@haus-am-grasberg.de. 11 Zimmer, EZ 34,50 €, DZ 29,50 €.

Schönberg, Burgstraße 21 (im Zentrum unweit des Wanderweges), T 06658/255, Fax 91940. 5 Zimmer, EZ 24,50 €, DZ 21,50 €.

Zum Adler, Burgstraße 4 (im Zentrum unweit des Wanderweges), T 06658/9180140, Fax 918706. www.gaststube-adler.de, info@gaststube-adler.de. 7 Zimmer, 27 €, Di – Fr 11.30 – 13.30 und ab 16.30 Uhr. Sa und So ab 10 Uhr. Restaurant Mo Ruhetag.

M **Sieblos-Museum,** Rathaus Poppenhausen, Von-Steinrück-Platz 1, 36163 Poppenhausen, T 06658/96000, www.sieblos-museum.de, Eintritt frei.

Legen Sie doch eine Zwischenübernachtung auf Hessens höchstem Gipfel ein und erleben vielleicht einen ganz fantastischen Sonnenaufgang!

Zum Stern, Marktplatz 5 (im Zentrum am Wanderweg), T 06658/1202. www.landgasthof-zum-stern.com, info@landgasthof-zum-stern.com. 9 Zimmer, EZ (einfach) 28 €, DZ 28 €, Restaurant Nov – Feb Di Ruhetag.

Zum kleinen Italiener, Marktplatz 7 (im Zentrum am Wanderweg), T 06658/18796, Fax 918797. www.kleineritaliener.de, kontakt@kleineritaliener.de. 9 Zimmer, DZ 24 €, Restaurant Mo Ruhetag.

Tourist-Information, Von-Steinrück-Platz 1, T 06658/960013, Fax 960022. www.poppenhausen-wasserkuppe.de, tourismus@poppenhausen-wasserkuppe.de. Mo, Mi, Do 8.30 – 13 und 13.30 – 16.30, Di 8.30 – 13 und 13.30 – 17.30, Fr 8.30 – 15 Uhr. Mai – Okt Sa 9 – 11 Uhr.

3. Tag

Gehzeit: 5 ½ Std.

Schwierigkeiten: Keine, auch mit Kindern möglich, jedoch gute Kondition für den Aufstieg, insgesamt 500 Hm Anstiege.

Höchster Punkt: Wasserkuppe, 950 m.

Markierungen: Gelber und Roter Pfeil, Blau, Rot.

Einkehr: In Heckenhöfen (bei Abstecher) und auf der Wasserkuppe.

GPS Gersfeld (Rhön):
N 50°26'94"
O 009°54'87"

Über die Wasserkuppe nach Gersfeld

Poppenhausen (460 m) → K160 bei Heckenhöfchen (640 m) 3,5 km → Wasserkuppe Radom (950 m) 5,5 km → Wasserkuppe L3068 (925 m) 6,5 km → B284 (810 m) 8,5 km → Rotes Moor (820 m) 10,5 km → P Kaskadenschlucht (600 m) 13 km → L3396 Abzw. Maiengraben (560 m) 14,5 km → Gersfeld (Rhön) Bhf (485 m) 16,5 km.

Auf Hessens höchsten Berg, die Wasserkuppe (6,5 km)

Vom Marktplatz zurück auf dem Torweg zur Straßengabelung beim **Rathaus** mit der Tourist-Information. Hier rechts auf der Groenhoffstraße (L3307) Richtung Wasserkuppe. Sie kommen am Friedhof vorbei. Danach zweigen Sie rechts ab, passieren das Freibad und andere Sportanlagen, wobei Sie immer auf den **Gelben** oder auch **Roten Pfeil** achten. Außerhalb von Poppenhausen in einem Rechtsbogen im Tal des *Lütterbachs* weiter. Schließlich links den Hang hinauf, an einem

Schuppen vorbei, dann auf dem Querweg rechts. Der breite Fahrweg führt bald durch schönen Mischwald. Nach seinem Ende sehen Sie rechts den *Hof Farnlieden* liegen, geradeaus fällt der Blick auf den *Pferdskopf,* mit 850 m Höhe ebenfalls ganz beachtlich. Über eine Kreuzung zur K160. Rechts liegt der **Parkplatz Heckenhöfchen** und unweit davon der **Gasthof Zum Heckenhöfchen.** Nach Überquerung der Kreisstraße zunächst im Wiesengelände weiter aufwärts, dann durch Wald. Es folgen mehrere Kurven und es geht stetig bergauf. Zwar zweigt rechts ein Fahrweg zum Pferdskopf ab, doch gehen Sie geradeaus weiter, bald über eine Kreuzung. Dort in einem Rechtsbogen weiter zu einer Abzweigung. Hier links auf dem markierten Weg durch das Wiesengelände Richtung **Fliegerdenkmal** bergan. Es wurde 1923 errichtet und erinnert an die im Ersten Weltkrieg gefallenen Piloten. Von dort rechts hinauf auf den Gipfel, zum weithin sichtbaren Radom, eine ehemalige Radarkuppel mit einer wabenförmigen Außenhaut.

Die **Wasserkuppe** ist mit 950 m Höhe der höchste Berg der Rhön und gleichzeitig die höchste Erhebung Hessens. An ihren Abhängen entspringen zahlreiche Bäche, darunter an der Südflanke die *Fulda* als linker Quellfluss der Weser. Das Wetter hier oben ist gekennzeichnet durch häufige heftige Winde, einen hohen Niederschlag mit jährlich 1155 mm im Durchschnitt sowie mehr als 250 Nebel- und über 150 Frosttagen im Jahr.

Direkt auf dem Gipfel steht die letzte von ursprünglich vier Radarstationen, die zu Zeiten des Kalten Krieges zur Luftüberwachung genutzt wurden. Seit einigen Jahren ist das **Radom** zugänglich, sodass Sie hier bis auf 960 m steigen können. Diese 10 m lohnen sich, denn von oben haben Sie einen wunderbaren Rundblick in alle Richtungen. Von hier können Sie im Osten den In-

Dicker Fußball: Die Kuppel des Radom auf der Wasserkuppe

66 schönste Aussichten Hessen, von Alexander Kraft, Burgen, Türme, Berge, Wandern, Radeln, Einkehren. 256 Seiten, pmv Peter Meyer Verlag, ISBN 978-3-89859-319-9, 16 €.

Radom Wasserkuppe, www.radom-wasserkuppe.de, info@radom-wasserkuppe.de. T 0661/95250600. Aussichtsplattform 7 – 20 Uhr, 2 €. Führungen im Gebäude nach Anmeldung täglich 10 – 17 Uhr mögliich.

Peterchens Mondfahrt, Wasserkuppe 46, T 06654/381. www.peterchens-mondfahrt.de. 11 einfache EZ zu 29 € und DZ für 45 €, DZ als EZ 60 €, Zustellbetten möglich. Mit Restaurant-Café.

Flieger, Wasserkuppe 48, T 06654/7007. www.berghotel-flieger.de. 15 Zimmer, DZ 37,50 € bzw. 30 € EZ, DZ als EZ 45 € bzw. 38 € (einfach), Zustellbetten möglich.

Deutsches Segelflugmuseum, Wasserkuppe 2, T 06654/7737, Fax 7736. www.segelflugmuseum.de, info@segelflugmuseum.de. Apr – Okt 9 – 17 Uhr, Nov – März 10 – 16.30 Uhr. 3 €, Kinder 2 €, unter 6 Jahre frei. Führungen auf Anfrage.

Groenhoff Haus, Wasserkuppe 8, 36129 Gersfeld, T 06654/9612-0. www.brrhoen.de. Informationszentrum mit wechselnden Ausstellungen zum Biosphärenreservat, Veranstaltungen, Regionalladen, täglich geöffnet, Nov Mo – Fr.

selsberg im Thüringer Wald sehen, gen Süden den Heidelstein mit dem flachen Gipfel und das darunter liegende Rote Moor, in das Sie in der nächsten Etappe aufbrechen werden. In Richtung Westen dann den 500 m hohen Kaliberg und daneben der Vogelsberg – bei guter Sicht erkennen Sie dahinter den Taunus. In nördlicher Richtung sehen Sie Maulkuppe, Stellberg und die Milseburg.

Die **Wasserkuppe** gilt als Wiege des Segelflugs, denn bereits 1910 begannen Darmstädter Studenten mit Flugversuchen vom Gipfel. Heute existieren hier östlich vom eigentlichen Gipfel an der L3068 ein Segelflugzentrum mit der vielleicht ältesten Segelflugschule der Welt, das **Deutsche Segelflugmuseum** und einem Flugplatz für Segel- und Motorflugzeuge. Darüber hinaus starten hier Drachen-, Gleitschirm- und Modellflieger.

Der Gipfelbereich nach der Landstraße ist voll touristisch erschlossen. Vom Radom auf dem Gipfelplateau ostwärts in gerader Linie zur L3068, Teil des Hochrhönrings. Hier liegt auch eine Bushaltestelle.

Ins Rote Moor (10,5 km)

Von der Einmündung des Wanderwegs in die L3068 rechts auf dieser weiter, an einer Start- und Landebahn vorbei, dann vor einem Parkplatz hinab zu einem Wiesenweg, der unterhalb der Straße zur **Fuldaquelle** führt. Gefasst in einem Basaltsteingemäuer, ist sie eine beliebte Erfrischung für Wanderer. Danach verläuft der Wanderweg nach rechts, Sie kreuzen einen Querweg und erreichen bald eine weitere Kreuzung. Hier links im Wald weiter, immer unweit der Autostraße. Nochmals über eine Kreuzung, dann linker Hand ein Wiesengelände. Danach halb rechts erneut in den Wald zur **B284.**

Nach Überquerung der Bundesstraße gegenüber auf einem breiten Feldweg durch Wiesenge-

© pixelio, Foto: Dirk Schmidt

Stilles Wasser: See im Roten Moor

lände. Bei der folgenden Abzweigung geradeaus Richtung Rotes Moor. Zurück haben Sie nochmals einen schönen Blick Richtung Wasserkuppe. Der Weg führt wieder in den Wald und biegt rechts herum. Dann erreichen Sie den Rand des links von Ihnen liegenden **Roten Moores,** gut 130 m tiefer. Ein kurzer Abstecher vom Hauptweg bringt Sie zu einem **Holz-Aussichtsturm** im Moorgelände. Das Rote Moor ist das größte der vier Rhön-Hochmoore. Bis 1984 wurde hier Torf abgebaut und ist jetzt renaturiert. Besonders malerisch ist der dunkle Moorsee mit seinen abgestorbenen Birken.

Zum Tagesziel Gersfeld (16,5 km)

Zurück auf dem Hauptweg, folgen Sie diesem noch ein Stück südwärts. Dann rechts auf dem **Blau markierten Weg 4** Richtung Kaskadenschlucht ab. Der wildromantische Wanderweg folgt im Buchenwald einem Bach in einem Buntsandsteinbett. Im Wald leicht abwärts, in einer Linkskurve über den Bach, danach über einen breiten Weg, dann auf Treppen abwärts. An einem rechts abzweigenden Weg vorbei, mit Linkskurven weiter. Von einer Gabelung links neben dem Feldbach talauswärts. Sie erreichen dann den **Parkplatz Kaskadenschlucht.**

Vom Parkplatz auf dem Fahrweg zu einer Gabelung. Hier links am Talhang weiter. Später kommt von oben eine Rote Markierung hinzu. Bald danach erreichen Sie die L3396 und folgen ihr kurz nach rechts bis links der *Maiengraben* abzweigt.

Auf dem Asphaltweg zur Rhönmarkthalle, geradeaus weiter zum Stadtrand und in bisheriger

Richtung auf der Heinrichstraße ins Zentrum von Gersfeld hinab. Von einer Straßengabelung halb rechts auf der Hochstraße hinunter, an ihrem Ende links zum **Gästehaus Schleicher** und zur **Jugendherberge,** rechts auf der Amelungstraße zur Wasserkuppenstraße (B284). Gegenüber liegt das Zentrum von **Gersfeld (Rhön).** Zum Bahnhof links zu einer Kreuzung, an der geradeaus die Bahnhofstraße eben dorthin führt. Die Kleinstadt, heimliche Hauptstadt der Rhön, zu der mehrere Ortsteile und auch die Wasserkuppe gehören, lockt im Zentrum mit hübschen Fachwerkhäusern. Sie ist Luftkurort und Kneipp-Heilbad zugleich. Urkundlich wurde sie erstmals 944 genannt, erhielt aber erst 1359 Stadt- und Marktrechte.

Zu den Sehenswürdigkeiten gehört die barocke **Pfarrkirche** von 1780 – 88, eine der bedeutendsten evangelischen Kirchenbauten in Hessen. Erwähnenswert ist auch der Schlosspark mit altem Baumbestand und einem **Barockschloss** von 1740. Ein weithin beliebter **Wildpark** liegt im Südosten der Kernstadt.

Wildpark Gersfeld, 36129 Gersfeld/Rhön, T 06654/680. www.gersfeld.de. Täglich 9 – 18 Uhr; Nov – März 10 – 16 Uhr. 3,80 €, Kinder 4 – 12 Jahre 2,20 €, 13 – 17 Jahre 2,60 €.

In 36129 Gersfeld (Rhön)

Schleicher, Tannenstraße 1, T 06654/370, Fax 318. www.gaestehaus-schleicher.de, info@gaestehaus-schleicher.de. 2 einfache EZ, 3 DZ, 25 €.

Sonne, Amelungstraße 1, T 06654/96270, Fax 7649. www.sonniges.de, hotel-sonne-gersfeld@t-online.de. 4 EZ à 36 €, 16 DZ à 30 €.

Jugendherberge Gersfeld, Jahnstraße 6, T 06654/340, Fax 7788. www.gersfeld.jugendherberge.de, gersfeld@djh-hessen.de. 107 Betten in 2- bis MBZ, 17,50 €.

Tourist-Information, Brückenstraße 1, T 06654/1780, Fax 1788. www.gersfeld.de, tourist-info@gersfeld.de. Mo – Fr 8 – 12.30, 14 – 17, Sa 10 – 12 Uhr.

DURCH DAS RHEINGAU-GEBIRGE NACH LORCH

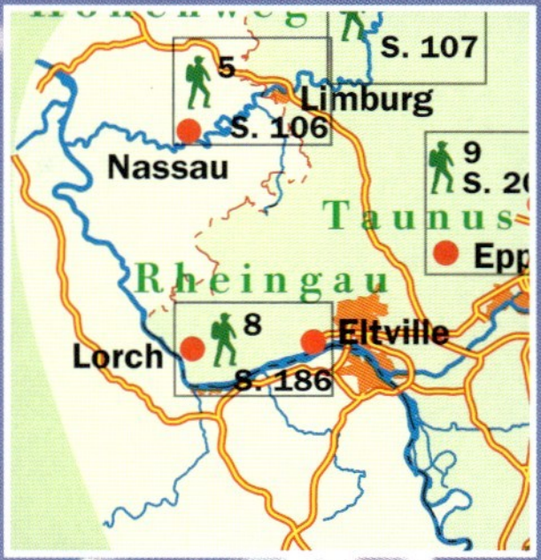

Das Rheingaugebirge liegt außerdem im *Naturpark Rhein-Taunus,* und insbesondere der nördliche Teil ist ein waldreiches, kaum besiedeltes Gebiet. Das obere **Mittelrheintal** zwischen Rüdesheim bzw. Bingen und Koblenz wurde 2002 als einzigartige Kulturlandschaft in das UNESCO-Weltkulturerbe aufgenommen.

DURCH DAS RHEINGAUGEBIRGE NACH LORCH

8

Das Rheingaugebirge liegt im Rhein-Taunus-Kreis und bildet den nördlichen Abschluss des Rheingaus, während es im Süden mit Rebhängen zum Rhein hin abfällt. Es erstreckt sich vom Durchbruchstal des Rheins im Westen bis zum Walluftal bei Schlangenbad im Osten. Seine höchste Erhebung hat das Gebirge mit 619 m in der Kalten Herberge. Bekannter ist aber die Hallgartener Zange, die am beschriebenen Weg liegt; sie bietet allerdings aufgrund des geschlossenen Aussichtsturmes nur beschränkte Aussicht.

Die Tour beginnt in **Eltville** und führt durch schier unendliche Wälder sowie idyllische Weinberge. Sie bietet vor allem zwischen **Aulhausen** und **Lorch** großartige Ausblicke über die Weinberge hinweg ins Rheintal mit seinen Burgen und Fachwerkstädtchen. Nicht zuletzt beruht der internationale Bekanntheitsgrad des Rheingaus auf seinem Qualitätsweinanbau und der Rheinromantik. Am Weg liegen mehrere alte Klöster. Kannte ich das berühmte **Kloster Eberbach** schon von einem Konzert her, bescherte mir der Weg selbst erstmalig auch den Blick von oben auf den Rhein. Eltville und Lorch, Ziel dieser Tour, sind nur zwei der beliebten Weinorte, die mit Restaurants und Gutsausschänken reich gesegnet sind. Nachdem ich die berühmten Weinorte schon früher besucht und ihre Weine probiert hatte, kann ich diese Tour wahrhaftig nur wärmstens empfehlen.

Rheingau-Taunus-Information, An der Basilika 11a, 65376 Oestrich-Winkel, T 06723/9955-0, Fax 9955-55. www.rheingau-taunus-info.de, tourist@rheingau-taunus-info.de.

Taunus mittlerer Teil, TF50-TS Mitte, Freizeitkarte 1:50.000, vom HLBG, ISBN 978-3-89446-398-4. *UNESCO-Welterbe Oberes Mittelrheintal,* TF50-OM, Freizeitkarte 1:50.000, LVG RLP und HLBG, ISBN 978-3-89446-346-5.

Start in Eltville

Die größte und zugleich älteste Stadt des Rheingaus trägt den Beinamen Sekt-, Wein- und Rosenstadt. Ihrem Ruf wird sie durch entsprechende Feste gerecht. So z.B. am 1. Juniwochenende zu den Rosentagen, wenn ihre 22.000 Rosenstöcke

Das Ziel vor Augen: Lorch am Rhein, die westlichste Stadt Hessens

> ## M Kurfürstliche Burg Eltville, 65343
>
> Eltville. T 06123/81299, Fax 7029800. www.eltville.de« www.eltville.de, kurfuerstliche-burg@eltville.de. Außenanlage frei zugänglich Apr – Okt 9.30 – 19, Nov – März 10.30 – 17 Uhr, Burgturm 2 €, Kinder ab 11 Jahre 1 €, Apr – Okt Fr 14 – 18, Sa, So, Fei 11 – 18 Uhr.

voll erblüht sind. Die erste urkundliche Erwähnung geht auf 1058 zurück, Stadtrecht erhielt man 1332. Ihr Wahrzeichen ist die M **Kurfürstliche Burg** aus der ersten Hälfte des 14. Jahrhunderts. Hier residierten einst die Mainzer Erzbischöfe und Kurfürsten. Heute ist sie mit Burghof, Burggraben und Amtsgarten ein beliebter Schauplatz zahlreicher Feste und Kulturveranstaltungen. An das Wirken von *Johannes Gutenberg,* dem Erfinder des Buchdrucks, in Eltville, erinnert eine Gedenkstätte im Turm der Kurfürstlichen Burg.

Natürlich ist Eltville auch bekannt für die Produktion von Wein und Sekt, der in zahlreichen Weingütern, Straußwirtschaften und an der Rheinpromenade verkostet werden kann. 90 % der 830 ha Eltviller Weinberge sind mit weißen Rebsorten bestockt, allen voran Riesling. Am 1. Juli-Wochenende wird ihm beim *Wein- und Biedermeierfest* 4 Tage lang gehuldigt. Dann sind Tische und Bänke unter den Platanen der Rheinpromenade voll besetzt.

In der zwischen Bahnhof und Rhein gelegenen **Altstadt** mit ihrem verwinkelten Marktplatz mit Brunnen finden sich Fachwerkhäuser aus dem 16. bis 18. Jahrhundert und weitere historische Bauwerke, u.a. das *Martinstor* als einzig erhaltenes Stadttor zum Rhein hin, das frühere Rathaus

Die Wanderung in Kürze

2 Tage | 38,5 km | 800 Hm Anstieg

Schwierigkeitsgrad: Abgesehen von kurzen Abschnitten laufen Sie abseits von Autostraßen. Neben breiteren Wegen gibt es auch Abschnitte auf schmalen Fußsteigen. Alle Wege sind jedoch gut zu begehen, weisen keine technischen Schwierigkeiten auf und sind auch mit Kindern machbar. Der Aufstieg am ersten Tag sollte jedoch nicht unterschätzt werden!

Start: Bhf Eltville

Ziel: Bhf Lorch

1. Tag: Eltville – Marienthal 20,5 km

2. Tag: Marienthal – Lorch 18 km

Höchster Punkt: Hallgartener Zange, 580 m

Anfahrt: Eltville liegt an der rechtsrheinischen Bahnstrecke der VIAS ab Frankfurt Hbf über Wiesbaden – Rüdesheim – Koblenz – Neuwied, stündlich. Ab Wiesbaden Hbf auch Bus 171, stündlich.

Rückfahrt: Lorch liegt an der gleichen Bahnstrecke Wiesbaden – Neuwied, die Züge halten hier ebenfalls stündlich bis 22.42 Uhr, täglich.

ÖPNV unterwegs: Alle Busse verkehren täglich. Kiedrich und das Kloster Eberbach sind durch Bus 172 mit Eltville Bhf verbunden, Stephanshausen durch Bus 182 und 183 mit dem Geisenheim Bhf sowie mit Bus 186 mit dem Zentrum von Rüdesheim. Das Kloster Marienthal liegt an der Linie 182 auf der Strecke der Oberwesterwaldbahn (RB, vectus) Au (Sieg) – Altenkirchen – Limburg. Aulhausen ist durch Bus 187 mit Rüdesheim Bhf sowie Assmannshausen Bhf verbunden.

Unterkunft: In Eltville oder alternativ in Kiedrich, Marienthal, Aulhausen sowie Lorch.

Beste Jahreszeit: Ganzjährig, jedoch nicht bei hohem Schnee! Besonders schön im goldenen Herbst.

in der Schmittstraße von 1511, der Stadtturm an der Rheingauer Straße, ursprünglich Teil vom Sülztor, sowie die *Burg Crass* außerhalb der früheren Stadtmauer als ältestes Bauwerk der Stadt.

In 65343 Eltville am Rhein:

Frankenbach, Wilhelmstraße 13 (am Bhf), T 06123/9040, Fax 63602. www.hotel-frankenbach.de. 35 Zimmer in 2 Häusern, EZ 70 €, DZ 47,50 €.

Eltville, Bahnhofstraße 5 (am Bhf), T 06123/630591, Fax 703268. 5 einfache Zimmer, 30 €.

Tourist-Information und Kulturamt Eltville am Rhein, Rheingauer Straße 28, T 06123/9098-0, Fax 9098-90. www.eltville.de, info@eltville.de. Apr – Okt Mo, Di, Do 10 – 13 und 14 – 17, Mi 14 – 17, Fr 10 – 13, 14 – 18, Sa 10 – 13 Uhr. Nov – März Mo, Di, Do, Fr 10 – 13 und 14 – 17, Mi 14 – 17, Sa 10 – 13 Uhr.

1. Tag

Gehzeit: 5 ½ Std.

Schwierigkeiten: Keine, jedoch gute Kondition für die Anstiege mit insgesamt 575 Hm Anstieg.

Höchster Punkt: Hallgartener Zange, 580 m.

Markierungen: Roter Balken, Rheinsteig-Markierung, Roter Punkt, Markierung R.

Ausgangspunkt: Bhf Eltville.

Einkehr: In Kiedrich und im Kloster Eberbach.

GPS Marienthal:
N 50°01'09"
O 007°94'66"

Über das Kloster Eberbach und die Hallgartener Zange zum Kloster Marienthal

Eltville (100 m) → Kiedrich (170 m) 4 km → Kloster Eberbach (215 m) 8 km → Unkenbaum (360 m) 10 km → Hallgartener Zange (580 m) 12 km → Sieben Wegweiser (444 m) 16 km → Stephanshausen (350 m) 17,5 km → Kloster Marienthal (195 m) 20,5 km.

Zum Kloster Eberbach (8 km)

Vom Bahnhof rechts auf der Wilhelmstraße zur Schwalbacher Straße, dort rechts unter der Bahnunterführung hindurch und über die Wörthstraße. Sie folgen immer der **Markierung Roter Balken.** Danach links auf der Holzstraße ab, die sich in einem Linksbogen später als Scharfensteinstraße fortsetzt. Am Stadtrand endet die Wohnstraße und setzt sich als Fahrweg in einem Rechtsbogen fort. Dann nach links unter der B42 hindurch. Der

Weg führt nun geradeaus durch die Weinhänge rechts des *Kiedricher Bachs.* Auf Höhe des Ortes Kiedrich zweigt zunächst links ein Sandweg ab, hier noch geradeaus weiter. Vorbei an einem Rastplatz bei einem Heiligenstock erreichen Sie kurz danach eine Kreuzung. Hier im rechten Winkel links abwärts und über den Kiedricher Bach. Danach bei der ehemaligen Eberbacher Klostermühle erst kurz links, dann rechts auf der Wohnstraße Mühlberg zur Marktstraße (L3035). Auf ihr nach rechts zur Straßengabelung bei der Kirche im Zentrum von **Kiedrich.** »Das gotische Weindorf im Rheingau« mit wunderschönen Fachwerkhäusern, darunter das Renaissance-Rathaus von 1585, liegt nordwestlich von Eltville. Sein Wahrzeichen ist die *Burgruine Scharfenstein,* die über dem Ort thront. Viele Besucher zieht auch die katholische *Kirche St. Dionysius* und Valentinus von 1444 mit der dazugehörigen Michaelskapelle an. Sie besticht durch ein fast vollständig erhaltenes mittelalterliches Inventar, darunter die älteste noch spielfähige Orgel Deutschlands. Berühmt ist sie wegen des Kiedricher Chors, der bis heute den Choralgesang auf Latein (in einem germanischen Dialekt!) pflegt und der Kirche den Ehrentitel *Basilica minor* eingebracht hat.

Von der Straßengabel halb links auf der Oberstraße am ⊠ **Weingut Prinz** vorbei durch den historischen Ortskern. Dann in einer Linkskurve über den Wiesbadener Platz und weiter auf der Bingerpfortenstraßen weiter. Dann rechts auf dem Klosterbergweg ab, aus dem Ort hinaus und per Links-Rechts-Bogen bergan. Weiter oben stößt von links unten kommend der **Rheinsteig** zu Ihrem Weg. Bei ei-

♫ **Kiedricher Rieslingfest,** vier Tage »Fest der Kenner und Genießer« mit Wein, kulinarischen Spezialitäten und Musik. Ende Juni, Do und Fr ab ca. 17, Sa ab 14 und So und Mo Frühschoppen ab 10 Uhr, jeweils mit Open End. Infos: www.kiedrich.de.

♫ Konzertinfos des Kirchenchors: www.kiedricher-chorbuben.de.

Ihr Ruf hallt ihr voraus: In der Kiedricher St.-Dionysius-Kirche werden lateinische Choräle gesungen

⬆ Gutsausschank Weingut Prinz, Oberstraße 5, T 06123/2412. zoran67@live.de. Di – Sa ab 16 Uhr, So und Fei ab 11.30 Uhr. EZ 50 €, DZ 35 €, jeweils mit Frühstück.

Zum Engel, Marktstraße 29, T 06123/975204. www.zum-engel.de, info@zum-engel.de. Mi – Sa ab 17.30, So, Fei ab 11.30 Uhr.

Herrliche Kulisse: Für Busscharen, (Wein-)Pilger und Filmschaffende ist Kloster Eberbach beliebtes Ziel

nem Rastplatz biegt der Asphaltweg nach rechts ab, Sie laufen aber halb links weiter. Bald geht es am Waldrand entlang, zurück haben Sie noch immer eine Aussicht über das Rheintal. Schließlich scharf links in den Wald und über den *Grünbach.* Nun geht es über einen Höhenrücken, bergan über einen Querfahrweg und weitere Nebenwege. Dahinter wieder abwärts. Bei einer Gabelung biegt der Rheinsteig rechts ab, Sie steigen jedoch geradeaus zu einem Parkplatz hinab. Dort links zur nahen L3320. Auf dieser kurz nach rechts, dann in ihrer Linkskurve rechts auf der Klosterzufahrt zur Bushaltestelle, an einem weiteren Parkplatz vorbei bis vor das Barockportal vom M **Kloster Eberbach.**

Das ehemalige Zisterzienserkloster zählt heute zu den eindrucksvollsten romanischen und frühgotischen Bauten Hessens. Als solches diente es dem Film »Der Name der Rose« sogar als Drehort. Bereits Anfang des 12. Jahrhunderts gab es an dieser Stelle ein Benediktinerkloster, das

© Annette Sievers

wegen seiner Zügellosigkeit 1136 durch das erste rechtsrheinische Zisterzienserkloster ersetzt wurde. In diesem herrschte noch Zucht und Ordnung und es entwickelte sich schnell zu einem der größten und bedeutendsten Klöster Deutschlands. Die Mönche waren insbesondere durch den Weinbau sehr erfolgreich. 1803 wurde die Abtei im Zuge der Säkularisierung aufgelöst. Sehenswert sind insbesondere die 1186 geweihte *Klosterkirche,* eine große romanische Basilika mit kunstvoll gestalteten Grabmälern im Inneren, und das *Mönchsdormitorium,* ein zweischiffiger Raum in einem 72 m langen Kreuzrippengewölbe im Stil der Frühgotik. Zugänglich sind aber auch andere Gebäudeteile. Einkehren kann man in der **Klosterschänke.**

Zur Hallgartener Zange (12 km)

Vom Klosterportal beim **westlichen Parkplatz** führen Treppenstufen zu einem Fahrweg hinauf, den auch der Rheinsteig benutzt, der das Kloster um-

Klosterschänke: Drinnen wie draußen ein weinfrohes Vergnügen

M **Stiftung Kloster Eberbach,** T 06723/9178-100, Fax -101. www.kloster-eberbach.de, stiftung@kloster-eberbach.de. Besichtigung der Klosteranlage Apr – Okt 10 – 18 Uhr, Nov – März 11 – 17 Uhr. 5,50 €, Jugendliche 12 – 18 Jahre 4,50 €, Kinder bis 11 Jahre frei. Führungen Apr – Okt Fr 15 Uhr, Sa, So und Fei 11, 13 und 15 Uhr, Nov – März Sa und So 15 Uhr. 8 €, Jugendliche 6 € inkl. Eintritt. Weinführungen und Weinverkostung auf Anfrage.

Klosterschänke im Kloster Eberbach, T 06723/993299, Fax 993100. www.kloster-eberbach.com, info@kloster-eberbach.com. Mo – So 11.30 – 22 Uhr.

www.rheinsteig.de Unter Tourenplaner finden Sie ein Höhenprofil und schöne Fotos. Der Rheinsteig ist Blau markiert, seine Zuwege Gelb mit weißem R.

Gut zu erkennen: Das Rheinsteig-Symbol

rundet hat. Auf der **Rheinsteig-Markierung,** ein geschwungenes **Weißes R auf blauem Grund,** das den Rhein symbolisiert, nach links, dann auf einem Fußweg steil im Wald bergan. Weiter oberhalb treffen Sie auf einen anderen Weg und folgen diesem scharf nach rechts zurück. Sie folgen nun immer der **Markierung Roter Punkt.** (Der Rheinsteig führt hier links am Feldrand entlang, wo Sie einen schönen Blick auf Hallgarten haben, und stößt dann wieder zum Roten Punkt.) Bald geht es aus dem Wald heraus und kurz über offenes Gelände, dann wieder im Wald bergan zur Kreuzung **Unkenbaum mit Rastplatz.**

Von dort folgen Sie dem Roten Punkt weiter im Wald aufwärts. Weiter oberhalb biegen Sie bei einer Gabelung links zurück ab. Wenig später zweigt der Rote Punkt rechts vom Forstweg ab. Die letzten Höhenmeter geht es auf schmalem Fußweg steil bergan auf die 580 m hohe **Hallgartener Zange.** Der markierte Weg führt dann an einem Gebäudekomplex entlang, das seit Jahren vergammelt. Hier hat sich ein ehrgeiziger Pächter verhoben, der aus dem Gasthaus ein Hotel machen wollte. Leider ist vom Verfall auch der über 100 Jahre alte Aussichtsturm betroffen. Das Gelände darf nicht betreten werden; die Aussicht ins Rheintal durch die hohen Bäume verwehrt.

Über Stephanshausen zum heutigen Etappenziel Marienthal (20,5 km)

Von der Hallgartener Zange geht es nordwestwärts auf einem unbezeichneten Weg hinab zum **Parkplatz Kreistanne,** wo Sie auf die **Markierung R** vom **Rheinhöhenweg** treffen. Dieser folgen Sie nun zunächst schnurgerade westwärts und kommen dabei im Wald über etliche Kreuzungen. Den Grauen Stein (529 m) umgeht der Weg in einem Linksbogen, führt an den Felsklippen vorbei und erreicht eine Kreuzung, bei der Sie rechts abbiegen. Schon wenig später treffen Sie auf einen breiten Querweg, dem Sie linker Hand im Wald abwärts zur Weggabelung **Sieben Wegweiser** folgen.

Von dieser Wegspinne gemäß **Markierung R** abwärts, über einen Querweg, bis Sie schließlich den Ortsrand von **Stephanshausen** erreichen. Durch eine Wohnstraße mit wechselnden Namen hinab zur Hauptstraße (L3272). Links liegen dort die Bushaltestelle und die kleine **Kirche St. Michael.** Das barocke Kleinod erhielt sein heutiges Aussehen 1749 und wurde 1862 sowie 1998/99 restauriert. Der Drachen, dem Sie in Form einer 2007 aufgestellten Skulptur des Künstlers Bonifatius Stirnberg unweit der Kirche begegnen, ist das Wappentier des Luftkurortes. Er steht für Kraft, Mut und den Gemeinsinn der Stephanshausener.

In Stephanshausen zweigen Sie von der Hauptstraße auf die Brühlstraße ab. Diese geht in einen Sandweg über, der südwärts dem Lauf des *Elsterbachs* folgt, **Markierung Rheinhöhenweg R.** Durch das tief eingeschnittene Waldtal abwärts zu einer Trinkwassergewinnungsanlage. Hier links über den Bach und weiter abwärts nach **Marienthal** zum Kloster. Links an der Kirche vorbei, über den **Parkplatz** zur Marienthaler Straße (K984) mit der **Bushaltestelle Marienthal-Kloster.**

Das **Wallfahrtskloster** von 1330 geht auf ein 1309 erstmals beschriebenes Heilungswunder vor einem Marienbild zurück. Zur Zeit der Ordensleute *Brüder vom Gemeinsamen Leben* wurde hier 1468, 28 Jahre nach Gutenbergs Erfindung, die erste Klosterdruckerei der Welt eingerichtet. 1873 übernahmen Franziskaner den Dienst am Wallfahrtsort.

In Marienthal, 65366 Geisenheim:

Akzent Waldhotel Rheingau, Marienthaler Straße 20, T 06722/9960-0, Fax 9960-106. www.waldhotel-

Verkehrsamt der Stadtverwaltung Geisenheim, Rüdesheimer Straße 48, T 06722/701-0, Fax -120. www.geisenheim.de, stadtverwaltung@geisenheim.de und www.stephanshausen.de, mboos@hotmail.com. Rathaus Mo – Do 8 – 12, 14 – 16, Fr 8 – 12 Uhr.

Gaststätte im Dorfgemeinschaftshaus, Brühlstraße 11, 65366 Stephanshausen. T & Fax 06722/750992. www.dorfgemeinschaftshaus-stephanshausen-im-rheingau.de. Mo – Fr 16 – 24, So 11 – 14 Uhr.

Zieht noch immer Pilger an: Kloster Marienthal

© pmv, Foto: M. Schnelle

rheingau.de, info@waldhotel-rheingau.de. 60 Zimmer, EZ 83 €, DZ 55 €.

☒ **Franziskanerkloster Marienthal,** T 06722/9558-0, Fax 9958-13. www.franziskaner-marienthal.de, marienthal@franziskaner.de. Bewirtung nur für Gruppen bei Veranstaltungen.

☒ ⌂ **Kloster Johannisberg,** Bergpfad 1, Johannisberg, 65366 Geisenheim. T 06722/49791-0, Fax -79. www.kloster-johannisberg.de, info@kloster-johannisberg.de. Hier gelangt man in rund 5 Minuten mit dem Bus 183 täglich ab der Haltestelle Marienthal Kloster. Zwar etwas abgelegen von der Route, aber empfehlenswert.

2. Tag

Gehzeit: 6 Std.

Schwierigkeitsgrad: Keine, auch mit Kindern geeignet, insgesamt 225 Hm Anstieg.

Markierungen: R, H7.

Höchster Punkt: Eisenkaut, 290 m.

Ausgangspunkt: Kloster Marienthal.

Einkehr: In Aulhausen und bei Abstecher im Weinhaus vom Campingplatz Bodental.

GPS Lorch:
N 50°02'48"
O 007°48'82"

Auf aussichtsreichem Weg ins Mittelrheintal bis nach Lorch

Kloster Marienthal (195 m) → Antoniuskapelle (260 m) 1 km → Nothgottes (213 m) 2 km → L3454 (290 m) 4 km → Aulhausen (210 m) 5 km → Eisenkaut (290 m) 7 km → Abzw. Campingplatz Bodental (250 m) 9,5 km → Georgs Ruh (190 m) 11 km → Bäckertal (160 m) 14 km → Lorch Markt (100 m) 16,5 km → Lorch Bhf (90 m) 18 km.

Nach Aulhausen (5 km)

Vom **Kloster Marienthal** gehen Sie auf der Straße ein kurzes Stück bergan, um auf Höhe des Waldhotel Rheingau rechts auf einen Treppenweg abzubiegen. Sie folgen nun der **Markierung R** vom **Rheinsteig.** Im Wald bergan, über einen Querweg und zum Rand der neuen **Siedlung Marienthal.** Dort geradeaus auf dem Birkenweg und in Folge Im Sonnenrech weiter. Bei der in einer Kurve rechts abgehenden Straße Im Talerwald auf einem Feldweg geradeaus aus der Siedlung wieder hinaus und zum Waldrand. Im Wald Richtung Westen zur K630. Nach ihrer Überquerung liegt gegenüber ein Parkplatz und die **Antoniuskapelle.**

© pmv, Foto: M. Schnelle

Blick frei: Rastplatz am Rheinsteig

Von der Kapelle weiter auf einem breiten Waldweg mit der **Markierung R** des **Rheinhöhen-wegs.** Dann mit einer Rechtskurve ins Tal des *Blaubachs* hinab. Bei der dortigen Gabelung rechts zum ehemaligen **Kloster Nothgottes,** heute von einer religiösen Gemeinschaft bewohnt. Der Bau stammt von 1622, die Kirche ist tagsüber zugänglich.

Davor macht der Talfahrweg einen Linksbogen zurück. Am Ende des Linksbogens nach Überquerung eines Nebenbachs zweigt rechts bei einer alten Kapelle der Wanderweg wieder ab. Mit einer Linkskurve gewinnen Sie wieder etwas an Höhe, kommen über einen breiten Fahrweg und biegen kurz danach rechts auf einen breiten Waldweg ab. Vom Waldrand bis auf die Höhe vom **Petershof,** dann auf einem vom Hof kommenden Asphaltsträßchen zur L3454. Unter Ihnen liegen Rüdesheim und die Abtei St. Hildegard.

Nach der Überquerung der L3454 geht's gegenüber auf der K624 weiter. Mit einigen Schlenkern stärker abwärts nach **Aulhausen.** Im Zentrum erreichen Sie auf der Hauptstraße die zentrale Bushaltestelle Ludwig-Glaser-Straße, wo der **Landgasthof** zur Einkehr einlädt.

Im 1108 erstmals urkundlich erwähnten Weinort war einst das Töpferhandwerk verbreitet. Heute ist insbesondere sein St.-Vincenz-Stift weithin bekannt, das behinderte Kinder betreut und fördert.

Landgasthof Germania, Hauptstraße 43, 65385 Aulhausen, T 06722/2264, Fax 2186. www.landgasthof-germania.de, info@landgasthof-germania.de. 55 Betten, EZ 36 €, DZ 31 €.

Tourist-Information Rüdesheim, Geisenheimer Straße 22, 65385 Aulhausen, T 06722/90615-0, Fax 3485. www.ruedesheim.de. April – Okt 8.30 – 18.30, Sa, So 10 – 16, Nov – März Mo – Fr 9 – 16.30, während des Weihnachtsmarkts auch Sa, So 11 – 15 Uhr.

Zum Rastplatz Georgs Ruh mit fantastischem Drei-Burgen-Blick (11 km)

Von der **Bushaltestelle** auf der Hauptstraße vorbei am erwähnten Landgasthof. Bei der Straßengabel rechts von der Kirche weiter und gleich rechts auf dem Weg Mühlberg hinab. Nach einer Rechtskurve bergan zu einem Platten-Querweg. Hier links, am Weingut König entlang, an dessen Rand der Weg nach links abbiegt. Bei der kurz darauf folgenden Gabelung dann auf dem Asphaltweg rechts ab und am *Obsthof Heim* vorbei. Der Blick geht hier über Flur links und rechts. Weiter oberhalb erreichen Sie den Waldrand mit einer Gabelung. Hier nicht auf der Markierung R weiter, sondern linker Hand geradeaus am Waldrand Richtung Lorch. Wenig später erreichen Sie die **Gabelung Eisenkaut,** wo von links der **Rheinsteig** erneut zu unserem Wanderweg stößt.

Der nun folgende **Panoramaweg** oberhalb des Rheins ist der schönste Abschnitt der gesamten Tour. Schon bald bietet sich links ein erster Tiefblick. Dann durchwandern Sie das kleine *Speisbachtal* und treffen auf einen breiten Querweg. Hier links Richtung Lorch, vorbei an der *Herbert-Lange-Hütte* ohne Rastmöglichkeit zur **Paul-Claus-Hütte,** einem fantastischen Rastplatz. Dort per Rechtskurve im Hang weiter, links immer wieder Tiefblicke. Der Weg führt unterhalb vom *Teufelskadrich,* ein 415 m hoher Quarzitblock, entlang und biegt dann rechts ins *Bodental* ab. Kurvenreich geht es in diesem Waldtal abwärts. Dann erreichen Sie eine Gabelung und können dort links zum **Campingplatz Suleika** absteigen (0,5 km).

Ihr Wanderweg führt in den Talschluss vom Bodental, kommt dort an einem Teich vorbei und führt links herum wieder talauswärts. Dann kommt von rechts die Markierung H7 hinzu. Per Rechtskurve aus dem Bodental wieder heraus. Hier stößt von unten der Zufahrtsweg vom Cam-

Weinhaus im Naturpark-Camping Suleika, Im Bodental 2, 65391 Lorch, T 06726/9464, Fax 9440. www.suleika-camping.de, suleika-camping@t-online.de. Mitte März – Ende Okt ab 19 Uhr, Sa, So und Fei 11 – 22 Uhr, Mo und Do Ruhetag, für Gruppen Sonderöffnungszeiten möglich.

pingplatz Suleika wieder zur Campingroute, den Sie benutzen, wenn Sie dort eingekehrt sind. Kurz danach erreichen Sie den **Rastplatz Georgs Ruh** mit Schutzhütte, Rastbänken und fantastischem **Drei-Burgen-Blick.** Von links nach rechts sehen Sie *Burg Rheinstein, Burg Reichenstein* und *Burg Sooneck.*

© Peter Meyer

Blick nach drüben: Burg Sooneck

Zum Etappenziel Lorch (18 km)

Vom Aussichtspunkt auf dem Fahrweg weiter. Sie bleiben zunächst mit dem Rheinsteig immer auf dem Hauptweg, laufen nun am oberen Rand der Weinhänge entlang und ignorieren dann die Abzweigungen des Rheinsteigs, der weniger aussichtsreich weiter oben verläuft. Der Fahrweg führt dann mit Blick auf den *Kleinen Lorcher Werth* im Rhein in den Bächergrund und dort per Linkskurve aus dem Tal heraus zu einer Kreuzung. Gegenüber auf einem Schotterweg weiter. Dort wo der Weg nach rechts abbiegt, liegt unterhalb der Turm Schöneck. Durch die Weinberge Richtung Lorch weiter. Sie queren oberhalb vom Bahnhof Lorch und kommen an einem kleinen Unterstand vorbei. Dann erreichen Sie den **Parkplatz am Friedhof,** durchqueren diesen und laufen auf dem Röberberg Richtung Zentrum. Vorher links hinab zur **St.-Martin-Kirche** und zum Markt von **Lorch.**

Blick nach unten: Der Rhein bei Lorch

© Peter Meyer

Das malerische Städtchen mit kleinem, historischen Stadtkern und engen Gassen ist geprägt von Weinbau und Tourismus. Es wurde erstmals 1085 erwähnt. Zum Ende des Ersten Weltkriegs gab es hier einen kleinen Freistaat zwischen den Besatzungszonen, *Flaschenhals* genannt, an den heute noch zahlreiche Wappen erinnern. Zu den Sehenswürdigkeiten gehört die gotische **Pfarrkirche St. Martin,** die auf den Resten einer spätromanischen Basilika errichtet ist. Aus dem Inneren ist insbesondere der älteste monochrom konzipierte Holzschnittaltar Deutschlands von 1463 erwähnenswert. Das **Rathaus** ist ein großes Fachwerkhaus vom Anfang des 19. Jahrhunderts. Im neuen Anbau befindet sich das M **Robert-Struppmann-Museum,** ein Kunst- und Heimatmuseum. Der **Strunckturm** ist ein alter Befestigungsturm von 1527, der auch als Gefängnis diente. Auch in Lorch dominiert die Riesling-Rebe den Weinanbau. Auf den hiesigen Schiefer- und Quarzitböden, die die Sonnenwärme besonders gut speichern, und wegen der zum Teil extremen Steillagen erhält der Wein jedoch eine ganz eigene Note.

M **Robert-Struppmann-Museum,** Kunst- und Heimatmuseum, Am Markt 5, 65391 Lorch am Rhein. T & Fax 06726/656 oder über die Tourist-Information, Mo – Fr 9 – 13 und 14 – 16 Uhr, Apr – Okt zusätzlich Sa und So 14 – 17 Uhr.

In 65391 Lorch am Rhein:

Zur Krone, Rheinstraße 27, T 06726/9485, Fax 807410. www.hotel-krone-lorch.de, info@hotel-krone-lorch.de. 3 EZ à 38 €, 5 DZ à 29 €.

Weingut Rößler, Rheinstraße 22, T 06726/1658, Fax 807258. www.weingut-roessler.de, michael-roessler@web.de. EZ 40 €, DZ 30 €.

Gutsausschank des Weinguts Altenkirch, Binger Weg 2 (gegenüber Bhf ein Stück bergan). T 06726/830012, Fax 2483. www.weingut-altenkirch.com, info@weingut-altenkirch.com. Mitte April – Ende Juli und Anfang Sep – Ende Okt, Fr ab 17, Sa und So ab 15 Uhr.

Tourist-Information Lorch am Rhein, Markt 5, T 06726/1815, Fax 1844. www.lorch-rhein.de, info@lorch-rhein.de. Mo – Fr 9 – 13 und 14 – 16 Uhr.

Zum Bahnhof: Am Ende des Marktes nach links unten zur Schwalbacher Straße (L3033), auf dieser nur kurz links, dann auf der Rheinstraße Richtung Strunckturm. Vor dem Turm biegt die Straße links ab, am Hotel Zur Krone und Gästehaus Rössler vorbei zum Bhf.

Kleines Lorch, großes Rathaus: Beim Rathaus wird nicht gespart!

© pmv, Foto: M. Schnelle

AUF DEN GROSSEN FELDBERG UND ZUR SAALBURG IM TAUNUS

AUF DEN GROSSEN FELDBERG UND ZUR SAALBURG IM TAUNUS

Bei dieser Drei-Tages-Tour begegnen Sie historischen Sehenswürdigkeiten und einem Höhepunkt im wahrsten Wortsinn, nämlich dem alten Grenzwall Limes, dem Großen Feldberg als einzigartige Aussichtswarte, dem Freilichtmuseum Hessenpark voller Fachwerkbauten und Römerkastell Saalburg, einem vollständigen Nachbau einer römischen Wehranlage am besagten Limes. Die Wanderung verläuft zudem gänzlich im Naturpark Hochtaunus, mit 1348 qkm der zweitgrößte Naturpark Hessens, der ein großes Naherholungsgebiet für den Ballungsraum Rhein-Main darstellt.

Der Taunus ist der südöstlichste Teil des *Rheinischen Schiefergebirges.* Sein Kerngebiet hat er in einem bewaldeten Gebirgsrücken mit einer Länge von etwa 40 km und einer Breite von rund 10 km. Hier liegt auch die höchste Erhebung, der **Große Feldberg** mit 881 m. Herrscht im Bereich des Gebirgsrückens Nadelwald vor, findet man im nördlich vorgelagerten *Hintertaunus,* der sich bis zur Lahn erstreckt, viele Mischwälder. Charakteristisch für den südlichen *Vordertaunus* sind dagegen ausgedehnte Streuobstwiesen. Selbst lernte ich den Taunus erstmals intensiv in den 1980er Jahren kennen, als ich zu geschäftlichen Verhandlungen in Oberursel weilte. Heute bieten Besuche bei Freunden immer wieder die Gelegenheit, ein Stück Taunus zu entdecken.

Taunus Touristik Service e.V., Taunus-Informationszentrum, Hohemarkstraße 192, 61440 Oberursel (Taunus). T 06171/50780, Fax 507831. www.taunus.info, ti@taunus.info.

Start in Eppstein

Über der hübschen historischen Altstadt erhebt sich dominierend die imposante **Burg Eppstein,** einst Sitz der Herren von Eppstein. Seit 1913 finden hier im Sommer Burgfestspiele statt, somit das vielleicht älteste Freilufttheater im Rhein-Main-Gebiet. Auf dem Burggelände liegt auch der Altangarten, ein nach barockem Vorbild angelegter Nutz- und Ziergarten. In der **Altstadt** finden Sie zahlreiche schöne Fachwerkhäuser aus dem 15. – 19. Jahrhundert, die neugotische katholische *Pfarrkirche* von 1903 und die spätgotische *Talkirche* vom Anfang des 15. Jahrhunderts. Beim

Oben Ruine, unten neu: Zu Füßen der Königsteiner Burg breitet sich der Ort im Frankfurter Speckgürtel immer weiter aus

Taunus mittlerer Teil, TF50-TS Mitte, Freizeitkarte 1:50.000, vom HLBG, ISBN 978-3-89446-398-4, *Taunus östlicher Teil,* TF50-TS Ost, ISBN 978-3-89446-509-4, HLBG.

Bahnhof mit Bistro-Restaurant *Wunderbar Weite Welt* liegt der **Neufvilleturm,** ein beliebter Aussichtsplatz, der im Sommer bewirtschaftet ist (April – September Sa 13– 18, So und Fei 11 – 18 Uhr). Hoch oben am Berg sieht man den weißen *Kaisertempel* von 1894, ein weiterer, wegen seiner »kaiserlichen« Aussicht beliebter Wandertreffpunkt.

Die Wanderung in Kürze

3 Tage | 56,5 km | 1135 Hm Anstieg

Schwierigkeitsgrad: Große Strecken verlaufen im Wald. Die Wege bereiten keinerlei Schwierigkeiten, sodass man die Tour auch mit bergfreudigen Kindern unternehmen kann. Allerdings erfordern die Anstiege entsprechende Kondition.

Start: Bhf Eppstein

Ziel: Bhf Bad Homburg

1. Tag: Eppstein – Glashütten 22 km

2. Tag: Glashütten – Neu-Anspach 16 km

3. Tag: Neu-Anspach – Bad Homburg 18,5 km

Höchster Punkt: Großer Feldberg, 881 m

Anfahrt: Eppstein liegt im RMV-Gebiet an der S2, die u.a. direkt von Offenbach und Frankfurt Hbf hierher fährt. An ihrem nördlichen Endpunkt, Niedernhausen, besteht dagegen Anschluss nach Limburg (Lahn). S2 Dietzenbach über Offenbach – Niedernhausen, außerdem RE/SE 20 und SE10 Frankfurt – Limburg.

Rückfahrt: Bad Homburg liegt an der S5 von Friedrichsdorf nach Frankfurt Hbf, Mo – Sa gibt es zusätzliche Züge der HLB u.a. von Neu-Anspach nach Frankfurt Hbf. Bad Homburg S5 Friedrichsdorf – Frankfurt, SE 15 der HLB und U2 nach Frankfurt-Sachsenhausen.

HLB, Hessische Landesbahn, www.hlb-online.de, T 069/242524-0.

ÖPNV unterwegs: Der Taunus ist in diesem Bereich sehr gut durch Bahn- und Buslinien erschlossen, die täglich verkehren. Von Interesse sind u.a. folgende Linien:

HLB 646 Frankfurt Hbf – Kelkheim – Königstein im Taunus

Bus 57 Königstein Bhf/Stadtmitte – Glashütten – Großer Feldberg – Oberursel

Bus 63 Neu-Anspach Bhf – Hessenpark – Wehrheim Bhf

Bus 804 Königstein Stadtmitte – Ruppershain – Eppenhain – Kelkheim Bhf/Stadtmitte

Bus 805 Königstein Stadtmitte – Ruppershain – Eppenhain – Eppstein Bhf

Bus 223 Königstein Bhf/Stadtmitte – Glashütten – Idstein Bhf

Unterkunft: In Eppstein, Eppenhain, Königstein, Glashütten, Großer Feldberg, Neu-Anspach und Bad Homburg.

Beste Jahreszeit: Ganzjährig, jedoch nicht bei hoher starkem Wind wegen der Astbruchgefahr. Bei Schnee sind nur die Hauptwege gespurt.

M Stadt- und Burgmuseum Eppstein, Hauptstraße 99. T 06198/305-0-109. April – Okt Mi 16 – 18, Sa, So, Fei 14 – 17 Uhr, Nov – März So, Fei 12 – 15 Uhr. Burg April – Okt Di – So 10 – 17, Nov – März Di – So 11 – 15 Uhr.

In 65817 Eppstein:

Zum Taunus, Burgstraße 30, T 06198/32735. www.hotelzumtaunus-eppstein.de, info@hotelzumtaunus-eppstein.de. 3 EZ à 45 €, 3 DZ à 32,50 €, 2 DBZ à 25 €.

Eppstein-Touristik-Service, Bezirksstraße 2, T 06198/2863, Fax 7002. www.eppstein-touristik.de, info@eppstein-touristik.de und www.eppstein.de, info@eppstein.de.

1. Tag

Gehzeit: 7 Std.

Schwierigkeiten: Keine, jedoch gute Kondition für die beiden Anstiege mit insgesamt 525 Hm Aufstieg.

Höchster Punkt: Kreuzung L3025, 575 m.

Markierungen: Grüner Punkt, Gelber Balken.

Ausgangspunkt: Bhf Eppstein.

Einkehr: In Eppenhain und Königstein.

GPS Glashütten:
N 50°12'96"
O 008°24'21"

Wunderbar Weite Welt, Am Stadtbahnhof 1, 65817 Eppstein, T 06198/585506. www.wunderbar-weite-welt.de. Täglich 9 – 23 Uhr.

Über den Atzelberg und Königstein nach Glashütten

Eppstein (195 m) → Heimliche Wiese (350 m) 3,5 km → Eppenhain (410 m) 5 km → Atzelberg (507 m) 5,5 km → L3016 (420 m) 7 km → Ölmühlquelle (410 m) 11 km → Königstein (362 m) 13 km → P Tillmannsweg (440 m) 15 km → L3025 (575 m) 18,5 km → Glashütten (482 m) 22 km.

Von Eppstein nach Eppenhain (5 km)

Da es in Eppstein keinen Supermarkt gibt, sollten Sie Proviant für unterwegs vorher eingekauft haben. Vom **Bahnhof** mit **Bistro** überqueren Sie die B455 und kommen auf der Burgstraße zum Wernerplatz im Herzen der kleinen **Altstadt** unterhalb der Burg. Von dort links auf der Rossertstraße entlang, dann geradeaus auf der Mendelssohnstraße bergan bis zu einem Schulungsheim am Waldrand. Dort beginnt der Waldwanderweg und führt gleich am **Krekelstempel,** einem Unterstand, vorbei. Der mit einem **Grünen Punkt** markierte Weg führt in das *Wellbachtal* und trifft dort auf den eigentlichen Talweg. Auf diesem rechts weiter und neben dem Bach bergauf. Weiter oben kommen Sie an einem rechts liegenden Waldteich vorbei. Wenig später halten Sie sich bei einer Verzweigung geradeaus und kommen am Rand der *Heimlichen Wiese,* nun schon 155 m höher als zu

Beginn, zu einer weiteren Gabelung. Hier geradeaus im Wald kurvenreich weiter. Sie erreichen den Ortsanfang von **Eppenhain.** Von der dortigen Kreuzung halb rechts auf der Rossertstraße bis zu ihrem Ende. Der staatlich anerkannte Erholungsort wurde urkundlich erstmals 1285 erwähnt. Nördlich vom Ort liegt der *Atzelberg* (507 m) mit einem stillgelegten Fernmeldeturm und der Ruine eines niedergebrannten Turmes, sodass man vom Gipfel heute keine Aussicht mehr hat.

Haus Rossert, Rossertstraße 1, 65779 Eppenhain, T 06198/8630, Fax 34627. 17 EZ, 6 DZ, 39 €, Restaurant Mi – So 11 – 13.30 Mittagstisch, 13.30 – 17.30 Uhr Kaffee und Kuchen.

In den Kurort Königstein (13 km)

Vom Ende der Rossertstraße bzw. Beginn der Eppenhainer Straße (K775) kurz auf der Ehlhaltener Straße nach links, dann folgt der **Grüne Punkt** dem Atzelbergweg und führt auf diesem bergan. Weiter oben auf einem Fußweg zum eingezäunten Gelände vom ehemaligen Fernmeldeturm, dort auch eine **Schutzhütte.**

Nördlich vom Turm bleibt man dem Grünen Punkt treu und steigt teils steil im Wald hinab. Sie kommen über mehrere Kreuzungen, dann in die Nähe der Kreisstraße und nicht weit von ihr zur **L3016** nördlich von Ruppertshain.

Nach Überquerung der Landstraße laufen Sie über den **Parkplatz Landgraben** und nehmen bei der folgenden Gabelung den rechten Weg. Dieser nun mit einem **Gelben Balken** markierte **Viktoriaweg** verläuft kurvenreich im Wald, unterquert eine Hochspannungsleitung, führt unterhalb einer Schutzhütte einer kleinen Aussichtsstelle, wo der Blick weit in das Vorland des Taunus geht. Dann im Wald weiter zu einem Parkplatz. Dort treffen Sie auf den Ölmühlweg und folgen ihm geradeaus bzw. durch eine Rechtsbiegung über den *Rombach.* Gleich danach liegt links am Weg die **Ölmühlquelle.**

Von dort bleiben Sie auf dem Ölmühlweg, bis rechts die Wohnstraße Grüner Weg abzweigt. In

Wieder geschätzt: Die alten Fachwerkbauten wurden schön restauriert, wie das Alte Rathaus mit seinem Durchgang

© pmv, Foto: M. Schnelle

Hotel garni Zum Hirsch, Burgweg 2, T 06174/5034, Fax 5019. www.zum-hirsch.net. 15 EZ à 40 € (überwiegend einfach) und 13 DZ à 47,50 €.

Burgruine Königstein, April – Sep 9 – 19 Uhr, Feb, März und Okt 9.30 – 16.30 Uhr, Nov – Jan Fr 12 – 16 Uhr, Sa und So 9 – 16 Uhr. 2 €, Kinder 1 €. Weitere Informationen bei der Kur- und Stadtinformation.

Burg- und Stadtmuseum Königstein, Kugelhermstraße 1 (Altes Rathaus), T 06174/21455, Fax 703643. www.museum-koenigstein.de, klaus.bordes@t-online.de. Mo – Sa 14 – 17.30 Uhr. 1,50 €, Kinder 6 – 14 Jahre.

seiner Rechtskurve zweigt beim Haus Nr. 3a ein Fußweg ab, der zum oberen Rand vom **Woogbachtal** führt. Dort auf dem Querweg links weiter und allmählich ins Tal hinab. Über einen Querweg, dann über den *Woogbach* selbst. Jenseits treffen Sie erneut auf einen Querweg und folgen diesem links bis zum Stadtrand von **Königstein.**

Beim St.-Josef-Krankenhaus kurz rechts, dann gleich links auf der Woogtalstraße ins alte historische Zentrum. Beim Alten Rathaus mit dem M **Stadtmuseum** links in die Hauptstraße ab. Am rechts abzweigenden Burgweg liegt das erwähnte **Hotel Zum Hirsch.** Die Hauptstraße wird dann zur Fußgängerzone. An ihrem Ende biegen Sie links in die Georg-Pingler-Straße ab. An dieser liegt die **Bushaltestelle Stadtmitte.**

Die heilklimatische Kurstadt wird von der gleichnamigen **Burg** überragt, die erstmals 1215 erwähnt wurde und gleichzeitig das Wahrzeichen von Königstein ist. Sie sicherte einst den Handelsweg Hohe Straße. In ihrem Schutz wuchs der Ort, der 1313 Stadtrechte erhielt. Während der napoleonischen Kriege wurde Königstein praktisch eingeäschert, stieg aber bereits ab 1851 zum Kurort und Villenvorort Frankfurts auf, nachdem ein *Doktor Georg Pingler* eine **Kaltwasserheilanstalt** ins Leben gerufen hatte.

Zum heutigen Etappenziel Glashütten (22 km)

Auf der Georg-Pingler-Straße bis zu ihrem nördlichen Ende, dort rechts zur **Le-Cannet-Rocheville-Straße** (B8). Bei der Ampel über die Bundesstraße beim Kurbad. Noch vor diesem auf einen Fußweg abgehen, der mittels Links-Rechts-Kurve um das Kurbad herum zum Waldrand führt. Nach Überschreiten des Höhenbachs treffen Sie am Fuß des Hügels auf den Klärchenweg. Sie folgen diesem nach links und stoßen dann auf das Ende der Hugo-Amelung-Straße. Auf dieser links vom Hügel weg, dann rechts auf der Altkönigstraße durch ein ruhiges Wohngebiet. Am Ende dieser Straße zweigen etliche Waldwege ab. Sie folgen links dem breiten Schotterweg mit dem **Schwarzen Balken.** Im Wald erreichen Sie dann den **Parkplatz Tillmannsweg.**

Vom Parkplatz rechts aufwärts, dann mit einer Linkskurve zu einer Kreuzung. Dort zweigen Sie links auf einem Weg ab, der sich durch den Wald schlängelt. Später geradeaus über einen Querweg. Dann treffen Sie auf einen breiten Querweg, folgen ihm nach rechts am Rand des *NSG Brilltal*

Kurbad Königstein, Le-Cannet-Rocheville-Straße 1, 61462 Königstein im Taunus, T 06174/92650, Fax 23648. www.kurbad-koenigstein.de. Mo 16 – 21.30, Di – Fr 9 – 21.30, Sa, So 9 – 20 Uhr. 10 €, Kinder 4 – 14 Jahre 5 €, unter 4 Jahre frei.

Kur- und Stadtinformation, Hauptstraße 13a, T 06174/202-251 oder -281, Fax -308. www.koenigstein.de, info@koenigstein.de. Mo – Fr 9 – 18, Sa 9 – 13 Uhr. Im Bereich der Altstadt finden Sie zahlreiche Einkehrmöglichkeiten direkt am Wanderweg.

entlang bis zu einer Weggabelung. Hier links halten und nochmals kurz am Rand des NSG entlang, bevor Sie die **L3025** erreichen.

Nach Überquerung der Landstraße gegenüber mit dem Schwarzen Balken geradeaus weiter. Der Weg führt im weiteren Verlauf in weitem Linksbogen um den 687 m hohen *Glaskopf* herum und bleibt dabei am Berghang oberhalb der B8. Dann erreichen Sie in einer Rechtskurve eine Kreuzung und folgen ab dort dem Mallmannsteinweg. Nach einiger Zeit links vom breiten Waldweg ab, über einen weiteren Weg zum Waldrand. Auf der Kirchstraße hinab bis zur modernen evangelische Kirche von **Glashütten,** hier links zur Limburger Straße (B8) mit der **Bushaltestelle Kirche.** Rechts weiter, gleich links an der Abzweigung des Schlossborner Wegs liegt dann auch die katholische *Heiliggeistkirche* mit einer Mariensäule von 1762 davor. Die Limburger Straße führt nordwärts durch den Ort und an den aufgeführten Hotels vorbei. Der im Herzen vom Taunus gelegene Ort wird von großen Waldgebieten umgeben. Er verdankt seine Entstehung mehreren Waldglashütten. Am nördlichen Ortsrand verläuft der römische Grenzwall *Limes,* dem Sie morgen Richtung Feldberg nach Osten folgen.

In 61479 Glashütten:

Panorama Hotel garni, Limburger Straße 17, T 06174/639750, Fax 639755. www.panorama-hotel-taunus.de, info@panorama-hotel-taunus.de. 10 EZ à 69 €, 20 DZ à 54,50 €, DZ als EZ 79 €.

Jägerhof, Limburger Straße 53, T 06174/6911, Fax 63872. 4 EZ, 9 DZ, 1 Suite, 45 €.

Glashüttener Hof, Limburger Straße 86, T 06174/6922, Fax 6846. www.glashuettenerhof.com, info@glashuettenerhof.com. 5 EZ à 60 €, 4 DZ à 55 €. Restaurant Di – Sa 11.30 – 14 und 17.30 – 21, So 11.30 – 14 Uhr, Mo Ruhetag.

Entlang dem Limes und über den Großen Feldberg nach Neu-Anspach

Glashütten (482 m) → Gasthof Zum Roten Kreuz (688 m) 3 km → Feldberg-Kastell (710 m) 4 km → Großer Feldberg (881 m) 5,5 km → Sandplacken (699 m) 8 km → P Am Steinchen (443 m) 13 km → Anspach (340 m) 14,5 km → Neu-Anspach Bhf (312 m) 16 km.

Auf zum Großen Feldberg (5,5 km)

Nachdem Sie **Glashütten** durchquert haben, zweigt am nördlichen Ortsende rechts der Dornweg Richtung Waldfriedhof ab. Sie folgen diesem bzw. der **Markierung T** vom **Taunushöhenweg.** Der Forstweg führt zunächst geradeaus durch den Wald. Sie ignorieren zwei Abzweigungen, gehen dann etwas bergab. Per Rechtskurve weiter, am **Rastplatz Gottschalk Fichte** vorbei, dann per Linkskurve über den *Emsbach.* An dieser Stelle weißt der Schutthaufen eines Wachturms auf die Ingenieurskunst der Römer hin, die an ihrer oft schnurgeraden Grenzbefriedigung in regelmäßigen Abständen Türme errichtet hatten. Die Wachsoldaten konnten sich auf Sicht oder mit Leuchtfeuern untereinander verständigen. Gegenüber Richtung Rotes Kreuz im Wald wieder bergan, wobei Sie mehrere Nebenwege kreuzen und auch dem Verlauf des Limes folgen. Dann erreichen Sie eine Straßengabelung mit dem **Gasthof Zum Roten Kreuz** und einer Bushaltestelle.

Nach Überquerung der L3025 beim Gasthof geht's auf der Limesstraße, einem Asphaltweg, weiter zu einem Parkplatz. An seinem Ende rechts auf einem Forstweg ab. In einer Linkskurve geht es zum **Feldberg-Kastell.** Es ist Teil des **obergermanisch-raetischen Limes**, dem 550 km langen Abschnitt der Außengrenze des römischen Reichs zwischen Rhein und Donau. Dieser alte Grenzwall

2. Tag

Gehzeit: 5 Std.

Schwierigkeiten: Gute Wanderwege, mal schmal, mal breite Forstwege, lange Waldstrecken, insgesamt 400 Hm Aufstieg.

Höchster Punkt: Großer Feldberg, 881 m.

Markierungen: T, Grüner Balken, Schwarzer Punkt, Liegendes U.

Ausgangspunkt: Glashütten Zentrum.

Einkehr: Am Roten Kreuz, auf dem Großen Feldberg und am Sandplacken.

GPS Neu-Anspach:
N 50°18'01"
O 008°30'38"

Zum Roten Kreuz, 61389 Schmitten, T 06174/969408. www.gasthauszumroten-kreuz.de, renedinges1979@web.de. Mo – Mi ab 11, Sa und So ab 10, Do und Fr Ruhetag. Einfache Einkehrmöglichkeit.

ist ein Bodendenkmal von internationaler Bedeutung und seit 2005 als UNESCO-Weltkulturerbe anerkannt. Er bestand aus Palisaden und Gräben, die heute im Wald deutlich als Wall und Graben zu erkennen sind. Das Feldberg-Kastell ist das höchstgelegene Militärlager am gesamten Limesabschnitt und wurde um 170 n.Chr. erbaut. Erhalten bzw. rekonstruiert sind die unteren Mauerteile von doppeltürmigen Toren, einem Fahnenheiligtum, Soldatenunterkünften und außerhalb des Kastells am Hang die bei den Römern so beliebten Badeanlagen. Infotafeln erklären die Rekonstruktionen.

Vom Kastell rechts aufwärts. Bald macht der Weg einen Linksbogen und führt an der wenig spektakulären **Weilquelle** vorbei, die wohl schon von den Römern genutzt wurde. Im Wald im Rücken des 825 m hohen *Kleinen Feldbergs* weiter bergan, **Markierung Rotes Quadrat.** Über eine Wegspinne, bald danach über einen breiten Forstweg, dann noch über einen kleineren Querweg. Unterhalb vom Feldberg-Gipfel über eine Skipiste, linker Hand schöne Tiefblicke, dann rechts aufwärts zum **Großen Feldberg,** der mit 879 m höchsten Erhebung des Taunus und des gesamten Rheinischen Schiefergebirges. Nördlich von ihm liegen Ober- und Niederreifenberg, auf die schöne Tiefblicke bestehen. Auf dem Gipfelplateau steht ein 40 m hoher **Aussichtsturm** mit verglaster Aussichtsplattform, der 1902 eingeweiht wurde. Nach seiner Zerstörung im Zweiten Weltkrieg wurde er 1949 vom *Hessischen Rundfunk* als Aussichtsturm mit Antennenträger neu errichtet. Diese Sendeanlage dient heute aber nur noch als Reserve. Daneben existieren nämlich ein 116 m hoher Sendemast, ein Ersatzmast und ein alter Fernmeldeturm von 1937 mit Stahlbetonunter- und einem Holzaufbau. Zur Einkehr lädt der große **Feldberghof,** zu dessen Füßen sich eine

⬆ Feldberghof, Auf dem Großen Feldberg, 61389 Schmitten, T 06174/9234-0, Fax -25. www.feldberghof.com, info@feldberghof.com. 4 Zimmer, EZ 75 €, DZ 55 €. Hotel, Restaurant & Standesamt.

⬆ Kiosk, Aussichtsturm und Wanderheim des Taunusklubs, Auf dem Großen Feldberg, 61389 Schmitten, T 06174/933584 (Pächter) bzw. 06109/33804 (Vereinswartin). Wanderheim mit 20 Betten zur Selbstversorgung, Kiosk und Aussichtsturm im Nov geschlossen.

Fettes Trumm: Aussichtsturm auf dem Großen Feldberg und seine Kollegen, die Sendemasten

Falknerei befindet. Am Nordrand des Gipfelplateaus liegen Quarzitfelsen, im Volksmund als *Brunhildisfelsen* bekannt.

Falkenhof, Auf dem Großen Feldberg, T 06174/7545, Fax 06081/961322. www.falkenhof-feldberg.de, April – Okt, täglich 10 – 18 Uhr, Flugvorführung 14 Uhr. 4,50 €, Kinder 3 – 15 Jahre 3 €.

Zur Rast zum Sandplacken (8 km)

Vom Aussichtsturm ein Stück auf der Gipfelstraße entlang, dann links von ihr ab und in den Wald hinein. Über eine Kreuzung unweit der rechts verlaufenden L3024 mit Parkplatz. Im Wald abwärts über eine weitere Kreuzung, dann macht der Weg etliche Schlenker, führt aber nicht mehr so steil hinab, **Markierung Schwarzes T.** Dann kreuzen Sie einen Querweg direkt neben der L3024, die dort eine Rechtskurve macht. Kurz danach folgen Sie rechts wieder dem Verlauf des *Limes,* der durchgängig mit einem schwarzen Wachturm gekennzeichnet und hier deutlich zu erkennen ist. Es kreuzt ein Schwarzer Pfeilweg, Sie laufen aber geradeaus weiter. Dann oberhalb der L3276 entlang, wieder etwas abwärts. Unweit der Einmündung der L3276 in die L3024 über letztere, rechts der **Parkplatz Pfahlgraben.** Gegenüber geradeaus im Wald weiter zum **Sandplacken** an der Gabelung der L 3004 und 3024 mit zwei **Restaurants**. Gegenüber von ihnen befinden sich die Bushaltestellen Richtung Schmitten und ca. 50 m weiter Richtung Hohemark. Von der *Hohemark* aus kommt man mit der U3 in einer guten halben Stunde nach Frankfurt.

Sandplacken, Sandplacken 2, 61389 Schmitten, T 06084/2051. www.hotelsandplacken.de. 12 Zimmer, EZ 39 €, DZ 59 €, 3-Bettzimmer 80 €.

Tannenheim, Sandplacken 1, 61389 Schmitten, T 06084/2270. Di – Do und Sa, So 10.30 – 18 Uhr, Mo und Fr Ruhetage.

Zum Tagesziel Neu-Anspach (16 km)

Sie überqueren bei der **Ampel** die L3004 und folgen gegenüber nun dem **Grünen Balken.** Schon bald liegt linker Hand ein Parkplatz, wo Sie nach links abzweigen. Nach einer Rechtskurve und einem Rechts-Links-Bogen treffen Sie auf einen Querweg und folgen diesem links abwärts zu einer Kreuzung. Geradeaus zur nächsten Kreuzung unterhalb des *Weißebergs* (660 m), dort rechts ab und weiter hinab. Weiter unterhalb kreuzen zwei weitere markierte Wege. Sie bleiben beim Grünen Balken. Dann verläuft der Weg im Wald immer mehr nach links und führt an der Westseite des Klingenbergs vorbei. In vielen Kurven im Wald weiter abwärts, wobei Sie Abzweigungen ignorieren. Am Waldrand erreichen Sie dann eine Kreuzung. Dort liegt links der **Parkplatz Am Steinchen.**

Achtung! Falls Sie im ↗ **Landhotel Zum Hessenpark** übernachten, können Sie bereits hier rechts auf dem mit einem *Liegenden U* bezeichneten Weg abzweigen. So erreichen Sie die morgige Tagesetappe nach 1,5 km.

Mit einer Rechtskurve vom Waldrand weg und auf einem Asphaltsträßchen durch Wiesen. Linker Hand an einem Reitplatz vorbei, dann geht es an einem Waldstück entlang. Auf der Feldbergstraße zu den ersten Häusern von **Anspach.** Rechts liegt dann ein Friedhof, und die Feldbergstraße mündet in die Weilstraße (L3041) ein. Geradeaus auf dieser weiter. Dann erreichen Sie eine Straßenverzweigung. Hier halb rechts auf der Taunusstraße entlang, dann links auf der Breiten Straße bis zur Bushaltestelle (Linie 59) im Zentrum von Anspach. Vorbei an einem Bolz- und Spielplatz bis zu einer Querstraße. Hier kurz links zur nahen Bahnhofstraße, auf dieser rechts weiter. Vor dieser zweigt links ein Fuß- und Radweg ab, der parallel zur Bahnstrecke zum Bahnhof führt.

Wenn Sie nicht in Neu-Anspach übernachten, sondern im Hessenpark, haben Sie Zeit diesen und auch die Saalburg zu besichtigen!

Die Stadtgemeinde **Neu-Anspach** umfasst vier Stadtteile, nämlich *Anspach, Hausen-Arnsbach, Rod am Berg* und *Westerfeld.* Der Stadtteil Anspach wurde 1274 erstmals urkundlich genannt, Stadtrechte erhielt das aufstrebende Örtchen vor nicht langer Zeit, nämlich 2007. Hauptattraktion ist der im Süden gelegene ↗ M *Hessenpark,* ein Freilichtmuseum mit ländlicher Fachwerk- und Alltagskultur.

In 61267 Neu-Anspach:

Pension Christine, Wiesenau 25, T und Fax 06081/7872. 4 EZ, 4 DZ, 26 €.

Pension Stübner, Leipziger Str. 9, T 06081/8483. 1 EZ 30 €, 3 DZ 27 €.

Tourist-Information im Bürgerbüro, Bahnhofstraße 26 – 28, T 06081/1025-0, Fax 1025-9000. www.neu-anspach.de, info@neu-anspach.de. Mo, Mi 7.30 – 17, Di, Do 7.30 – 18, Fr 7.30 – 12 Uhr.

3. Tag

Über den Hessenpark und die Saalburg nach Bad Homburg v.d.H.

Neu-Anspach Bhf (312 m) → Anspach (340 m) 1,5 km → Kreuzung liegendes U (410 m) 4,5 km → Hessenpark (400 m) 6 km → Abzw. unterhalb Hollerkopf (550 m) 7,5 km → Saalburg (400 m) 10 km → Jupitersäule (392 m) 10,5 km → Wegverzweigung Schwarzer Balken (325 m) 11,5 km → Kirdorf (190 m) 15,5 km → Bad Homburg Bhf (168 m) 18,5 km.

Gehzeit: 5 ½ Std.

Schwierigkeiten: Keine, aber Kondition für den steilen Anstieg vom Hessenpark an, insgesamt 210 Hm Anstieg. Höchster Punkt: Abzweigung unterhalb Hollerkopf, 550 m.

Markierungen: Schwarzer Punkt, Liegendes U, Schwarzer Balken, T.

Ausgangspunkt: Neu-Anspach Bhf.

Einkehr: Im Hessenpark und in/bei der Saalburg.

GPS Bad Homburg:
N 50°13'28"
O 008°37'29"

Zum Hessenpark (6 km)

Vom **Bahnhof** zurück zur **Bushaltestelle Breitestraße** im Zentrum von Anspach. An ihrem Ende links auf der Taunusstraße bis zu einer Straßenverzweigung. Dort links über die Saalburgstraße (L3041), dann gemäß **Schwarzem Punkt** auf dem Friedhofsweg ab. Am Friedhof entlang gehen Sie aufwärts. Der Asphaltweg biegt dann nach links ab, Sie folgen geradeaus einem Grasweg neben dem Friedhof. Dann geradeaus über einen Feldweg und wenig abwärts. Schließlich auf einem Asphaltquerweg nach rechts, beim folgenden Querweg links. Sie kommen anschließend an der Zufahrt zum *Birkenhof* vorbei und überqueren beim *Hubertushof* geradeaus einen Asphaltweg. Über den *Erlenbach,* an der *Launhardts-Mühle* vorbei und bergan. Bei der folgenden Gabelung auf

Spaziergang durch Hessen: Die in den Hessenpark verpflanzten Häuser wurden nach ihrer Herkunft gruppiert

© pixelio, Foto: Joachim Reisig

Freilichtmuseum Hessenpark, Laubweg 5, 61267 Neu-Anspach, T 06081/588-0, Fax -127. www.hessenpark.de. März – Okt täglich 9 – 18 Uhr. Im Nov 10 – 17 Uhr. 6 €, Kinder ab 6 Jahre 2,70 €. Im Dez Sa, So 10 – 17 Uhr zum Spazierengehen geöffnet, die Häuser sind geschlossen; 3 €, Kinder 1,35 €. Einlass jeweils bis 1 Stunde vor Schließung.

Zum Adler, T 06081/5515, Fax 5594. www.wirtshaus-im-hessenpark.de. Mo – Fr 11 – 18, Sa und So 11 – 20.

Zum Hessenpark, Laubweg 1 T 06081/4467-0, Fax -100. www.landhotel-hessenpark.de, info@landhotel-hessenpark.de. 15 EZ à 89 €, 18 DZ à 62 €, DZ als EZ 95 €, 1 DBZ. Zugehöriges Restaurant Alter Markt täglich 9 – 22 Uhr.

dem Feldweg geradeaus bzw. auf dem rechten Weg weiter. Über mehrere Querwege bis zur Kreuzung mit dem **Liegenden U** als Markierung.

Sie folgen nun dieser Markierung nach links, vorbei an den Stallungen. Auf kurvenreicher Strecke erst am Waldrand, dann im Wald unweit seines Randes. Sie erreichen das Gelände vom Hessenpark und laufen am Waldrand bis zum Parkplatz vom **Freiluftmuseum Hessenpark.** Dort geht's links zum Marktplatz mit Restaurants, Cafés und Läden für Souvenirs und regionale (Handwerks-)Produkte wie Bürsten, Käse, Brot.

Der Hessenpark wurde 1974 gegründet. Sie finden dort u.a. mehr als 100 wieder aufgebaute Fachwerkhäuser aus allen Teilen Hessens und zwei Windmühlen aus Norddeutschland. Die Häuser werden auch für Ausstellungen genutzt. Der Besucher soll einen Eindruck vom typisch dörflichen Leben vergangener Tage erhalten. Ein anderer Schwerpunkt ist die Bewahrung und Vermittlung alter Bau- und Handwerkstechniken und auch die Erhaltungszucht alter Pflanzensorten und Tierarten.

Zur Saalburg (10 km)

Neben dem genannten **Parkplatz** zweigt ein breiter Sandweg ab, der u.a. mit einem **Schwarzen Balken** markiert ist und führt schnurgerade bergan. Sie erreichen eine Kreuzung mit Schutzhütte. Danach in bisheriger Richtung etwas stärker bergan bis zur nächsten Kreuzung. Von dort auf einem Grasweg weiterhin bergauf. Nach Überquerung eines Querweges führt ein Fußweg nochmals kurz steil hinauf zu einem Asphaltquerweg unterhalb vom 616 m hohen *Hollerkopf.*

Auf dem Asphaltweg nach links weiter. Einer Rechts-Links-Kurve folgend ein wenig bergab. Dann zweigt der **Schwarze Balken** rechts vom Asphaltweg ab. Wenige Minuten später erreichen Sie den **Taunushöhenweg** mit der **Markierung T,** gleichzeitig ist dies auch der **Limesweg** mit dem **Turm.** Auf diesem nach links weiter. Rechts vom Weg ist der Limes deutlich als Wall erkennbar, der als Zerfall der Holzpalisaden übrigblieb. Im Verlauf des Waldweges kommen Sie zweimal über den Limes und steigen Richtung Saalburg immer etwas ab. Schließlich treffen Sie wieder auf den Asphaltweg und folgen diesem nach rechts, erneut über den Limes, dann hinab zur Saalburg. In einem Linksbogen zu einem Querweg, über diesen zur Außenmauer des Kastells. Gehen Sie rechts um

Römerkastell Saalburg, Saalburg 1, 61350 Bad Homburg. T 06175/9374-0, Fax 9374-11. www.saalburgmuseum.de, info@saalburgmuseum.de. März – Okt täglich 9 – 18 Uhr, Nov – Feb Di – So 9 – 16 Uhr. 5 €, Kinder 6 – 18 Jahre 3 €, unter 3 Jahre frei. Ausstellungshaus gleiche Preise & Öffnungszeiten, können bei einzelnen Sonderausstellungen abweichen.

Einkehr im Kastell in der **Taberna,** einer Taverne mit römischem Speiseangebot und Ambiente. Di – So 10 – 18 Uhr, Jan Betriebsferien.

© pixelio, Foto: Dirk Schmidt

Salute, Wilhelm: Die römische Saalburg wurde um 1900 nach den romantischen Ideen des Kaisers wiedererrichtet

Kastell und Ausstellungshalle herum, um zum Haupteingang zu gelangen.

Die M **Saalburg** diente den Römern ab 83 n.Chr. der Überwachung eines Limesabschnitts im Taunus. Damals waren hier 500 bis 600 Mann stationiert, später bis 1000 Mann, weshalb man von einem Konsortenkastell spricht. Außerhalb der Wehrmauern lagen noch ein Badegebäude, ein Gästehaus sowie ein Minidorf, wo Händler und Dirnen ihre Dienste anboten. Die Rekonstruktion der Wehranlage begann unter Kaiser *Wilhelm II.* ab 1900, heute erzählt das Museum sehr anschaulich vom Leben und der Kriegstechnik der Römer im kalten Germanien.

Zum Ziel Bad Homburg (18,5 km)

Vom Haupteingang in südlicher Richtung zu einer Wendeschleife mit Haltestelle der Stadtbuslinie 5 Richtung Kurhaus und Bahnhof. Vorbei am **Landgasthof Saalburg,** dann aus der Straßen-Linkskurve geradeaus weiter zur B456 und zu einer Gabelung bei der **Jupitersäule.**

Von dort nehmen Sie den linken Schotterweg, der auch als Radweg ausgewiesen ist. Dieser führt in mehreren Schlenkern wenig abwärts durch den Wald zu einer Verzweigung mit Rastplatz.

Hier treffen Sie auf einen Querweg, der Weberpfad, der wieder den **Schwarzen Balken** trägt, und folgen diesem nach links. Neben einer Stromleitung entlang. Dann biegt der Hauptweg nach rechts ab, Sie folgen aber halb links dem markierten Fußweg. In der Folge kommen Sie mehrfach über den *Kirdorfer Bach* und kreuzen einen breiteren Querweg mit Gelbem Balken. Rechter Hand liegt ein Golfplatz. Bei der **Karlsbrücke,** unter der Sie die B456 kreuzen, wechseln Sie nochmals die Bachseite. Vom Sportzentrum Nordwest liegt der Kirdorfer Bach nun immer rechts vom Weberpfad.

Landgasthof Saalburg, An der Jupitersäule 10, T 08175/ 7962-0. www.landgasthof-saalburg.de. Täglich 11 – 24, Küche bis 22 Uhr.

Fristet ein unbeachtetes Leben: Jupiter auf seiner Säule

Nach längerem Wegverlauf entlang dem Bach trifft der Weberpfad im Stadtteil **Kirdorf** auf das **Kirdorfer Kreuz,** ein kleiner Platz mit etlichen abzweigenden Straßen und Bushaltestelle. Hier steht links an der Ecke zur Hauptstraße das älteste Wohnhaus Kirdorfs von 1611.

Geradeaus gemäß **Schwarzem Balken** auf der Bachstraße weiter. An der bald rechts abzweigenden Kirdorfer Straße liegt das **Gästehaus Schick.** Sie gehen jedoch geradeaus auf der Bachstraße bis zu einer Rechtskurve. Von dort auf der Landgrafenstraße vorbei an links liegenden Sportanlagen und unter der Höllsteinstraße (B455) hindurch und über die Castillostraße. Dort links in die Grünanlage, dem **Jubiläumspark.** Auf dem Jenny-Baumstark-Weg durch den Park. An einer Gedenksäule zur Erinnerung an Vertriebene vorbei, dann über die Straße Schwedenpfad in den Kurpark. Links vom Teich weiter. Sie kommen dann in die Nähe von Tennisplätzen und überqueren die Kisseleffstraße. Linker Hand liegen das **Kaiser-Wilhelms-Bad** und am Weg die **Spielbank.** Dort rechts ab, über einen Querweg und am Rand eines Golfplatzes entlang. Ein Fußweg bringt Sie zum Rand vom Kurpark bei der Russischen Kapelle. Nach Überquerung der Kaiser-Friedrich-Promenade gegenüber auf der Friedrichstraße weiter, am Ferdinandplatz entlang, über die Louisenstraße zum Rathausplatz, dann per Fußgängerbrücke über den Hessenring (L3003) und auf der Bahnhofstraße direkt zum **Bahnhof.**

Bad Homburg vor der Höhe

Die Kurstadt ist Sitz des Hochtaunuskreises, ein moderner Wirtschaftsstandort, attraktive Einkaufsstadt und ein begehrter Wohnort in der Rhein-Main-Region. Mittelpunkt der Innenstadt ist die Louisenstraße, eine attraktive Fußgängerzone. Der Name der Stadt leitet sich von der **Burg Ho-**

Taunus mit Kindern, 500 Ausflüge, Aktivitäten und Adressen für Ferien und Freizeit im ganzen Taunus, von Heike Katharina Ewald, Michael Köhler, 3. Auflage, 320 Seiten, pmv, ISBN 978-3-89859-438-7, 16 Euro.

Kur Royal, Kaiser-Wilhelms-Bad im Kurpark, 61348 Bad Homburg, T 06172/ 1783178 Fax 1783718. www.kur-royal.de. Täglich 10 – 22 Uhr. Sari und Handtücher werden kostenlos zur Verfügung gestellt. 2 Std 25 €, Tageskarte 60 €.

Taunus Therme, Seedammweg 10, 61352 Bad Homburg, T 06172/4064-0, Fax 42003. www.taunus-therme.de, info@taunus-therme.de. Täglich 9 – 23, Mi, Fr und Sa bis 24 Uhr. 2 Std 13 – 15 €, 4 Std 17 – 19 €, Tageskarte 24 – 26 €. Kinder bis 3 Jahre frei. Handtücher und Bademäntel werden gestellt.

Stadtführung Bad Homburg v.d.H., jeden Fr und Sa um 15 Uhr ab Tourist-Information, Dauer 1,5 Std. 3 €, Kurkarteninhaber frei.

henburg ab, die um 1180 erwähnt und an deren Stelle 1680 – 85 das heutige Schloss erbaut wurde. Von 1622 – 1866 residierten hier die Landgrafen von Hessen-Homburg. Mit Aufkommen des Kurbetriebs im 19. Jahrhundert wurde die Stadt zu einem berühmten Bad, wozu auch die häufige Anwesenheit *Kaiser Wilhelms II.* beitrug. Der Kurbetrieb gründet sich auf zahlreiche Heilquellen. Sein Zentrum ist das 1982 – 84 errichtete neue **Kurhaus,** während das traditionelle **Kaiser-Wilhelms-Bad** im 44 ha großen **Kurpark** liegt, ebenso das Spielcasino, mehrere kohlensäurehaltige Mineralbrunnen, ein siamesischer Tempel und eine russische Kapelle sowie die **Taunus Therme.**

In 61350 Bad Homburg v.d.H.:

Hotel garni Schick, Kirdorfer Straße 77a (Fachwerkhotel in Sichtweite vom Wanderweg), T 06172/984788, Fax 984715. www.hotel-schick.de, info@hotel-schick.de. 12 Zimmer, EZ 55 €, DZ 39,50 €.

Jugendherberge Bad Homburg, Mühlweg 17 (direkt im Zentrum am Schlosspark), T 06172/23950, Fax 22312. www.djh-hessen.de/jh/bad-homburg, bad-homburg@djh-hessen.de. 201 Betten in 2- bis MBZ, 24,90 €.

Bad Homburg bietet zahlreiche weitere Übernachtungs- und Einkehrmöglichkeiten.

Kaiserkur: Der Badetempel kommt wahrlich kaiserlich daher

© pmv, Foto: M. Schnelle

Tourist-Information und –Service, Louisenstraße 58 (Kurhaus). T 06172/178-110, Fax 178-118. www.bad-homburg.de, info@bad-homburg.de. Mo – Fr 8 – 18.30, Sa 10 – 14 Uhr.

DIE SCHÖNSTEN SEITEN DES ODENWALDS

DIE SCHÖNSTEN SEITEN DES ODENWALDS

Die Durchquerung des Odenwalds von Zwingenberg an der Bergstraße nach Hirschhorn am Neckar bringt dem Wanderer die gesamte Mittelgebirgsregion mit all ihren Facetten näher. Weinberge, Aussichtspunkte, liebliche Wiesen, unendliche Wälder, Burgen und Fachwerkromantik wechseln sich ab. Seitdem ich den Odenwald Anfang der 1970er Jahre erstmals anlässlich Fortbildungsmaßnahmen im Lufthansa-Schulungszentrum Seeheim-Jugenheim kennenlernte, zog er mich zu privaten Urlaubsreisen immer wieder magisch an. Auf Touren, die ich als Reiseleiter begleitete, konnte ich den Odenwald ebenfalls erkunden.

Während der Westen des Odenwalds mit seiner eindrucksvollen Abbruchkante zur *oberrheinischen Tiefebene* eine klare Grenze bildet, sind die Abgrenzungen in alle anderen Richtungen nicht so deutlich. Im Westen, zwischen Darmstadt und Wiesloch, verläuft die rund 65 km *Bergstraße,* die viele namhafte Weinbauorte miteinander verbindet. Sie wurde bereits zur römischen Zeit als Handels- und Heerstraße genutzt. Im Osten dagegen bildet das Maintal auf 33 km Länge zwischen Großwallstadt und Bürgstadt die Grenze zwischen Odenwald und Spessart. Das Mittelgebirge gliedert sich ansonsten in Täler, die überwiegend in Nord-Süd-Richtung verlaufen. Wichtigste Wasserscheide ist jene zwischen Main und Neckar. Politisch gesehen gehört der Norden und Westen des Odenwalds zu Hessen, während im Süden kleinere Anteile zu Baden-Württemberg und Bayern zählen. Der überwiegende Teil liegt zudem im länderübergreifenden 3500 qkm großen *Geo-Naturpark Bergstraße-Odenwald,* der seit 2004 zum globalen Netzwerk der UNESCO-Geoparks gehört. Touristische Informationen erhalten Sie bei der Odenwald Regionalgesellschaft.

Odenwald Regionalgesellschaft (OREG), Marktplatz 1, 64711 Erbach i.Odw., T 06062/94333-0, Fax -17. www.odenwald.de, tourismus@odenwald.de.

Odenwald mit Kindern. Über 500 spannende Ausflüge und Aktivitäten rund ums Jahr. 320 Seiten, Peter Meyer Verlag, ISBN 978-3-89859-429-5, 16 €.

Start in Zwingenberg an der Bergstraße

Die Kleinstadt zu Füßen des *Melibocus* ist durch die Verleihung der Marktrechte 1274 die älteste Stadt der hessischen Bergstraße. Auch heute noch präsentiert sich der historische Teil Zwingen-

Typisch Odenwald: Sanft gewellte Landschaft am Gumpener Kreuz

Tour 10
Die schönsten Seiten des Odenwalds
Tag 1
Tag 2
Tag 4
Geo-Naturpark
Bergstraße-
Hessen
Ba Wü
Zwingenberg
Alsbach
Hähnlein
Bhf.
Melibocus
517
Roesnerbrücke
Ohlyturm
514
Felsberg
Felsenmeer
Ada's Buka
Beedenkirchen
Brandau
Hotel Felsenmeer
Lützelbach
Steinau
Meßbach
Neunkirchen
Höhenhaus
Fränkisch-Crumbach
Schnellerts
Böllstein
Hembach
Gersprenz
Rodenstein
Beerfurth
Bromb
Neunkircher Höhe
Freiheit
Laudenau
605
Kaiserturm
Zum Raupenstein
Schloss Reichenberg
Gadernheim
Reichenbach
Klein-Gumpen
Reichelsheim
Bockenrod
Spreng
518
Morsberg
Auerbach
Nibelungenstrasse
Lautertal
Breitenwiesen
Winterkasten
Gumpen
Litzenröder Höhe
Bismarck-Warte
Winkel
Unter-Ostern
Deutsche Fachwerkstrasse
Groß-Gumpen
Rohrbach
Ober-Mos
Bensheim
Krehberg
Gumpener Kreutz
Erzbach
Lindenfels
Ober-Ostern
Schmuck
Bergstrasse
Ober-Hambach
Mittershausen
Erlenbach
Krumbach
Ostertal
Lärmfeuer
Unter-
Brombach
Weschnitz
Igelsbach
Kreuzung Sandbuche
Unte
Starkenburg
Siegfriedstrasse
Fürth
Oberhiltersklingen
Heppenheim
an der Bergstraße
Bhf. Lörzenbach-Fahrenbach
Köhlerhütte
Hammelbach
535
Wagenberg
Unter-
Juhöhe
Rimbach
Grasellenbach
547
Spessartskopf
Scharbach
Tromm
Wahlen
Laudenbach
Zotzenbach
577
Tromm
Affolterbach
Kocherbach
Mörlenbach
Neue Weschnitz
Hemsbach
Hartenrod
Wald-Michelbach
Bhf. Reisen
Ober-Mumbach
Dürr-Ellen
Aschbach
Weinheim
Mackenheim
Birkenau
Falters Ruh
Raubach Hö
Alter Bhf.
Wachenburg & Windeck
Löhrbach
Siedelsbrunn
Hinterba
Schlosspark
Abtsteinach
Ulfenbach
484
Geiersberg
Od
Waid
Gorxheimertal
593
Hardberg
Lützelsachsen
Ober-
Schönmattenwag
Lampert-Ruhe
Unterflockenbach
Heddesheim
Korsika
Unter-
Großsachsen
Kreuzung Jalchecke
Finkenbach
Eichelberg
526
Bernardskreuz
Hirschberg
an der Bergstraße
Lampenhain
Rothenberg
Leutershausen
455
Hohe Waid
Heiligkreuz-Steinach
Bußkopf
Brombach
Schriesheim
Heddesbach
Laxbach
Wilhelmsfeld
Hirschhorn (Ne
Steinach
Bhf.
Ersh
Weschnitz
38
47
460
30
31
5
3
32
33
34
35
36

bergs mit winkeligen Gassen, steilen Treppen, ehemaligen Adelshöfen und den Resten der alten Burg. Sänger- und Winzerfeste und die umliegenden Weinberge vermitteln ein angenehmes Laissez-Faire-Lebensgefühl.

Ältestes Bauwerk ist die ev. **Bergkirche** von 1258. Die **Scheuergasse** war früher die Vorratskammer mit vielen Scheunen. Heute findet man hier u.a. das M **Heimatmuseum.** Erwähnenswert ist auch das ehemalige **Jagdschloss** bzw. das **Alte Amtsgericht** vom Beginn des 18. Jahrhunderts auf den Mauern eines Vorgängerbaus. Ein Zeuge der einstigen Stadtbefestigung ist der sogenannte *Aul,* der 1979 restaurierte **Nordostturm.** Die Gebäude um den **Marktplatz** entstanden alle nach dem von den Franzosen verursachten Brand von 1693, darunter das ehemalige *Rathaus* von 1701 – 03 und die erwähnte Scheuergasse, die man wegen der Brandgefahr außerhalb der Stadtmauern anlegte. An höchster Stelle liegt die **Jugendherberge**.

Nördlicher Odenwald West und Ost, NO West und Ost, vom HLBG.

Wenn Ihnen der erste Tag zu anstrengend ist, unterbrechen Sie doch einfach in Beedenkirchen oder Neunkirchen. Dann haben Sie am nächsten Tag auch Zeit für eine Burgbesichtigung in Lindenfels!

M **Heimatmuseum Zwingenberg,** Scheuergasse 11, 64673 Zwingenberg, T 06251/ 788297. www.zwingenberg.de. So, Fei 15 – 18 Uhr. 1,50 €, Kinder 1 €. Gruppen ab 10 Personen nach Vereinbarung.

Die Wanderung in Kürze

4 Tage | 92,5 km | 2100 Hm Anstieg

Schwierigkeitsgrad: Die einzelnen Etappen bieten viel Abwechslung. Da immer wieder Täler durchquert werden müssen, sind mehrmalige Auf- und Abstiege erforderlich und setzen entsprechende Kondition voraus. Besonders schweißtreibend ist die erste Etappe mit einem Aufstieg aus dem Rheintal und über drei Gipfel nach Lindenfels. Wer es gemütlicher mag, kann aus dieser 4-Tages-Tour eine gemütliche Variante mit 5 oder 6 Tagen machen.

Start: Bhf Zwingenberg (Bergstraße)

Ziel: Bhf Hirschhorn (Neckar)

1. Tag: Zwingenberg – Lindenfels 26 km

2. Tag: Lindenfels – Erbach 20 km

3. Tag: Erbach – Wald-Michelbach 22,5 km

4. Tag: Wald-Michelbach – Hirschhorn 24 km

Höchster Punkt: Neunkircher Höhe, 605 m.

Anfahrt: RB Frankfurt – Darmstadt – Zwingenberg – Bensheim – Heppenheim – Weinheim – Mannheim bis nach Zwingenberg Bhf. Zwingenberg ist aus Richtung Frankfurt a.M. der erste Bahnhof im Tarifgebiet vom VRN, es gilt aber ein RMV-Übergangstarif.

Rückfahrt: Hirschhorn (Neckar) liegt an der S-Bahnlinie Osterburken – Eberbach – Heidelberg – Mannheim – Homburg (Saar) im VRN-Gebiet.

ÖPNV unterwegs: Erbach i.Odw. ist durch RB-Züge u.a. mit Darmstadt, Beerfelden und Eberbach verbunden, außerdem mit RE/SE-Zügen u.a. mit Frankfurt a.M. und Eberbach. Für Teilstrecken sind auch folgende Linien wichtig:

Bus 665: täglich Bensheim Bhf – Lindenfels – Winterkasten oder Reichelsheim, Mo – Sa werden z.T. auch Beedenkirchen und Brandau bedient.

Bus 31: Mo – Sa Hiltersklingen – Mossautal – Michelstadt – Erbach i.Odw. Bhf.

Bus 667: täglich Heppenheim Bhf – Grasellenbach – Wald-Michelbach (Mo – Fr).

Bus 681: täglich Weinheim Bhf – Wald-Michelbach – Grasellenbach.

Bus 685: Mo – Sa Wald-Michelbach – Hirschhorn (Neckar) Bhf.

Bus 54: täglich Beerfelden Bhf – Raubach – Hirschhorn (Neckar) Bhf.

Unterkunft: in Zwingenberg, Beedenkirchen, Neunkirchen, Winterkasten, Lindenfels, Erbach i.Odw., Grasellenbach, Wald-Michelbach, Raubach und Hirschhorn (Neckar).

Beste Jahreszeit: Ganzjährig, nur bei hoher Schneelage nicht!

In 64673 Zwingenberg:

Hotel garni Zur Bergstraße, Bahnhofstraße 8 – 10, T 06251/1785-0, Fax 1785-55. www.hotel-zur-bergstrasse.de, info@hotel-zb.de. 3 EZ à 77 €, 16 DZ à 45 €, 2 Suiten.

Jugendherberge Zwingenberg, in der ehemaligen Zehntscheune. Lange Schneise 11, T 06251/75938, Fax 788113. www.zwingenberg. jugendherberge.de, zwingenberg@djh-hessen.de. 121 Betten in MBZ, 18 €.

Bunter Löwe, Löwenplatz 6, T 06251/75516. www.bunterloewe.de, info@bunterloewe.de. Mi Ruhetag. Restaurant-Weinlokal beim Hotel.

Tourist-Information Zwingenberg und UNESCO-Geopark-Informationszentrum, Löwenplatz 6, T 06251/984950. www.zwingenberg.de, kontakt@zwingenberg.de. Mo und Mi 15 – 17, Do 15 – 18, So 11 – 16 Uhr. An Fei außer 1. Mai geschlossen.

Über Melibocus, Felsberg und die Neunkircher Höhe nach Lindenfels

Zwingenberg (90 m) → Melibocus (517 m) 4,5 km → P Schollrain (300 m) 7 km → Felsberg (514 m) 10 km → Beedenkirchen (300 m) 12,5 km → Brandau (320 m) 15,5 km → Neunkirchen (510 m) 18,5 km → Neunkircher Höhe (605 m) 20,5 km → Winterkasten (485 m) 22,5 km → Bismarckwarte (452 m) 24,5 km → Lindenfels (350 m) 26 km.

Zum Melibocus, dem »Steilen« (4,5 km)

Da die Supermärkte abseits der Wanderroute liegen, sollten Sie sich Proviant für unterwegs bereits von Zuhause mitbringen. Gleich die erste Tagesetappe führt zu einem der markantesten Berge des Odenwalds. Der steil aufragende *Melibocus* stößt nämlich wie kein anderer Berg des Odenwalds so weit gegen die Oberrheinebene vor und bietet damit eine ausgesprochen weite Rundsicht.

1. Tag

Gehzeit: 8 – 8,5 Std.

Schwierigkeiten: Diese lange, abwechslungsreiche Etappe auf unterschiedlichen Wegen erfordert gute Kondition, denn es sind mehrere Anstiege mit insgesamt 946 Hm Anstieg zu bewältigen!

Höchster Punkt: Neunkircher Höhe, 605 m.

Markierungen: Weißer Strich, Weißer Balken, Rotes Viereck.

Ausgangspunkt: Bhf Zwingenberg.

Einkehr: Auf Melibocus und Felsberg, in Beedenkirchen, Brandau, Neunkirchen, im Kaiserturm und in Winterkasten.

GPS Lindenfels:
N 49°40'86"
O 008°47'05"

Vom Bahnhof mit der **Markierung Weißer Balken** durch die Bahnhofstraße zum Löwenplatz. Dort kurz rechts, dann links die Straße Wetzbach entlang. Beim alten Stadtturm rechts durch den Torbogen zur Pflastergasse Auf dem Berg. Hier links weiter, in die Weinberge und oberhalb von Zwingenberg zu einer Schutzhütte in einem ehemaligen Steinbruch. Kurvenreich weiter bergan, teils im schönen Wald. Weiter oberhalb benutzen Sie kurz einen Querfahrweg, dann geht es weiter bergan. Sie kommen auch an der Abzweigung der Markierung 6 vorbei, folgen aber immer dem Weißen Balken, teils in Serpentinen und recht steil. Zuletzt als Pfad und über eine Treppe zum **Melibocus** (517 m) hinauf. Er wird auch *Malschen* oder *Malchen* genannt, ein altdeutsches Wort für steil. An seinen nordwestlichen Ausläufern steht das Alsbacher, im Süden das Auerbacher Schloss. Bereits 1772 stand hier oben ein Turm, der 1945 zerstört wurde. Von der militärischen Nutzung des höchsten Bergs nach dem Zweiten Weltkrieg zeugt heute noch ein Turm mit Sendemast. Anstelle des alten Holzaussichtsturms steht auf dem Gipfel ein 22 m hoher **Aussichtsturm** aus Beton mit **Kiosk.** Der Melibocus bietet einen weiten Blick in die oberrheinische Tiefebene hinüber zum Pfälzerwald mit dem 686 m hohen Donnersberg, zu den Vogesen dahinter oder auch zum Taunus. Die Gipfel des Odenwalds sind am deutlichsten: Krehberg, Tromm und Neunkircher Höhe.

Der 22 m hohe **Melibokusturm** bietet eine 360-Grad-Aussicht. Er wird vom Melibokusturmverein unterhalten, der im Erfrischungsraum unterhalb der Aussichtsplattform Kleinigkeiten zu Essen und Trinken anbietet. Sa, So, Fei 11 – Dunkelheit, Eintritt 1 €, für Gruppen und Schulklassen wird auch wochentags geöffnet, T 06251/14279.

Nach Beedenkirchen (12,5 km)

Vom Gipfel gemäß **Markierung Weißer Balken** hinab zu einer Verzweigung mit Schutzhütte. Dann folgen Sie kurz der Asphaltstraße, die auch vom Gipfel gekommen ist, bevor der Wanderweg in einem Seitental abwärts und zum Waldrand mit Kreuzung führt. Geradeaus weiter, dann in einem Linksbogen an einem Rastplatz vorbei zur Roes-

© pixelio, Foto: Dirk Schmidt

Zum Abflug bereit? Am Drachenfliegerplatz am Melibocus

nerbrücke, die über die L3103 führt. Danach erreichen Sie den **Parkplatz Schollrain** auf einem Sattel zwischen dem Balkhausener Tal im Norden und dem Hochstädtener Tal im Süden.

Nun wieder bergan und vorbei an einem Rastplatz. Linker Hand haben Sie eine schöne Sicht nach Balkhausen, zurück Richtung Melibocus. Vom Waldrand in Schleifen zunächst auf gutem Waldweg bergauf. Auf dem Kamm erreichen Sie dann eine Kreuzung und folgen hier links dem schmalen Weg bzw. Pfad nur noch wenig ansteigend Richtung Felsberg. Vorbei am jüngst restaurierten **Ohlyturm** von 1901 und entlang dem **Parkplatz** zur afrikanisch bewirtschafteten **Ausflugsgaststätte** auf dem 514 m hohen *Felsberg.* Der Felsberg ist bekannt durch seine kleinen und großen *Felsmeere* aus Granit-, Gneis- und Quarzdioritblöcken. In seinem Südosthang sind 327 Steine nummeriert. An ihnen können Bearbeitungsspuren aus römischer Zeit festgestellt werden.

Vom Parkplatz rechts im Wald auf dem **Weißen Balken** hinab. Weiter unterhalb, bei einer Schutzhütte, gabelt sich der Weg und Sie folgen dem Ast nach Beedenkirchen. Kurvenreich, teils zwischen beeindruckenden Felsblöcken hindurch, im Wald weiter. Mal auf breiterem, mal auf schmalerem Weg hinab zum Waldrand, so Sie am **Parkplatz Römersteine** vorbeikommen. Über einen Bach, dann am Waldrand entlang und mit einem Rechtsbogen auf dem Asphaltweg Am Stotz nach Beedenkirchen hinein, wo Sie auf die Reichenbacher Straße (L3098) treffen.

Hintergründe zum Ohlyturm unter www.ohly-familienverband.de. Er öffnet einmal im Jahr zum ↗ Lärmfeuerfest.

Ada's Buka, Felsberg 3, 64686 Lautertal, T 06254/ 1349, Fax 308898. www.adas-buka.de, robinson-kuba@adas-buka.de. Mitte März –Okt Fr 18 – 22 Uhr, Sa, So und Fei 11 – 22 Uhr. Afrikanisches Restaurant mit Schwerpunkt Nigeria.

Felsenmeer, Reichenbacher Straße 39, 64686 Beedenkirchen, T 06254/555. www.gasthaus-felsenmeer.de, info@gasthaus-felsenmeer.de. EZ 35 €, Fr – So 40 €, DZ 30 €, Fr – So 35 €. Restaurant mit eigener Bäckerei, Di Ruhetag.

Zur Linde, Reichenbacher Straße 28, 64686 Beedenkirchen, T 06254/7156. 10 – 24 Uhr, Mi Ruhetag.

Höhenhaus, Neunkirchen 37, 64397 Neunkirchen, T 06254/882, Fax 7582. www.hoehenhaus-odenwald.de, info@hoehenhaus-odenwald.de. 31 Zimmer, EZ auf Anfrage, DZ 30 €, Fr – So 40 €. Restaurant Sa, So ab 11, Mo bis 14.30, Di – Do 11 – 19 Uhr.

Zur Neunkircher Höhe (20,5 km)

Auf der Reichenbacher Straße nach links vorbei am **Gasthaus Felsenmeer,** an der Bushaltestelle unterhalb der Kirche vorbei und dann **Zur Linde.** Sie folgen jetzt der **Markierung Weißer Balken mit schwarzem Rand.** Dort rechts die Hechlergasse entlang, dann links auf dem Sträßchen Am Pflasterweg zum Ortsende. Der Fahrweg führt zu einer kleinen Anhöhe. Dort links weiter. Bald danach kreuzen Sie einen Asphaltquerweg. Erneut kommen Sie über eine Kuppe und laufen hinab zum Ortsrand von Brandau. Dort folgen Sie dem Bensheimer Weg, an seinem Ende rechts auf der Hechlergasse entlang, dann links auf der Wohnstraße Im Eck ins Zentrum von **Brandau,** wo Sie auf die Odenwaldstraße (L3099) treffen und an einer Pizzeria vorbeikommen.

Auf der Odenwaldstraße nach rechts, dann zweigt die Gadernheimer Straße ab (L3099), Sie laufen aber geradeaus auf der Odenwaldstraße weiter, die gleich nach links abbiegt. Dort geradeaus auf der Lützelbacher Straße entlang, später an einer Bushaltestelle vorbei und in den Neunkircher Weg abbiegen. Am Ortsende biegt der Weg nach links und führt unweit der *Modau* am Waldrand entlang. Dann zweigt nach rechts ein Wiesenweg ab, und Sie laufen geradeaus zur nächsten Gabelung. Dort halten Sie sich rechts und folgen dem Weg im Wald bergan. Geradeaus über eine Kreuzung, dann über die L3399 zum kleinen Ort **Neunkirchen.** An der Kirche vorbei bis zu einer Querstraße.

Auf der Querstraße nach rechts, vorbei am **Landhotel Höhenhaus,** wobei Sie jetzt der Markierung mit einem **Roten Viereck** folgen. Sie kommen erneut über die L3399 und folgen dem Asphaltweg, der einen leichten Linksbogen macht, bis zum Waldrand. Dort zweigen Sie bei der Gabelung links in den Wald ab und kommen mittels mehrerer Kurven bergan. Dann auf einem Querweg rechts weiter und hinauf zur **Neunkircher Höhe** (605 m) mit dem 34 m hohen *Kaiserturm.* Aus der höchsten Erhebung im hessischen Teil des Odenwalds entspringen drei Flüsse, nämlich *Modau, Gersprenz* und *Lauter.* Der **Kaiserturm** wurde 1906 erbaut und ersetzte einen Holzturm von 1888. Bei gutem Wetter geht die Sicht sehr weit in alle Richtungen – allerdings nur, wenn auch die einfache Gaststätte geöffnet ist.

Kaiserturm, Sa ab 12 und So 11 – 17 Uhr.

Zum heutigen Etappenziel Lindenfels (26 km)

Vom Turm in südlicher Richtung im Wald wieder abwärts zu einem Asphaltsträßchen, das Sie auf einem Sattel zwischen *Kolmbach* und *Winterkasten* erreichen. Gegenüber wieder bergan Richtung Raupenstein und gleich im Wald links an den Abhängen des Raupensteins nach **Winterkasten.** Mit Erreichen der ersten Häuser folgen Sie dem Sträßchen Am Tannenberg, welches dann in den Schleichweg mündet. Auf dieser Straße rechts zur Hauptstraße (L3399). Auf dieser nochmals rechts und vorbei an der **Bushaltestelle Ober-Winterkasten** zur Abzweigung der Straße Am Raupenstein (K78), an der auch das **Gasthaus Zum Raupenstein** steht.

Zum Raupenstein, Am Raupenstein 6, 64678 Winterkasten, T und Fax 06255/542. www.zum-raupenstein.de, raupenstein@gmx.de. 3 EZ, 3 DZ, 34 €, Restaurant Do Ruhetag.

Das für den Odenwald so typisch lang gezogene Straßendorf mit bemerkenswerten, geschlossenen Hofanlagen ist vor allen Dingen durch die *Eleonorenklinik* nördlich vom Ort bekannt, eine Rehaklinik mit angeschlossenem Bildungszentrum. Das im Juli stattfindende verrückte Volksfest *Scheeserenne* lockt ebenfalls viele Menschen an. Dabei müssen selbstgebaute Rennwagen und Autos über einen Hindernisparcours gesteuert werden.

Von der Straßengabelung auf der Hauptstraße an einer weiteren Bushaltestelle vorbei und

© pmv, Foto: M. Schnelle

Genauso gewichtig wie ihr Namenspatron: Bismarckwarte auf der Litzenröder Höhe

nach einigen Minuten rechts auf dem Röttweg ab. Dieser Asphaltweg macht bei einem Gefallenendenkmal eine Linkskurve, führt dann südwärts an der evangelischen Kirche vorbei und durch Felder und Wiesen zum Waldrand. Durch ein Stück Wald, dann wieder durch offenes Gelände zur **Bismarckwarte** auf der *Litzenröder Höhe* oberhalb des gleichnamigen Orts. Der 1907 aus Granit erbaute Turm bietet eine schöne Rundsicht. Zur Orientierung dienen derzeit eine **Rote Markierung** und die **E8.**

Vom Turm südwärts auf dem Asphaltweg am oberen Ortsrand von **Litzenröder** entlang und etwas abwärts, dann weiter zum Waldrand, dort halb links und im Wald wieder ein wenig bergan. So erreichen Sie eine im Wald liegende Schutzhütte, von der Sie eine schöne Sicht auf Lindenfels haben. Durch eine Linkskurve weiter, dann zweigt der Weg rechts ab und führt als Fußweg den Hang hinunter. Am Waldrand treffen Sie auf einen Wendeplatz und folgen der Schenkenbergstraße nach **Lindenfels** hinein. Dort treffen Sie auf die Freiherr-von-Stein-Straße und folgen dieser entweder halb rechts zum Lindenplatz und dann geradeaus auf der Burgstraße Richtung Burg oder halb links zum **Moelanplatz** mit der zentralen **Bushaltestelle.**

Lindenfels liegt an der Wasserscheide zwischen der dem Main zufließenden Gersprenz und der zum Rhein fließenden Weschnitz.

Lindenfels, Perle des Odenwalds

Der heilklimatische Kurort trägt auch den Beinamen »Perle des Odenwalds«. Urkundlich wird sie erstmals 1123 erwähnt, als sie vom Kloster Lorsch in den Besitz des Grafen *Berthold von Lindenfels* übergeht. Überragt wird die Kleinstadt von der gleichnamigen malerischen **Burgruine.** Sie geht vermutlich auf eine Stauferburg von 1080 zurück, verfiel später und wurde 1779 zum Abbruch freigegeben. Um 1880, der Zeit des Historismus, begannen dann Erhaltungsarbeiten. Heute findet hier an jedem ersten August-Wochenende ein traditionelles *Burg- und Trachtenfest* statt. In der Innenstadt erwarten den Besucher verschiedene sehenswerte Fachwerkhäuser und Barockbauten, darunter u.a. das stattliche Rathaus mit Mansarddach, die katholische Pfarrkirche, der Bürgerturm und das M **Lindenfelser Museum** in einem ehemaligen Frucht- und Zehntspeicher. Bemerkenswert außerdem die evangelische **Kirche** in der Burgstraße, ein klassizistisch-schlichter Saalbau des Architekten *Georg Moller* von 1825.

M **Lindenfelser Museum,** Burgstraße 41, 64678 Lindenfels. T 06255/306-44 (Kur- und Touristikservice). www.lindenfels.de, touristik@lindenfels.de. April – Okt So und Fei 14.30 – 17. 1 €, mit Kurkarte 0,50 €, Kinder bis 14 Jahre frei.

In 64678 Lindenfels:

Waldschlösschen, Nibelungenstraße 102, T 06255/968190, Fax 2016. www.waldschloesschen-web.de, WaldschloesschenLindenfels@t-online.de. 5 EZ, 9 DZ, 49 €, Restaurant Mo Ruhetag.

Haus Manske, Steckwaldweg 3, T und Fax 06255/2427. 5 DZ à 25 €, DZ als EZ 30 €, Restaurant Di Ruhetag.

In Lindenfels gibt es viele weitere Einkehr- und Unterkunftsmöglichkeiten.

Jugendzeltplatz Matterloch beim Schwimmbad, Mai – Okt, ÜpP 3 €, 100 € Kaution, Anmeldung bei Zeltplatzaufsicht, T und Fax 06255/2608. Mai – Okt.

Kur- und Touristikservice sowie Lindenfelser Museum, Burgstraße 37 – 39 , T 06255/306-44, Fax 306-45. www.lindenfels.de, touristik@ lindenfels.de. Museum April – Okt, So und Fei 14.30 – 17 Uhr. 3 €, Jugendliche und Gäste mit Kurkarte 0,50 €, Kinder unter 14 Jahre frei.

Die Krönung: Über Lindenfels thront die Burg(ruine)

© pmv, Foto: M. Schnelle

DIE SCHÖNSTEN SEITEN DES ODENWALDS

2. Tag

Gehzeit: 6 Std.

Schwierigkeiten: Gute Wege und angenehme Auf- und Abstiege, gut mit Kindern machbar, insgesamt 452 Hm Anstiege.

Höchster Punkt: Lärmfeuer, 502 m.

Markierung: Weiße Raute.

Ausgangspunkt: Lindenfels Bushaltestelle.

Einkehr: In Ober-Ostern und Ober-Mossau.

GPS Erbach i.Odw.:
N 49°39'37"
O 008°59'44"

Über sanfte Hügel nach Erbach

Lindenfels (350 m) → Gumpener Kreuz (275 m) 2,5 km → Ober-Ostern (280 m) 6,5 km → L3105 (330 m) 8,5 km → Lärmfeuer (502 m) 11 km → Ober-Mossau (340 m) 13,5 km → P Mossauer Höhe (415 m) 15 km → Erbach i.Odw. (240 m) 20 km.

Zum Ober-Osterer Hampelmann (6,5 km)

Da Sie den ganzen Tag Richtung Osten wandern, müssen Sie mehrere Täler durchqueren. Sie starten am **Moelanplatz** und folgen der Nibelungenstraße (B47) in östlicher Richtung. Gegenüber vom **Waldschlösschen** zweigt rechts die Freiensehner Straße ab, durch die Sie zum **Gasthof Haus Manske** kommen. Sie laufen dagegen noch ein Stück auf der Nibelungenstraße weiter, zweigen dann aber rechts in den Kamsbachweg ab und folgen der **Weißen Raute.** In einer Straßenrechtskurve am Siedlungsrand geradeaus auf einem Feldweg weiter und bergab. Bei der folgenden Gabelung rechts, dann macht der Weg etliche Schlenker, überquert einen Bach und führt bei der nächsten Gabelung geradeaus weiter. Dann im Wald hinauf über dem Bach weiter und links in ein Seitental hinein. Am Waldrand biegen Sie vor der Autostraße rechts ab. Auf einem Fußweg wieder im Wald weiter, dann über Wiesen zur Straßengabelung **Gumpener Kreuz,** dort auch eine Bushaltestelle.

Nach Überquerung der B38 steigen Sie gegenüber wieder zum Waldrand hinauf, anfangs am Wald-Wiesenrand entlang, dann im Wald bergan. Dort berühren Sie in einer Kurve einen Fahrweg, steigen selbst aber geradeaus weiter bergan. Dann erreichen Sie die Kammhöhe, laufen im Wald fast eben weiter, immer auf dem Hauptweg bleibend. Schließlich wieder etwas bergab und durch eine Senke, bis Sie eine Kreuzung am Waldrand erreichen. Hier geradeaus am Wald-Wiesenrand entlang, dann mit einer Rechtskurve vom Wald weg und auf einem Feldweg mit Aussicht hinab nach **Ober-Ostern,** wo Sie auf die K52 treffen. Das alte Dörfchen macht an Ostern seinem Namen alle Ehre: Auf seinem Ostermarkt sieht man den größten *Osterhasen-Hampelmann* der Welt.

Ins Mossautal (13,5 km)

Sie folgen der Ostertalstraße nach links, kommen an einer Bushaltestelle vorbei und biegen dann rechts auf die Straße Im Eck ab. Über den *Osterbach* und am **Landgasthof** vorbei. Dahinter links weiter, über einen Nebenbach, danach rechts. Sie folgen nun dem Feldweg taleinwärts oberhalb vom Bach. Später nicht auf dem Feldweg weiter, sondern links auf einem Asphaltweg durch ein Waldstück. Immer der **Weißen Raute** folgend in einem Rechtsbogen weiter aufwärts. Über eine Kreuzung hinweg auf einem Fußweg durch eine Bachsenke zur **L3105** südlich von Erzbach.

Ganz kurz auf der Autostraße nach links, dann rechts auf einem Fußweg in den Wald abbiegen. Sie treffen bald auf einen Fahrweg, der Sie nach links zum Waldrand bringt. Von dort haben Sie Aussicht Richtung Erzbach und kommen am **Roten Kandel,** Reste alter Halden der ehemaligen Erbacher Waffenschmiede, vorbei. Gleich danach treffen Sie auf einen Querweg und folgen diesem nach rechts. Sie erreichen eine Fahrweggabelung und folgen halb rechts einem Fußweg weiter im Wald. Im Anstieg geht es über mehrere Querwege. Schließlich erreichen Sie die **Lärmfeuer-Lichtung** mit Hütte samt Rastbänken.

Lärmfeuer – abgeleitet vom Wort Alarm – bestanden seit Römerzeiten. Auf den Anhöhen verschiedener Orte aufgerichtete meterhohe Holztürme wurden angezündet und waren so Teil einer Nachrichtenkette.

Landgasthof Ostertal, Im Eck 664385 Ober-Ostern, T 06164/1054, Fax 54630. www.ostertal-odenwald.de, info@ostertal-odenwald.de. 2 EZ à 30 €, 14 DZ à 27 €. Auch FeWo.

*Seit 2008 wird in der Nacht um den 1. April ein großes **Lärmfeuerfest** gefeiert, bei dem rund 35 Orte Freudenfeuer entzünden. www.laerm-feuer.org.*

Standesgemäß: Brauereibrunnen in Ober-Mossau

© pmv, Foto: M. Schnelle

Brauerei-Gasthof Schmucker, Hauptstraße 91, 64756 Mossautal, T 06061/ 94110. www.gasthof-schmucker.de, info@gasthof-schmucker.de. 50 Betten, EZ 46 €, DZ 36 €, Restaurant Mo Ruhetag.

Brauereibesichtigung in der Privat-Brauerei Schmucker, Hauptstraße 89, Ober-Mossau, 64756 Mossautal, T 06061/7020. www.schmucker-bier.de, info@schmucker-bier.de. Führung (1Std) mit Verkostung von 18 Biersorten Mo – Sa 10 – 19 Uhr, min. 15 Pers.

Charakteristisch für ein ***Waldhufendorf*** *ist seine lang gezogene Form, bei der sich die Bauernhöfe gegenüberliegen. Hinter ihren Gärten geht das vom Wald befreite Land in Äcker und Felder über. So konnten die Straßendörfer immer weiter wachsen.*

Vom 502 m hoch gelegenen Lärmfeuer im Wald wieder abwärts, über eine Forststraße, auf dem nächsten Fahrweg kurz nach rechts, dann links wieder auf einem Fußweg abwärts. Im Wald über eine Kreuzung und kurvenreich weiter. Anschließend erreichen Sie den Waldrand und laufen dort geradeaus an ihm abwärts und folgen dann vom Sportplatz dem Asphaltweg Schmuckers Hohl. Vor der **Brauerei** links und dem Rechtsbogen zur Hauptstraße (L3260) im Zentrum von **Ober-Mossau** folgen. Der lang gestreckte Ort ist ein Musterbeispiel für ein *Waldhufendorf*. Er ist bekannt durch die dort ansässige Privat-Brauerei Schmucker, die auf 1780 zurückgeht.

Zum heutigen Etappenziel Erbach (20 km)

Nach Überquerung der Hauptstraße gegenüber auf der Kirchstraße (K50) weiter und an der evangelischen Kirche vorbei. Rechts auf dem Alten Weg ab und bergan. Vom oberen Ortsrand auf dem Feldweg zwischen den Bäumen weiter zu einer Kreuzung Auf der Höhe. Hier rechts zum **Parkplatz Mossauer Höhe,** von dem Sie eine weite Rundsicht haben.

Von dort halb rechts dem Asphaltsträßchen (K93) bergab durch Wiesen Richtung Roßbach.

Nach einer Linkskurve erreichen Sie den Weiler **Roßbach.** An der Busstation vorbei, schließlich links von der Autostraße ab und auf dem Feldweg Sommerseite zum Waldrand. Bei der dortigen Gabelung rechts hinab und entlang dem *Roßbach* durch den **Brudergrund.** Sie kommen dabei an zwei Schutzhütten und am **Wildpark** vorbei. Am Stadtrand von Erbach zweigt links der Westring ab, Sie folgen jedoch geradeaus dem Brudergrundweg, der wenig später auf eine Straßenkreuzung trifft. Hier links an der Bushaltestelle Am Brühl vorbei und auf der Alfred-Kehrer-Straße zur Bahnlinie. Nach deren Überquerung links auf dem Bahnhofsplatz zum nahen **Bahnhof** von **Erbach.**

Wildpark Brudergrund, Infos beim Magistrat der Kreisstadt Erbach, Fachbereich 1.2 Bürgerpraxis/Umweltamt, Neckarstraße 3, 64711 Erbach im Odenwald. T 06062/6425. www.erbach.de, umweltamt@erbach.de. Der Park ist frei zugänglich.

Erbach und das Grafenschloss

Die Stadt liegt im *Tal der Mümling* und grenzt im Norden an Michelstadt, mit der sie vollkommen zusammengewachsen ist. Die kleine Innenstadt liegt östlich unweit des Bahnhofs. Ihr Zentrum ist das **Schloss,** das einst auf einer Insel in der Mümling als Wasserburg entstand, in seiner heutigen barocken Form aber auf Umbauten von 1736 und 1900 zurückgeht.

Im Inneren sind die M *Sammlungen des Grafen Franz I.* (1754 – 1823) ausgestellt. Dieser war leidenschaftlicher Jäger, doch man sieht nicht nur

M **Gräfliche Sammlungen im Schloss Erbach,** Erbacher Schloss, 64711 Erbach i.Odw. T 06062/809360, Fax 8093615. www.schloss-erbach.de, info@schloss-erbach.de. Nur mit Führung zugänglich. März – Okt Mo – Fr 11, 14 und 16 Uhr, Sa, So und Fei 11, 14, 15, 16 Uhr, im Advent Fr – So 14, 15, 16 und 17 Uhr, Silvester und Neujahr 14 Uhr. 4,90 €, Kinder bis 6 Jahre frei, Schüler 3,50 €.

Wirkt doch ganz bescheiden: Schlosshof von Erbach

Leidenschaft: Für einen seltenen Ritterhelm gab der Graf gern mal ein Vermögen aus

© Annette Sievers

Deutsches Elfenbeinmuseum, Otto-Glenz-Straße 1, T 06062/91999-0, Fax -21. www.elfenbeinmuseum.de, elfenbeinmuseum@erbach.de. 10 €, Schüler 7 €, Familien 20 €. Täglich 10 – 17 Uhr, Nov – Feb Mo geschlossen.

Gasthaus zur Erholung, »Koch Käs-Back«, Bernd Kessler, Am Holzfeld 2, 64711 Erbach/Elsbach, T 06062/3470, Fax 638803. www.kaes-back.de, b.kessler@kaes-back.de. Rustikale Gaststube, Biergarten unter Linden und im Wald.

tierische Trophäen, sondern auch seine Sammlung römischer Fundstücke. Zum Schloss gehören die Orangerie und Schlossgarten. An das Schloss schließt sich das mittelalterliche Zentrum mit mehreren interessanten Gebäuden an. Am von Fachwerkhäusern umgebenen **Marktplatz** liegt auch das von der evangelische Stadtkirche überragte *Alte Rathaus* von 1545, heute Sitz des *Touristik-Zentrums.* Einzigartig in ganz Europa ist das **Deutsche Elfenbeinmuseum** mit mehr als 2000 Exponaten.

In 64711 Erbach i.Odw.:

Odenwälder Wappenstube, Am Schlossgraben 30, T 06062/2236, Fax 4789. www.wappenstube.de, wappenstube@web.de. 16 DZ à 35 €, DZ als EZ 50 €.

Hotel garni Gebhardt, Jahnstraße 32, T 06062/3286, Fax 910995. 4 EZ, 3 DZ, 34 €.

Jugendherberge Erbach, Eulbacher Straße 33 (unweit des Elfenbeinmuseums), T 06062/3515, Fax 62848. www.erbach.jugendherberge.de, erbach@djh-hessen.de. 162 Betten in 2- und MBZ, 20 €.

Touristik-Information Erbach und Odenwaldladen, Marktplatz 1, T 06062/9433-13, Fax -17. www.erbach.de, tourismus@erbach.de. Nov – März 11 – 16, April – Okt 10 – 17 Uhr.

Über Grasellenbach nach Wald-Michelbach

Erbach i.Odw. (240 m) → Elsbach (340 m) 2,5 km → Elsbacher Höhe (378 m) 3,5 km → Unter-Mossau (303 m) 5 km → Sandbuche (452 m) 7,5 km → Hiltersklingen (327 m) 9,5 km → Köhlerhütte (448 m) 11,5 km → Grasellenbach (400 m) 14 km → Wahlen (370 m) 15,5 km → Affolterbach (360 m) 17,5 km → Hartenrod (385 m) 20 km → Kreuzung (426 m) 21 km → Wald-Michelbach (346 m) 22,5 km

Durch Mossau zur Kreuzung Sandbuche (7,5 km)

Vom Bahnhof zurück zum **Bushalt Am Brühl.** Nun geradeaus auf der Mossauer Straße (K49) weiter, dann links in den Alten Elsbacher Weg abbiegen. Sie folgen nun immer dem **Gelben auf dem Kopf stehenden T.** Am Stadtrand geht die Straße in einen Sandfahrweg über, dem Sie immer geradeaus folgen. Mit dem vorläufigen Ende des Anstiegs treffen Sie in einer Kurve auf die K95 und laufen auf ihr geradeaus weiter. Mit einem Rechtsbogen erreichen Sie den Weiler **Elsbach.** Dabei kommen Sie auch am **Gasthaus Zur Erholung** vorbei, in dem ausschließlich Produkte aus der ländlichen Umgebung angeboten werden.

Auf der Straße Am Holzfeld weiter, über den Wendeplatz mit Bushaltestelle, dann vom Ortsende im Wiesengelände per Linksbogen weiter aufwärts, bis zur **Kreuzung Elsbacher Höhe.** Gegenüber auf einem Asphaltweg im Wald weiter. Mehrere Abzweigungen ignorierend, kommen Sie mit einigen Schlenkern auf diesem Elsbacher Weg hinab ins *Mossautal* und erreichen in **Unter-Mossau** die Ortsstraße (L3260).

Auf dieser nach rechts ab, vorbei am *Rathaus* der Gemeinde Mossautal, dort auch eine Bushaltestelle, dann gegenüber links auf dem Almen-

3. Tag

Gehzeit: 6,5 Std.

Schwierigkeiten: Überwiegend gute Waldwege in einem dünn besiedelten Gebiet mit einigen Auf- und Abstiegen, auch mit Kindern möglich, insgesamt rund 500 Hm Anstieg.

Höchster Punkt: Köhlerhütte, 448 m.

Markierungen: gelbes auf dem Kopf stehendes T, Blaues Dreieck.

Ausgangspunkt: Bhf Erbach i.Odw.

Einkehr: In Elsbach und Grasellenbach.

GPS Wald-Michelbach:
N 49°34'434"
O 008°49'37"

Lieben Sie es gemütlich? Dann übernachten Sie doch bereits in Grasellenbach und danach in Raubach. Somit benötigen Sie zwar 1 Tag mehr, haben aber zum Abschluss noch Zeit in Hirschhorn (Neckar).

weg von der Ortsstraße ab und wieder bergan. Vom oberen Ortsrand zunächst am Waldrand aufwärts, dann in den Wald hinein. Nachdem der Anstieg geschafft ist, verläuft der Weg immer mehr nach links und berührt verschiedene Nebenwege. Schließlich erreichen Sie die **Kreuzung Sandbuche.**

Nach Grasellenbach (14 km)

Geradeaus über die Kreuzung beginnt bald der Abstieg. Dabei kommen Sie an einer Verzweigung an der **Schutzhütte Am Rosengarten** vorbei und steigen in längeren Serpentinen abwärts. Vor dem Friedhof auf einem Asphaltweg hinab zur B420 beim **Wedekind-Denkmal** in **Hiltersklingen.**

*Freiherr Wilhelm von **Wedekind** ließ den Obelisk zu Ehren seines verstorbenen Vaters 1856 errichten.*

Nach Überqueren der B470 gegenüber auf der Schulstraße weiter, links von ihr ein Teich. Sie kommen über den *Schmerbach,* halten sich bei der folgenden Gabelung links und erreichen die letzten Häuser. Dort per Links-Rechts-Kurve am Waldrand auf einem Fahrweg bergan. Dann in den Wald hinein, vorbei an der Waldwiese *Am Höhenfeld* in langen Serpentinen zur Kreuzung bei der **Köhlerhütte.**

Von der Hütte rechts weiter gemäß **Markierung Gelbes umgedrehtes T** und in etlichen Schlenkern durch den Wald. Dann erreichen Sie eine weitere Kreuzung nördlich vom **Kirchberg.** Dort halb links auf dem breiten Waldweg weiter. Der Weg führt zunächst in einem Linksbogen am Hang des Kirchbergs um diesen herum, dann geht es rechts ab; schnell zum Waldrand hinab und auf einem Wiesenweg zu einer Straßengabelung am Ortsrand von **Grasellenbach.** Dort geradeaus auf der Güttersbacher Straße weiter. Sie kommen am **Landgasthof Hagen** vorbei und erreichen die Siegfriedstraße (L3105) im Ortszentrum.

Landgasthof Hagen, Güttersbacher Str. 6, T 06207/2495. www.gasthof-hagen.de, gasthofhagen@aol.com. 7 EZ, 8 DZ, 33 €, Restaurant Do Ruhetag.

Dorflinde, Siegfriedstraße 14, T 06207/9229-0. www.landgasthof-dorflinde.de, info@landgasthof-dorflinde.de. 9 EZ, 12 DZ, 42,50 – 56,50 €.

Die Gemeinde Grasellenbach mit Sitz in *Hammelbach* ist ein beliebtes Erholungsziel und anerkanntes Kneipp-Heilbad, während der im Gegensatz zur Gemeinde mit Bindestrich geschriebene Ortsteil Grasellenbach bekannt für seine Quelle am Fuße des 548 m hohen *Spessartskopfs* ist, an dem der **Nibelungen-Sage** nach Siegfried von Hagen getötet wurde und die von Gästen zahlreich frequentiert ist. War im 19. Jahrhundert die Buntsandsteinverarbeitung von Bedeutung, ist es heute der Fremdenverkehr, im Winter kommen die Gäste wegen der Ski- und Rodelpisten auf der *Tromm.* Weithin bekannt sind auch die einheimischen Theaterbühnen, nämlich die *Heimatbühne* in Grasellenbach und das *Hof-Theater* in Tromm.

Tourist-Information, Nibelungenhalle, Am Kurpark 1, 64689 Grasellenbach, T 06207/2554, Fax 82333. www.gemeinde-grasellenbach.de, sekretariat@gemeinde-grasellenbach.de. Mo – Sa 10 – 12, Mo, Mi, Fr auch 15 – 17, Sa 13 – 18 und So 10 – 18 Uhr.

Zum Tagesziel Wald-Michelbach (22,5 km)

Nach Überquerung der L3105 nach links am Brunnen vorbei und auf der Siegfriedstraße weiter, die hier als Nebenstraße von der L3105 abzweigt. Am Ortsrand erreichen Sie eine Kreuzung. Hier zweigt die Siegfriedstraße nach links ab, an ihr liegt das erwähnte **Hotel Dorflinde.** Geradeaus folgt der Wanderweg dagegen der Ulfenbachstraße. Auch die Markierung hat gewechselt, denn jetzt folgen Sie dem **Blauen Dreieck.** Der Feldweg verläuft in südliche Richtung eben am Waldrand entlang. Sie erreichen **Wahlen** am westlichen Ortsrand. Dort überqueren Sie die Volkerstraße (L3346), die linker Hand ins Ortszentrum führt.

Gegenüber durch Wiesen weiter, bei der Windhofstraße an einer ehemaligen Burg vorbei und weiter in bisheriger Richtung bis nach **Affolterbach.** Auf dem Weg Am Kochert erreichen Sie die Bahnstraße, die nach links in den Ort hineinführt.

Nach Überquerung der Bahnstraße an einem Firmengelände entlang, durch eine Siedlung und auf der Mühlstraße nach rechts. Sie steigen nun auf dem Asphaltsträßchen bergan und haben einen schönen Rückblick. Vorbei an einem Gut errei-

© pmv, Foto: M. Schnelle

Feuchte Gasse: Wald-Michelbach

chen Sie auf der Straße In der Hohl die Ortsstraße in **Hartenrod.** Der Ortsstraße (K30) folgen Sie zunächst nach links, dann in ihrer Linkskurve geradeaus auf der Straße Zum Weißkopf weiter.

Von dieser gleich rechts auf dem Gaderner Weg ab, der als Feldweg westwärts den Berg hinaufführt. Weiter oben kommen Sie an einer Schutzhütte vorbei und erreichen auf dem Kamm zwischen Hartenrod und Gadern eine Kreuzung, von der Sie eine weite Rundsicht haben und die diesen kleinen Umweg rechtfertigt.

Von der Kreuzung links am Ostabhang des *Vatzenbergs* hinab Richtung Wald-Michelbach. Bevor Sie den Ort erreicht haben, treffen Sie wieder auf den Asphaltweg (Zum Weißkopf), der direkt von Hartenrod gekommen ist (auf dem Sie aber nur wenig abgekürzt hätten). Nach rechts auf dem Asphaltsträßchen zum Ortsrand von **Wald-Michelbach.** Bei der dortigen Kreuzung links auf der Kirchbergstraße weiter, die am östlichen Ortsrand hinabführt. An ihrem Ende kurz links auf der Adam-Karillon-Straße zur Ludwigstraße (L3120), an der die zentrale Kreuzung bei den Kirchen in Wald-Michelbach liegt. Auf der Ludwigstraße gegebenenfalls nach rechts zur nahen 🚌 Bushaltestelle Amtsgericht.

Wald-Michelbach

Zur Großgemeinde im südlichen Odenwald gehören 10 Ortsteile, wobei der gleichnamige Hauptort das Verwaltungs- und Einkaufszentrum der hiesigen Region *Überwald* ist. Die erste urkundliche Erwähnung geht auf 1238 zurück. Beliebt sind das Schwimmbad und die waldreiche Umgebung mit einem ausgedehnten Wanderwegenetz. Im alten Fachwerk-Rathaus von 1594 befindet sich das M **Überwälder Heimatmuseum,** das als Schwerpunkt das Thema »Der Wald als Lebensgrundlage im Überwald« hat.

Im M **Stoewer-Museum** kommen Anhänger historischer Automobile, Nähmaschinen und Fahrräder auf ihre Kosten. Erwähnenswert ist auch das sogenannte *Überwälder Einhaus,* ein für diese Region typisches Fachwerkhaus, das heute für Hochzeiten genutzt wird. Die genannten Unterkünfte liegen etwas außerhalb vom Zentrum unweit des Weges Richtung Hirschhorn.

M **Überwälder Heimatmuseum,** In der Gass 5, 69483 Wald-Michelbach, T 06207/947-133, Fax 947-170. www.museen-in-hessen.de, ernst.graeber@gemeinde-wald-michelbach.de. April – Okt Do 15 – 17 und So 14 – 17 Uhr. Eintritt frei.

In 69483 Wald-Michelbach:

Gästehaus Margarethe, Am Königsbuckel 5, T 06207/6408, Fax 943672. www.gaestehaus-margarethe.de, 2 EZ à 35 €, 18 DZ à 28 €.

Haus Christel, Halle 14, T 06207/5929, Fax 921719. haus.christel@gmx.de. 2 EZ, 4 DZ, 32 €.

Birkenhof, Stoewer Straße 20, T 06207/2297, Fax 81961. www.hotel-birkenhof-waldmichelbach.de, info@hotel-birkenhof-waldmichelbach.de. EZ 37 €, 14 DZ à 32 €. Restaurant 11.30 – 14 und 17 – 19.30 Uhr. Di Ruhetag.

Supermarkt im Zentrum an der Kreuzung links.

Tourist-Information, In der Gass 17, T 06207/947-111, Fax 947-170. www.wamiba.de, brigitte.dirnberger@gemeinde-wald-michelbach.de.

M **Stoewer-Museum,** Michelstraße 2, 69483 Wald-Michelbach, T 06207/923620. www.stoewer-museum.de, info@stoewer-museum.de. Jeden 1. So im Monat, für Gruppen auf Anfrage. Eintritt frei.

4. Tag

Gehzeit: 6,5 Std.
Schwierigkeiten: Keine, gute Wege durch unendliche Waldgebiete, nach dem Anfangsanstieg lange Kammwanderung, auch mit Kindern möglich, insgesamt 190 Hm Anstieg.
Höchster Punkt: Kamm zwischen Aschbach und Dürr-Ellenbach, 490 m.
Markierungen: Gelber Punkt, Rotes Kreuz.
Ausgangspunkt: Wald-Michelbach, Kreuzung im Zentrum.
Einkehr: Nur bei Abstecher in Raubach.
GPS Hirschhorn (Neckar):
N 49°26'91"
O 008°53'62"

Durch unendliche Wälder nach Hirschhorn (Neckar)

Wald-Michelbach (346 m) → Aschbach (390 m) 3,5 km → Abzw. Taubenberg (470 m) 6,5 km → P Falters Ruh (436 m) 8 km → Rastplatz Förster Lampert-Ruhe (427 m) 11,5 km → Salzhecke (470 m) 14 km → P am Bußkopf (442 m) 17 km → Bhf Hirschhorn (131 m) 24 km (bei Abstecher nach Raubach 25 km)

Zum Parkplatz Falters Ruh oder nach Raubach (8 bzw. 9 km)

Von der Kreuzung im Zentrum von Wald-Michelbach südwärts auf der Straße In der Gass, vorbei am rechts liegenden M **Heimatmuseum** und an ihrem Ende links auf der Schwabengasse zu einer Kreuzung. Hier halb links auf der Sauergasse weiter, über die Michelstraße und unter der stillgelegten Bahnlinie hindurch. Dann links auf der Straße Am Bahndamm entlang. Inzwischen begleitet Sie auch bereits der **Gelbe Punkt,** dem Sie zunächst folgen. Während der Wanderweg dann links über die Gleise zur Ludwigstraße (L3120) führt, geht es geradeaus auf der Untergasse und dann rechts zum **Gästehaus Margarethe.** Auf der Ludwigstraße geht es rechts weiter. Diese macht nun eine Linkskurve und erreicht eine Straßengabelung vor dem alten Bahnhof mit Bushaltestelle. Links zweigt die Hartenroder Straße ab (K30), der Sie zum **Haus Christel** folgen. Der Wanderweg führt jedoch rechts in die Pfalzgasse. An ihrem Ende kurz nach rechts auf der L3105, dann links ab und die Hammergasse hinauf. Am Siedlungsrand links auf einem Wiesenweg weiter, durch ein kleines Waldstück, dann per Rechtskurve im Wiesengelände hinauf zum Waldrand. Von hier haben Sie einen schönen Blick auf Wald-Michelbach. Am Waldrand treffen Sie auf einen Querweg, dem Sie nach links folgen. Oberhalb von Aschbach biegt er immer weiter nach rechts in ein Seitental ein. Dann beschreibt der Weg eine Linkskurve, und Sie treffen am obersten Siedlungsrand von **Aschbach** auf die von links kommende Dürr-Ellenbacher-Straße, an deren Ende sich die Waldwege verzweigen.

Von dieser Verzweigung halb rechts auf dem Dürr-Ellenbacher-Weg, der oberhalb von einem Teich an Höhe gewinnt, am Wald-Wiesenrand entlang. Sie treffen auf einen Waldfahrweg und laufen über eine Verzweigung in den obersten Teil des schmalen, langen Dürr-Ellenbachtal, ein unter Naturschutz stehendes Wiesental. Dort lag einst das winzige Dorf Dürr-Ellenbach, wovon heute das Forsthaus zeugt. Kurvenreich durch das Tal und auf der gegenüberliegenden Seite den Berghang wieder hinauf. Dann trifft der **Gelbe Punkt** westlich vom Taubenberg auf den breiten Kammweg.

Nun auf diesem breiten Forstweg nach rechts, der mal etwas bergauf, mal etwas bergab mit einigen Schlenkern Richtung Süden führt. Dann erreichen Sie die K37 beim **Parkplatz Falters Ruh.** Zur Einkehr oder auch zur Übernachtung können Sie hier dem Gelben Punkt folgend, einen kurzen Abstecher nach **Raubach** machen.

Raubacher Höhe, Am Waldesrand 11, 64757 Raubach, T 06068/2183, Fax 478196. www.landgasthof-raubacherhoehe.de, info@raubacherhoehe.de. 6 EZ, 9 DZ à 35 €, DZ als EZ 43 €. Restaurant Ende März – Anfang Nov Mo Ruhetag, in der übrigen Zeit Sa und So geöffnet.

Auf Grenzwegen zum Bußkopf (17 km)

Von der Kreuzung mit der Kreisstraße folgen Sie dem Fahrweg in südliche Richtung, der mit einem **Roten Kreuz** markiert ist. Nach einer Rechtskurve halten Sie sich bei der nächsten Abzweigung geradeaus. Folgen Sie immer dem in etlichen Schlenkern verlaufenden Kammweg im Wald. Dann erreichen Sie die Wegverzweigung **Förster Lampert-Ruhe** mit einem überdachten Rastplatz. Hier haben Sie eine weite Sicht über das Wiesengelände auf die Odenwald-Höhen.

Von dort geradeaus weiter, an einem einzelnen Steinhaus am Waldrand vorbei, und dann im Wald zu einer Kreuzung, wo rechts ein markierter Weg nach Unter-Schönmattenwag abzweigt. Hier geradeaus, kurvenreich und immer südwärts, Abzweigungen ignorierend, zur **Kreuzung Salzhecke.**

Von der Kreuzung links auf breitem Grasweg mit Rotem Kreuz weiter zur Gabelung beim Bernhardskreuz, gleichzeitig die Landesgrenze zwischen Hessen und Baden-Württemberg, denn Sie durchqueren jetzt eine Enklave des benachbarten Bundeslandes. Dort rechts weiter, wobei die Markierung nachfolgend mehrmals den Weg wechselt. Dann erreichen Sie den Wald-Wiesenrand und kommen zu einer Kreuzung, von der nach links ein markierter Weg nach Brombach abzweigt. Weiter am Wald-Wiesenrand kommen Sie an einem Fußballplatz vorbei und treffen auf die K4117 sowie den **Parkplatz am Bußkopf,** 442 m.

Machen Sie doch einen Abstecher nach Eberbach ins dortige Alte Badhaus. Frisch renoviert, bietet es ein gediegenes Ambiente zum Essen und Nächtigen:

Altes Badhaus, Lindenplatz 1, 69412 Eberbach. T 06271/9456406, Fax 9456408. www.altesbadhaus.de, info@altesbadhaus.de. EZ 62,50 €, DZ 55,50 €. Restaurant täglich 7 – 22 Uhr.

Zum heutigen Etappenziel Hirschhorn (24 km)

Vom Parkplatz aus folgen Sie weiterhin dem **Roten Kreuz** und kommen im Wald südwestlich des Bußkopfes (486,5 m) zu einer Gabelung, an der Sie links abbiegen und dem Kamm oberhalb von Langenthal folgen. Von einer Waldwiese zweigt dorthin dann erstmals nach rechts ein lokaler Wanderweg ab, es folgen später weitere. An der Landesgrenze zwischen Baden-Württemberg und Hessen kommen Sie zu einer Kreuzung mit einem Fahrweg, dem Oberen Buchhellenweg. Weiterhin im dichten Wald gemäß Rotem Kreuz abwärts. Häufiger werden Wege gekreuzt oder zweigen ab. Schließlich geht die Markierung links vom Fahrweg ab und führt als steiler Fußweg in etlichen Serpentinen hinab zum Waldrand oberhalb von **Hirschhorn.** An Gärten vorbei zur Langenthaler Straße (L3105) bei der Abzweigung der Hammergasse. Sie folgen links der Langenthaler Straße, kommen unter der Bahnlinie hindurch und laufen geradeaus auf der Hauptstraße bis zur Kreuzung beim Rathaus. Hier zweigt links die Hauptstraße in die idyllische Altstadt ab, rechts geht es dagegen auf der Neckarsteinacher Straße (L3119) und dann auf der Bahnhofstraße zum **Bahnhof Hirschhorn.**

Hirschhorn (Neckar)

Auch diese Kleinstadt im Süden Hessens trägt den Beinamen »Perle des Neckartals«. Der anerkannte Erholungs- und Luftkurort liegt an einer Doppelschleife des Neckars, sodass sich der Stadtteil *Ersheim* sich auf einer Halbinsel befindet, die von der Neckarschleife gebildet wird. Der Hauptort liegt dagegen auf der anderen Neckarseite, wurde 1391 mit einer Stadtmauer umgeben und erhielt das Stadtrecht. Da zwischen Berg und Neckar nur wenig Platz war, wurden manche Häuser in abenteuerlich anmutenden Konstruktionen direkt über die Stadt gebaut. Seit 1933 gibt es die Hirschhorner Neckarstaustufe mit Schleuse, die gleichzeitig als Brücke dient.

Die historische **Altstadt** mit ihren eng aneinander geschmiegten Fachwerkhäusern aus dem 16. und 17. Jahrhundert wird von der gut erhaltenen mittelalterlichen Burg aus dem 12. Jahrhundert überragt, die zum Teil auch als Hotel genutzt wird. Steile, schmale Gassen schlängeln sich zu ihr hi-

Dribbdebach ein hübscher Anblick: Hirschhorn am Neckar

© pixelio, Foto: Dirk Schmidt

Karmeliterkloster: Besichtigung Kirche Ostern – Okt 10 – 18 Uhr. Klostergebäude heute z.T. Gemeindezentrum. Sehenswert in der gotischen Bruchsteinkirche ist die Annenkapelle mit einem schönen Netzgewölbe. Die Malereien an den Wänden stammen wahrscheinlich von *Jörg Ratgeb* und entstanden zwischen 1509 – 1528.

nauf. Unterhalb der Burg liegen die ehemalige 1406 geweihte Kirche und das dazugehörige ehemalige **Karmeliterkloster,** das bei der Säkularisierung 1803 aufgelöst wurde. Die katholische Pfarrkirche nutzt als Kirchturm den Torturm des ehemaligen Mitteltors der alten Stadtmauer, von der noch weitere Reste erhalten sind. Das Gebäude der 1806 errichteten Großherzoglichen Oberförsterei ist heute Sitz des **Langbeinmuseums,** der **Tourist-Information** und des **Geopark-Infozentrums.** Das Museum enthält viele Exponate zum Karmeliterkloster sowie Kunst- und Gebrauchsgegenstände aus dem 15. bis 19. Jahrhundert.

In 69434 Hirschhorn (Neckar):

Haus La Belle, Hauptstraße 38, T 06272/1400. www.pensionlabellehirschhorn.de. 1 EZ, 3 DZ, 25 €.

Poseidon, Hauptstraße 39, T 06272/912300, Fax 523685. www.poseidon-hirschhorn.de, kontakt@poseidon-hirschhorn.de. 6 DZ à 35 €, DZ als EZ 40 €, Restaurant Di – So 11.30 – 14.30, 17.30 – 23 Uhr. Mo Ruhetag.

Odenwald-Camping-Park, Langenthaler Straße 80, T 06272/809, Fax 3658. www.odenwald-camping-park.de, odenwald-camping-park@t-online.de. Ostern bzw. Apr – Anfang Okt, Ü 5,50 € (Hauptsaison).

Schlosshotel, Auf der Burg. T 06272/92090, Fax 3267. www.castle-hotel.de, info@castle-hotel.de. EZ 82 €, DZ 63 €, Kinder 6 – 12 Jahre 28 €.

Tourist-Information und Langbeinmuseum, Alleeweg 2, T 06272/1742, Fax 912351. www.hirschhorn.de, tourist-info@hirschhorn.de. Mai – Sep Di – Fr 8 – 12 und 14 – 17, Sa 9 – 13 Uhr; Okt – April Mo – Fr 8 – 12 und 14 – 17. Langbeinmuseum Ostern – Okt Mi und So 15 – 17 Uhr.

Kostenlose Stadt- oder Burgführung im wöchentlichen Wechsel, Dauer 1 Std, Jun – Sep jeden Sa um 10 Uhr ab Tourist-Information.

REGISTER

Register

… der Orte, Sehenswürdigkeiten, Natur und Personen. Unterkünfte und Gaststätten sind hier nur aufgeführt, wenn sie direkte Orientierungspunkte sind; ansonsten ↗ Ortskapitel.

L

M

N

O

IMPRESSUM

Unsere Inhalte werden ständig gepflegt, aktualisiert und erweitert. Für die Richtigkeit der Angaben übernimmt der Verlag jedoch keine Haftung. | **Umschlag- und Reihenkonzept,** insbesondere die Kombination von Griffmarken und Schlagwort-System auf dem Umschlag, sowie Text, Gliederung und Layout, Karten, Tabellen, Piktogramme und Illustrationen sind urheberrechtlich geschützt. | Abdruck und Einspeisung in elektronische Medien, auch auszugsweise, nur mit Genehmigung des Verlags | **Druck & Bindung:** Druckerei Hassmüller, Graphische Betriebe GmbH & Co. KG, Frankfurt a.M., www.hassmueller.de | **Umschlaggestaltung:** pmv | **Fotos:** Wenn nicht anders angegeben, alle Rechte beim Verlag, siehe Nachweis beim jeweiligen Bild. Wir danken allen Unterstützern. | **Karten:** pmv, Lizenzen auf Anfrage | **Lektorat & Layout:** Annette Sievers | **Bezug:** über Prolit, Fernwald-Annerod, oder über den Verlag, vertrieb@PeterMeyerVerlag.de, ✆ 069/4056257-0.

pmv © 2012 | **ISBN 978-3-89859-306-9**

Printed in Germany with love.

Klimaneutral und auf umweltfreundlich hergestelltem PEFC®-Papier gedruckt.

Wir freuen uns über Korrekturen und Anregungen:

pmv Peter Meyer Verlag | Schopenhauerstraße 11 | 60316 Frankfurt a.M.

www.PeterMeyerVerlag.de | info@PeterMeyerVerlag.de

klimaneutral
natureOffice.com | DE-198-115324
gedruckt

KLIMABEWUSST HANDELN

Beim Druck eines Buches sowie bei der Herstellung der benötigten Materialien (Papier, Farbe, Energie usw.) ist das Entstehen von CO_2 unvermeidlich. Das Kohlendioxid ist für den vom Menschen verursachten globalen Klimawandel verantwortlich. Deshalb geht der Peter Meyer Verlag mit gutem Beispiel voran und unterstützt mit einer freiwilligen Ausgleichszahlung Klimaschutzprojekte, um schädliche Gase in der Atmosphäre zu reduzieren.

WÄLDER ERHALTEN

Ohne Wälder wäre ein Leben auf der Erde nicht möglich. Sie sind uns Existenzgrundlage, Sauerstoffproduzent und Wasserspeicher. Deshalb druckt der Peter Meyer Verlag alle Bücher und Prospekte ausschließlich auf Papier aus nachvollziehbar legaler und nachhaltiger Forstwirtschaft. So helfen wir, unsere Wälder für kommende Generationen zu erhalten. Mit dem Kauf unserer Reiseführer unterstützen Sie dieses Engagement. Dafür danke. Unsere Verlagsphilosophie und Nachhaltigkeitserklärung finden Sie auf unserer Internetseite. Weitere Informationen zum Zertifisierungssiegel PEFC unter www.pefc.de.

pmv Peter Meyer Verlag | www.PeterMeyerVerlag.de | info@PeterMeyerVerlag.de

EIFEL: MEHRTAGES-TOUREN
Die 10 schönsten Streckenwanderungen mit leichtem Gepäck
Mathieu Klos

Trekking vor der Haustür leicht gemacht – nicht nur für Aachner, Kölner, Koblenzer und Trierer! Für Naturliebhaber und Grenzgänger. Für alte Wanderhasen und Frischlinge. Leichte Wege, verschlungene Pfade und anstrengende Touren über Stock und Stein. Durch Bachtäler und tiefe Wälder, über Berge und Wiesen. Zum Üben für Pilger, zum Abschalten für Büromenschen und zum Luftholen für Naturfreunde.

ISBN 978-3-89859-309-0
192 Seiten, 14,95 Euro [D]
Touren-PDF unter www.pmv-Verlag Datenshop.

199 KM MOSEL
Sehenswertes, Ausflüge & Einkehr zwischen Trier und Koblenz
Annette Sievers (Hrsg.)

Ob Rebhänge, Moselschifffahrt oder Porta Nigra – wer mit diesem prall gefüllten Reiseführer aufbricht, erlebt abwechslungsreichen Kulturgenuss. Ansprechend gestaltet und hintergründig beschrieben, führt dieses Buch zu den schönsten Orten und Sehenswürdigkeiten entlang der deutschen Mosel, Einkehr- und Übernachtungsmöglichkeiten inklusive.

ISBN 978-3-89859-310-6
256 Seiten, 16 Euro [D]

AUSFLÜGE MIT GENUSS: WEINFRANKEN
Wandern, Radeln, Einkehren
Barbi Lasar

Gemütliche Wanderungen und knackige Fahrradtouren, urige Mühlencafés und rustikale Winzerhöfe: 20 vielseitige Ausflüge in Kombination mit der passenden Einkehr machen das Wochenende schöner.

»Genuss wird hier nicht nur aufs Kulinarische bezogen, sondern schließt den Augenschmaus, den die fränkische Landschaft mit Fluss, Wald und Weinbergen bereithält, mit ein.«
Fränkische Nachrichten

ISBN 978-3-89859-316-8
224 Seiten, 14,95 Euro [D]

Vielseitig, interessant geschrieben, schön illustriert.
Kompetent vor Ort recherchiert.
Hochwertig ausgestattet.
Sehenswertes, Wanderungen, Radtouren, Ausflugslokale.
Weitere Titel und aktuelle Informationen: www.pmv-Verlag.de

HANNOVER MIT KINDERN

400 spannende Ausflüge und Aktivitäten im Herzen Niedersachsens

Kirsten Wagner

Was können Familien in Hannover und der Region unternehmen? Welche Radeltouren machen Kindern Spaß, wo kann der Nachwuchs paddeln lernen, wo die Familie schwimmen gehen? Antworten auf diese und 400 noch ungestellte Fragen gibt dieser konkurrenzlose Freizeitführer.

»Wer in Hannover noch Langeweile hat, braucht diesen Freizeitführer! Denn für die ganze Familie gibt es viel Abenteuerliches zu entdecken und zu erleben!«
www.reisegezwitscher.de

ISBN 978-3-89859-418-9
304 Seiten, 16 Euro [D]

Alle »mit Kindern«-Titel mit lustigen Tier-Cartoons und Daumenkino!

77 SCHÖNSTE ORTE RUND UM BERLIN

Ausflüge zu Schlössern, Seen und Sehenswürdigkeiten. Mit 166 Einkehrtipps

Wolfgang Kling

Zu den 77 schönsten Orten rund um Berlin: Raus aus der Stadt und rein in die Natur! Jedes Ziel ist mit der Bahn erreichbar. Bei allen Ausflügen gibt es zudem tolle Einkehrmöglichkeiten. Vom Schloss Rheinsberg im Norden bis zur Spreestadt Lübbenau im Süden ist für jeden der passende Ausflug dabei. Zum Radeln, Wandern, Entspannen. Mit Beschreibung, Einkehrtipps und farbigen Karten.

ISBN 978-3-89859-314-4
304 Seiten, 16 Euro [D]

MEHRTAGESTOUREN IM WESTEN DEUTSCHLANDS

9 Wanderungen mit leichtem Gepäck zwischen Eifel und Schwarzwald

Rolf Weber, Waike Weber

Mit diesem Wanderführer kommen Sie weiter: Auf 9 Weitwanderwegen geht es in 2 bis 6 Tagen durch Ahrtal, Ahrgebirge, Eifel und Eltztal, entlang von Mosel und Lahn, durch Pfälzerwald, Nordvogesen und den Schwarzwald. Einfach nachzuwandern durch praktische Informationen und farbige Karten. Weinschänken, Waldgasthöfe, Burgen und hübsche Fachwerkorte sind die reizvollen Ziele.

ISBN 978-3-89859-305-2
192 Seiten, 12,95 Euro [D]
Touren-PDF unter www.pmv-Verlag Datenshop.

»Dolce vita – ohne Auto.
Diese Bücher passen in die Zeit.«
Der Tagesspiegel

pmv PETER MEYER VERLAG

pmv PETER MEYER VERLAG

66 SCHÖNSTE AUSSICHTEN HESSEN
Burgen, Türme, Berge
ISBN 978-3-89859-319-9. 256 Seiten, 2. Auflage, 16 €

22 MTB-TOUREN ODENWALD SPESSART
Mit GPS-Daten zum Herunterladen
ISBN 978-3-89859-321-2, 192 Seiten, Band 1 von 3, 16 €

33 SCHÖNSTE RADTOUREN RHEIN-MAIN
Radeln von leicht bis weit rund um Frankfurt. Mit Extra-Karte.
ISBN 978-3-89859-320-7, 224 S. 18 €

WALDWANDERN HESSEN
Auf Premiumwegen und Traumpfaden durch Hessens Wälder wandern
ISBN 978-3-89859-307-6, 256 S. 16 €

UNTERWEGS IN HESSEN

GRIMMHEIMAT NORDHESSEN MIT KINDERN
400 spannende Aktivitäten im Märchenland zwischen Edersee und Werra
ISBN 978-3-89859-437-0, 256 S., 16 €

FRANKFURT RHEIN-MAIN MIT KINDERN
400 preiswerte und spannende Aktivitäten für draußen & drinnen
ISBN 978-3-89859-434-9, 3. Auflage 304 Seiten, 16 €

TAUNUS MIT KINDERN
500 Ausflüge, Aktivitäten und Adressen für Ferien und Freizeit
ISBN 978-3-89859-438-7, 3. Auflage, 320 Seiten, 16 €

ODENWALD MIT KINDERN
500 x Abenteuer und Erlebnis von der Bergstraße bis zum Main, von Darmstadt bis zum Neckar
ISBN 978-3-89859-429-5, 7. Auflage 320 Seiten, 16 €